Jürgen Hogrefe

Gerhard Schröder

Jürgen Hogrefe

# Gerhard Schröder

## Ein Porträt

Siedler

WE
M|0S

*Meinen Töchtern*
*Dana und Lisa*

# Inhalt

# Zu diesem Buch

Dieses Buch ist entstanden in vielen Jahren der Beobachtung. 1984 bin ich Gerhard Schröder das erste Mal begegnet. Er kam allein auf ein Sommerfest in der hannoverschen Zoogaststätte. Seine Ehefrau Hiltrud, die er kurz zuvor geheiratet hatte, konnte nicht dabei sein, weil ihr ein Goldfischglas auf den Fuß gefallen war. Ich habe über Schröder als Oppositionspolitiker in Hannover geschrieben und als Ministerpräsident von Niedersachsen. Als ich nach fast fünf Jahren im Ausland wieder nach Deutschland zurückkam, war Gerhard Schröder gerade Kanzler geworden. Seitdem habe ich ihn in Bonn und Berlin und auf vielen Reisen, auf die ich ihm gefolgt bin, wieder aus der Nähe betrachtet. Was ich von ihm und über ihn weiß, wollte ich nun in einem Buch beschreiben.

Es ist ein Porträt geworden. Keine Biografie und auch keine Chronik der Kanzlerschaft Schröders – aber das Porträt enthält Elemente von beidem. Es geht um den Politiker Gerhard Schröder und um den privaten Menschen, wobei der eine von dem anderen gelegentlich kaum zu unterscheiden ist. So sehr ist die Politik zu seinem Lebensalltag geworden; so sehr hat er auch das Private in die Politik geholt.

Das Porträt stellt die Hauptperson in den Vordergrund, aber es leuchtet auch den Hintergrund aus. Es führt Personen vor, die im »System Schröder« wichtige Rollen spielen und schildert Zusammenhänge und Ereignisse, in denen Typisches zum Ausdruck kommt. Nahezu jedes der zwölf Kapitel ist in seiner eigenen Form geschrieben – mal als Reportage, mal als Essay oder als bunte Geschichte. Ich hoffe, dass ich die jeweils angemessene Form gefunden habe.

*Berlin, im März 2002*

9

# Macht

Wo ist die Macht zu Hause? An Tagen wie diesen scheint sie heimatlos. Beinahe grotesk wirkt die Stille hier im achten Stock des Kanzleramtes. Im Auge des Taifuns, so heißt es, sei es immer still. Aber so still? Kein Mucks zu hören, kein Telefonklingeln, niemand hastet über die Flure. Das Einzige, was sich bewegt, sind die Wolken am Himmel von Berlin, die hier in der Sky Lobby des Kanzleramtes für wechselnde Schübe von Schatten und Licht sorgen.

Großartig das Panorama, hier im Arkanum der Macht: Als kleine Schemen bewegen sich drüben die Besucher in der gläsernen Kuppel des Reichstages. Zur anderen Seite der Blick von oben über den Kanzlergarten und die Spree hinüber nach Moabit. Grandios, gewiss. Doch hier, in der geografischen Mitte der Macht, herrschen Stille, Leere, Licht. Das geräuschlose Nichts.

Wo bleibt die ganze Aufregung, die heute die Morgenzeitungen wieder einmal herausgebrüllt haben? »Kanzler in Not« – wie bitte? »Rot-Grün am Ende« – wo bitte? Als lägen tausend Tonnen unsichtbarer Watte zwischen der Welt da draußen und dem Zentrum der Macht. Die Wirbel drehen sich umso schneller, je näher man der Mitte kommt? Hier nicht. Hier regiert – ja was eigentlich: Besonnenheit? Erfahrung? Oder Depression? Ist die Stille dumpf? Ist sie abgeklärt? Ist sie ahnungslos?

In die Mitte des neuen Kanzleramtes hat der Architekt Axel Schultes den hoch aufragenden Leitungstrakt gestellt. Ein Kubus, acht Stockwerke und 36 Meter hoch. In seinen obersten Stockwerken öffnet sich die Sky Lobby wie ein Blumenkelch nach oben. Leben findet hier nicht automatisch statt – es muss eigens inszeniert werden. Das Berliner Gorki-Theater liest ein Stück von Moritz Rinke, Günter Grass liest aus eigenen Werken, und am 31. Dezember bringt der Kanzler von hier seine Neujahrsansprache unters Volk. Ansonsten ist die hoch aufragende Hülle aus Beton und Glas leer. Gerhard Schröder mag den kuriosen Kasten nicht, den sich Helmut Kohl als seine Kommandozentrale für die Berliner Republik gewünscht hat. Zu kolossal, zu viel umbautes Nichts, zu mächtig steht der weiße Klotz im Spreebogen, der den Spottnamen »Bundeswaschmaschine« zu ertragen hat.

Vor allem mag Schröder die Leblosigkeit in diesem Bau nicht. Er regiert gern bei offener Tür. Ruft seiner Sekretärin zu, mit wem er telefonieren will. Welche Unterlage er als nächste braucht. Dass er noch eine Tasse Kaffee möchte. Seine engen Mitarbeiter sollen sich nicht extra anmelden müssen, wenn sie mit ihm reden wollen. So war es in der Staatskanzlei in der hannoverschen Planckstraße. Und auch im provisorischen Kanzleramt am Berliner Schlossplatz, von wo aus zuvor Erich Honecker seine DDR im Griff zu halten versuchte, waren die Wege kurz und das Leben nicht weit. Draußen auf dem Schlossplatz wuchs die Baustelle Berlin, drinnen sortierte sich das System Schröder, auf kürzestmöglichen Wegen.

Hier im neuen Kanzleramt muss Schröders Büroleiterin Sigrid Krampitz ein Stockwerk höher steigen, über 24 Stufen der weitläufigen Sky Lobby und dabei rund 100 Meter zurücklegen. Will Schröder zu seinem Freund und Staatssekretär Frank-Walter Steinmeier, muss er eine ähnliche Strecke gehen. Das tut er gelegentlich. Plötzlich steht er in der Tür des Sekretariats: »Ist er da?«, fragt er Steinmeiers Sekretärinnen und stiefelt dann, meist den Rauchschwaden einer Zigarre hinter sich herziehend, in Steinmeiers Büro. Er muss Leute um sich haben. Macht ist ein einsames Geschäft.

Heute Morgen sitzt Gerhard Schröder an seinem venetiablauen Schreibtisch, einer Sonderanfertigung eines Schreiners aus Berlin-Kreuzberg, und regiert still. Es ist zehn Uhr dreißig. Die Zeitungen sind gelesen und haben eine erste Kaskade von Telefonaten ausgelöst. Die Journalisten haben mal wieder »nichts kapiert«, nun müssen der heimliche Parteichef Franz Müntefering, Regierungssprecher Uwe-Karsten Heye und Fraktionschef Peter Struck »den Quatsch« wieder zurechtrücken, bis die Lage so erscheint, wie sie dem Kanzler gefällt. Der liest nun Vermerke, drei dicke Mappen, Post. Routine heute Morgen im März, Regierungsalltag. Mittagessen mit einigen baden-württembergischen

Unternehmern, nachmittags kommt Otto Schily. Noch sechs Monate bis zur Wahl.

Gerhard Schröder ist angekommen. Hier, genau hier im Zentrum der Macht, hatte er sein Lebensziel verortet. Von Jugend an. Hier wollte er immer sitzen. An dem Schreibtisch mit den größten politischen Hebeln der Bundesrepublik Deutschland. Die Zeit schien ihm für einen Moment am selben Fleck zu verharren am frühen Abend des 27. September 1998, als unweigerlich feststand, dass er der neue Kanzler der Bundesrepublik Deutschland sein würde. Schröder weiß nicht mehr, wie lange die Schrecksekunde gedauert hat. Erinnern kann er sich allerdings noch daran, dass er viel zu perplex war, um sich spontan zu freuen. Es mischte sich in der Sekunde des Sieges stumme Ungläubigkeit mit der Ahnung von der Wucht der Verantwortung, die nun auf ihn warten würde. Sein Lächeln am Abend des Sieges war kein Siegerlachen. Dafür war es zu befangen.

Nach einigem Streit mit dem Architekten hat er sich das Kanzlerbüro nach eigenen Vorstellungen eingerichtet. Die ehemals türkisgrün gelackten Wände sind nun weiß, damit sie genug Raum geben für die Kunst, mit der Schröder sich gern umgibt. Eine verkleinerte Replika der Brandt-Skulptur von Rainer Fetting aus der Parteizentrale. Eine Grafik von Jürgen Böttcher, genannt »Strawalde«, dessen Werke auch in seinen Büros im Reichstag und in der Parteizentrale hängen. Eine künstlerische Widmung von Rebecca Horn. An der Wand neben dem Arbeitstisch hängen farbige Skizzen von Markus Lüpertz – Entwürfe für die vier bunten Wände, mit denen Schröder nachträglich Leben in das grotesk pompöse Foyer des neuen Kanzleramtes brachte. Lüpertz wies den Farben, mit denen er die bauchigen Betonwände kunstvoll überzog, staatsmännische Tugenden zu: Rot für »Fortitudo/Stärke« – so steht es auf der Skizze. Blau für »Prudentia/Klugheit«, Grün für »Temperantia/Mäßigkeit«. Mäßigkeit? hat sich der Künstler da vertan? Er wird »Mäßigung« gemeint haben. Oder wähnt er bei Kanzler Schröder tatsächlich die »Mäßigkeit« zu Haus?

Das Kanzleramt hatte die deutschen Verlage um Bücher für die Regale in der neuen Machtzentrale gebeten. Nun steht in Schröders Regal ein kompletter Brockhaus, ein paar Bände von Grass und Böll und Brecht. Nichts, was er nicht gelesen haben könnte.

Die Bücher weisen keine Lesespuren auf. »Der lange Weg nach Westen«, die zweibändige Darstellung deutscher Geschichte von Heinrich August Winkler, jedoch hat ein paar Eselsohren. Die dicken Kunst-Bildbände im obersten Regal sieht er sich öfter an. Meist haben ihm die Künstler persönliche Widmungen hineingeschrieben. Baselitz, Lüpertz, Immendorff, Uwe Bremer. »Die nehm' ich später mit«, sagt Schröder, »die bedeuten mir was.« Natürlich Zigarren, drei Humidore. Und einige Male Doris. Im Rahmen auf der Erde zu Füßen des Regals und auch auf dem Schreibtisch Fotos seiner Frau, seiner vierten Ehefrau. In die linke untere Ecke des Rahmens vom Doris-Bild auf dem Schreibtisch hat er das mittlerweile berühmte Foto seines Vaters gesteckt. Schwarz-weiß, ein Mann mit Hakenkreuz am Stahlhelm. Es war das erste Bild, das Schröder von seinem Vater sah. Eine sehr späte Bekanntschaft.

Da war er bereits 57, schon deutscher Bundeskanzler. Längst hatte er, der Halbwaise, sich damit abgefunden, dass er niemals erfahren würde, wem er sein Leben zu verdanken hat. Bis dahin hatten ihn seine Mutmaßungen über die genetische Mitgift des Vaters stets in unbegriffene Leere geführt. Wie vom Schlag getroffen sei er gewesen, berichten Freunde, als er sah, dass er seinem Vater wie aus dem Gesicht geschnitten ist. 1978, als Schröder Juso-Vorsitzender wurde, da sah er seinem Vater, der wahrscheinlich im Oktober 1944 in Rumänien fiel, auf dem Foto zum Verwechseln ähnlich. Nur trug der Juso-Sohn 1978 statt eines Stahlhelms die damals üblichen längeren Haare. Die reichten über die Ohren und im Nacken ebenso weit wie der Stahlhelm des Vaters.

Das kleine schwarz-weiße Foto mit dem weißen Zackenrand ist das Einzige, was im wohnlichen Büro des mächtigsten Politikers des Landes an die Behelfsbaracke am Rande des Fußballplatzes von Wülfer-Bexten erinnert, in der Gerhard Schröder aufwuchs. Die gediegenen Möbel, der Blick aus der schusssicheren Fensterfront über das Berliner Regierungsviertel, das abhörsichere Telefon mit dem kurzen Draht zu den mächtigsten Männern der Welt auf dem Schreibtisch – um Lichtjahre entfernt von der nagenden Hilflosigkeit seiner Kindheit. Damals stibitzte er gemeinsam mit der Großmutter gelegentlich einen Braten, damit die Familie mal wieder Fleisch auf dem Teller hatte. Heute steht beim Abendessen mit dem russischen Präsidenten Wladimir Putin im Hotel Adlon ein feiner Bordeaux auf dem Tisch, die Flasche für mehrere hundert Mark. Damals nahmen ihn, dessen Familie in Armut lebte, die Söhne der Bauern aus dem Dorf nicht für voll. Heute legt er sich mit dem Präsidenten der französischen Republik an und schickt deutsche Soldaten nach Afghanistan. Ein deutsches Nachkriegsmärchen.

Seltsam ist nur, dass dieser sagenhafte Aufstieg aus dem lippischen Armenhaus an die lichteste politische Höhe der drittmächtigsten Nation der Welt nicht allerseits als Triumph einer offenen Gesellschaft gefeiert wird. Früher schienen solche Karrieren nur in Amerika möglich. Doch hat irgendjemand das Loblied auf die klassenlose Bundesrepublik gehört, die einem Schmuddelkind wie Schröder den Aufstieg zum mächtigsten Mann des Landes ermöglichte? Es ist nicht gesungen worden. Warum nicht?

Vom politischen Gegner muss man das nicht erwarten. Für »die anderen«, wie Schröder seine Politikerkollegen von den bürgerlichen Parteien nennt, bedeutet jeder seiner Siege automatisch die eigene Niederlage. Scheinbar auch die ganz frühen Siege in seinem Leben. Vielen »Wertkonservativen« scheint eher unerfreulich, dass die Nation von einem Mann geführt wird, der seinen Schliff auf der Straße und nicht am humanistischen Gymnasium bekam. Da verhindern Neid und Dünkel den nüchternen Blick auf diese Erfolgsgeschichte.

Aber woran liegt es, dass selbst politisch Nahestehenden nicht immer wohl war bei dem Gedanken, dass Gerhard Schröder das Land regieren sollte? Bis er Kanzler wurde, haben große Teile des Establishments seiner eigenen Partei versucht, seinen Aufstieg an die Spitze zu verhindern. Schröder hat seine eigene Vermutung: »Ich bin nicht auszurechnen, ich war es noch nie. Das fördert die Skepsis.«

Es spielen in diese Skepsis wohl auch Merkmale seiner Persönlichkeit hinein, die Schröder – auch in der Rückschau – für unverzichtbar hält, die ihm andere jedoch eher krumm nehmen.

Niemand hat derart hemmungslos die Macht gefordert wie er. Über Jahrzehnte immer wieder. Das schürte nicht nur Skepsis, sondern auch Unbehagen. Darf ein Politiker so unverhohlen ehrgeizig sein? Wo liegen die Quellen dieses außergewöhnlichen, wenn nicht einmaligen Hungers? Und selbst, wenn man es wüsste – ziemt er sich? Zieht er nicht Fährnisse in seinem Schlepptau, die in ihrer Wirkung kaum zu berechnen sind?

Ungefragt hatte Schröder 1983 in Niedersachsen seinen Hut in den Ring geworfen, als die SPD einen neuen Vormann suchte. Niemand hatte ihn zuvor im Ernst für seriös und erfolgversprechend genug gehalten, um Ministerpräsident in Hannover zu werden. Schröder schnappte nach der Macht und hielt sie 1990 schließlich in seinen Händen. »Ich fühle mich hier unterbewertet«, sagte er nur wenig später. 1993 schockte er Freund und Feind, weil er unvergleichlich dreist verlangte, der kommende Kanzlerkandidat der SPD zu werden. Er unterlag gegen Rudolf Scharping, und nicht wenige werden sich darüber gefreut haben. Machthunger gilt als bedenklich in einem Land, in dem nach gehabten Erfahrungen Macht und Missbrauch meist in einem Atemzug genannt werden.

Dass Schröder »machtgeil«, gar »machtbesessen« sei, wurde vielfach geschrieben und gilt als ausgemacht. Dass er für die Macht im Zweifel gute Freunde und alle Vorsätze vergisst – gehört zu den Behauptungen, für die kein Politiker oder Journalist mehr glaubt, den Nachweis führen zu müssen. »Wenn es ihm um Macht geht, werden die politischen Grundüberzeugungen über Bord geworfen. Schröder ist der Bundeskanzler der politischen Beliebigkeit«, giftet sein Herausforderer Edmund Stoiber.

Als gültiger Beleg für den hemmungslosen Machtwillen Schröders gilt jene Episode vom Anfang der achtziger Jahre, als er nach einem feuchtfröhlichen Abend in der links-alternativen Bonner Kneipe »Provinz« am Gitter des Kanzleramtes rüttelte und brüllte »Ich will hier rein!« In Wahrheit ist sein Hunger auf die Macht im Staat viel älter.

Am Westfalen-Kolleg in Bielefeld, wo er 1966 mit 22 sein Abitur auf dem zweiten Bildungsweg nachholte, war Schröder bereits berühmt für seine große Klappe. Er war seit drei Jahren Mitglied der SPD, las den »Spiegel« von der ersten bis zur letzten Seite und tönte: »Ich gehe nach Bonn und werde Kanzler.« »Das hat man so geglaubt, wie wenn einer sagt, er wird Millionär«, erinnert sich sein Schulfreund Ingo Graumann, der sich mit Schröder in Bielefeld in einer »Junggesellen-Überlebensgemeinschaft« zusammengefunden hatte. Er werde es »den Hohlköpfen in Bonn schon zeigen. Die machen da Politik und haben überhaupt keine Ahnung vom Leben«, habe Schröder gesagt. Vom Leben glaubte Schröder schon damals viel mehr zu verstehen als alle anderen.

Das Leben, das er meinte, war der Überlebenskampf der Menschen am unteren Rand. Da kannte er sich aus.

Richtig ernst genommen hat Graumann seinen Freund wohl nicht. »Wir waren beide stinkfaul, ohne Geld, hatten viel Flausen im Kopf und ein großes Maul.« Nur der Lateinlehrer Winkelmann, der gleichzeitig der Vertrauenslehrer der Klasse war, muss wohl etwas geahnt haben. »Wenn du Kanzlerkandidat werden solltest, Gerd, dann wähle ich zum ersten Mal in meinem Leben SPD«, sagte der Mann. Schröder verschusselte zwischendurch irgendwann sein Parteibuch und hat es über Jahre nicht einmal gemerkt.

Schröder hat sich nie dagegen gestemmt, wenn über Beschreibungen seines Lebensweges als Schlagzeile prangte »Ein Mann will nach oben«. »Was soll schlecht daran sein?«, fragt Schröder. Sein Aufstiegswille, sein robuster Umgang mit Gegnern, seine Kraft zur Selbstbehauptung – all das speist sich aus den Demütigungen seiner Kindheit. »Es war eine Schule der Lebenstüchtigkeit«, sagte Schröder 1991 freimütig in die Kamera von Herlinde Koelbl, die die »Spuren der Macht« aufstrebender Politiker nachzeichnete. Da war er bereits Ministerpräsident von Niedersachsen. »Ich musste mich von Anfang an darum kümmern, dass ich nicht zu kurz kam. Das beginnt schon in der Kindheit mit dem Kampf um einen guten Brocken auf dem Teller.«

In seinen frühen Jahren in der Politik, in denen er über seine Durchschlagskraft noch ebenso staunte wie seine verblüfften Beobachter, sondierte er unbefangen und öffentlich nach Herkunft und Wesen seines Antriebes, sich selbst seiner Motive vergewissernd. Er fand sie in den Leerstellen seiner Kindheit: »Ich glaube, dieser Antrieb, etwas vom Leben abkriegen zu wollen, weil man ein Defizit spürt, geht einem auch in der Politik nicht völlig verloren. Man achtet sehr darauf, dass andere einen nicht übergehen. Das kann man in den Griff kriegen, indem man sich bestimmte Kulturtechniken aneignet. Ich weiß genau, dass das kein schöner Zug von mir ist, aber ganz bekomme ich es nicht los. Übrigens auch nicht in zwischenmenschlichen Beziehungen.« Die selbstkritische Analyse stammt ebenfalls aus dem Jahr 1991, als Schröder einen ersten Gipfel der Macht erstiegen hatte und längst noch nicht satt war.

Schröder hält sich viel darauf zugute, ehrlich auch mit seinen

Schwächen umzugehen. Nie habe er bestritten, dass es ihm in der Politik neben den Inhalten immer auch um sich selbst ging. Eitelkeit? Na klar: »Wer das bestreitet, versucht den Menschen etwas vorzumachen. Natürlich macht es Spaß, wenn einen die Leute in der Kneipe kennen.« Suche nach Zuneigung und Bestätigung? »Ja sicher. Ich möchte auch anerkannt werden.« Und er verkennt nicht, dass es vor allem zwei wesenseigene Impulse sind, die ihm die Vitalität verleihen, die ihn schließlich ins Kanzleramt gebracht hat: Der unbändige Wille, »es allen zu zeigen«, und der Vorsatz, »niemals verlieren« zu wollen. Diese offenen Bekenntnisse liegen fast ein Jahrzehnt zurück.

Der so ganz und gar anders gewirkte feinsinnige Alt-Genosse Erhard Eppler hat ihn deswegen mit Bewunderung als »political animal« charakterisiert. Dieser Begriff meint auch den lauernden Instinkt dessen, der ständig auf der Suche nach dem richtigen Zeitpunkt ist, um Beute zu machen, und die ständig lauernde Bereitschaft, sie vor den begierigen Konkurrenten abzusichern. »Instinkt«, sagt Schröder selbst, »ist mindestens so wichtig wie der Verstand. Das kann man aber nicht lernen, das ist ja was Animalisches.«

Sollte Schröder seinen unbedingten Willen zur Macht jemals selbst kritisch gesehen haben – die Bedenken verloren sich mit zunehmendem Erfolg. Im sicheren Gefühl seiner eigenen Möglichkeiten hatte Schröder 1997 – er war zum zweiten Male Ministerpräsident in Niedersachsen geworden – nur wenig Verständnis für die, die ihn wegen seiner Machtbesessenheit kritisierten. Es sei ihm allemal lieber, unverhohlen nach der Macht zu streben, schrieb Schröder in seinem Buch »Die Reifeprüfung«, als »verhohlen, also heimlich«. Diejenigen, die unentwegt betonen, es läge ihnen nichts an der Macht, »sind in Wahrheit oft genug geradezu gierig auf sie. Das ist deren Problem, nicht meines.« Solches Pharisäertum jedoch bringe die Politik um die Reste ihrer Glaubwürdigkeit. Wenn schon, denn schon.

»Ich stelle die Frage einmal anders herum«, so Schröder 1997: »Was eigentlich hat jemand in der Politik zu suchen, der die politische Macht nicht will? Warum sollten die Wähler ihr Kreuzchen ausgerechnet für den Kandidaten machen, der zu erkennen gibt, dass er gar nicht gewinnen will?« Er jedenfalls habe seinen Willen zur Macht nie scheinheilig hinter albernen Formulierungen verborgen wie »...wenn die Partei mich ruft« oder »... schlimmstenfalls stünde ich zur Verfügung«.

Schröder ist erfahren genug, um zu wissen, dass Leidenschaft und Besessenheit nicht weit entfernt voneinander siedeln. Dass Ehrgeiz gut, aber auch krank sein kann. »Macht«, sagt Schröder, »macht süchtig. Macht verleitet Machthabende dazu, alle Hemmungen fahren zu lassen, um sich bloß die nächste Dosis einverleiben zu können.« Er hat das im Fall des schleswig-holsteinischen Ministerpräsidenten Uwe Barschel gesehen, den sein kranker Ehrgeiz schliesslich sogar in tödliche Verstrickungen getrieben hat. Und er selbst?

Schröder glaubt, dass »man sich gegen die Droge Macht und ihre verheerenden Wirkungen wappnen kann, wie man einen guten Wein trinken kann, ohne zum Säufer zu werden«. Wie wappnet er sich? »Widerspruchsgeist gegen die berühmten Sachzwänge« der Politik sei ein Gegengift, ebenso wie »Visionen, Ziele und eine moralische Komponente der Politik«. Am hilfreichsten jedoch sei ein nüchterner Blick auf die begrenzte Wirkung der Droge: Ist die Macht vorbei, ist der Rausch beendet. Das war ihm theoretisch schon klar, als er noch nicht einmal davon gekostet hatte.

»Es handelt sich bei der politischen Macht um eine geliehene Macht«, sagte Schröder schon 1988. Da hatte er überraschend seinen ersten Wahlkampf gegen den konservativen Ernst Albrecht verloren. »Er hatte einen Durchhänger«, erinnert sich der Meinungsforscher Manfred Güllner, der Schröder schon damals beriet, weil er ihn für den kommenden Mann der Sozialdemokratie hielt. Heute ist Güllner Schröders Hausdemoskop. Schröder war Oppositionsführer mit einem ordentlichen Wahlergebnis, führte ein angenehmes Leben und wusste nicht, »ob er sich noch mal richtig reinhängen sollte«, erinnert sich auch sein Freund und Mitstreiter Reinhard Scheibe, der später sein Staatssekretär in der hannoverschen Staatskanzlei werden sollte. »Wir haben ihm damals gesagt: Jetzt musst du dich entscheiden, ob du es werden willst.«

Schröder sagt in der Rückschau, dass diese erste Niederlage »wirklich wichtig« für sein Selbstverständnis als Politiker und Mensch der Macht gewesen sei. »Ich wusste damals, dass ich jederzeit die Wahl hatte, mit der Politik Schluss zu machen und in meinen Anwaltsberuf zurückzukehren.« Diese Gewissheit habe ihm seine innere Unabhängigkeit garantiert. Gebrauch gemacht hat er von dieser Option freilich nie. Der Kick, den die Macht mit sich bringt, war ihm offenbar bisher stets wichtiger. Mehr als zwei Wahlperioden will er keinesfalls als Kanzler regieren, hat er bereits nach einem Jahr im Amt erklärt. »Das habe ich meiner Frau versprochen.«

Noch ist freilich nicht sicher, ob er ein zweites Mal gewählt wird. Draußen tobt schon wieder der Kampf gegen seine Macht. Die neuesten Tickermeldungen, die ihm seine Sekretärin Marianne Duden auf den Schreibtisch gelegt hat, vermelden, dass die Unionsparteien den geplanten Kompromiss für das Zuwanderungsgesetz nicht mittragen wollen. »Gegen jede Vernunft«, sagt Schröder. »Die wissen doch genau, dass wir das brauchen. Die machen doch nur Rabatz, weil Wahlkampf ist«, sagt er und ruft Marianne Duden durch die offene Tür zu: »Den Peter will ich sprechen, den Franz noch mal, und Sigrid soll mal herkommen. Das wollen wir doch mal sehen.«

## Der Kanzler sucht Konsens

Manchmal wartet alle Welt vergeblich auf ein Machtwort vom Kanzler. Im Sommer des verstümperten ersten Regierungsjahres 1999 beispielsweise, als er aus seinem italienischen Urlaubsort Positano in die Hauptstadt zurückkehrte. SPD-Fraktionschef Peter Struck war unabgesprochen mit einem unhaltbaren Vorschlag zur Steuerreform hervorgetreten und hatte für einen Eklat gesorgt. Zuvor hatte der SPD-Vize Wolfgang Thierse gar zu einer »offenen Kursdebatte« aufgerufen, in einer Demokratie sei »Kritik keine Majestätsbeleidigung und der Streit alltäglich«. Die SPD jedenfalls lasse sich nicht kommandieren: »Das weiß auch Gerhard Schröder.« Dabei hatte Schröder kurz zuvor vor permanentem Streit in der Partei über die Reformen gewarnt. Die Regierung Schröder stand wieder mal als Chaos-Truppe da.

Doch Schröder enttäuschte das Publikum, das ein machtvolles Donnerwetter des Chefs für unausweichlich hielt. Regierungssprecher Heye gab den Journalisten Nachhilfeunterricht in Sachen Schröder: Der Kanzler sei »nicht der Mensch, der Machtworte spricht. Das ist nicht seine Art.«

Wirklich nicht? In der Fraktion hatte Schröder Struck heftig kritisiert. Doch schnell nahm er seinen Fraktionsvorsitzenden vor der einsetzenden öffentlichen Schelte in Schutz. Und wie war das mit dem markigen »Basta!«, das da im November 2000 wie ein Peitschenknall durch die Leipziger Versammlungshalle gezischt war? Zornesrot und mit einem zackigen Handkantenschlag Richtung Rednerpult hatte er auf dem ÖTV-Gewerkschaftstag Buhrufe der Zuhörer beendet, die gegen die geplante Rentenreform protestierten. Seine Botschaft war nicht falsch zu verstehen: Schluss der Debatte! Ruhe jetzt!

»Das war eine Ausnahme«, sagt Regierungssprecher Heye, der wegen seiner behutsam eleganten Art als Gentleman gilt. »Normalerweise«, sagt Heye, »zieht er keinen Schlussstrich unter eine Debatte, die nicht wenigstens halbwegs befriedet ist.«

War Schröder in Leipzig aus der Haut gefahren, weil er es beim Publikum mit Vertretern einer Kaste zu tun hatte, mit denen er ohnehin am liebsten nur Klartext spricht? Gewerkschaftsfunktionäre gelten ihm als Vorsteher von unbeweglichen Solidaritäts-Kartellen, die ohne jedes persönliche Risiko – Beamten gleich – die Privilegien anderer verwalten. Hier wähnt er die Arroganz der Ohnmacht am Werk. Ungewöhnlich war Schröders unkontrolliert hervorgestoßenes »Basta!« tatsächlich.

Es herrscht ein eigentümlicher Widerspruch zwischen dem wild entschlossen nach Macht strebenden Gerhard Schröder und dem Mann, der die Macht dann innehat. Robust boxt er sich nach oben, nimmt dabei auch gern die Ellenbogen und vor allem sein großes Mundwerk zu Hilfe. Der Cassius Clay der deutschen Politik. Doch ist er einmal im Amt, macht er von seiner herausgehobenen Position eher vorsichtig Gebrauch. So war es in Niedersachsen, so ist es in Berlin.

Wer einen schneidigen, kernigen, notfalls knüppelhart nach Landsknechtsart agierenden Kanzler Schröder erwartet hatte, wird sich wundern. Der Machtmensch Schröder wirkt als Machthaber eher kompromissbereit und nachgiebig. Aus Unentschlossenheit? Weil ihm die zur Härte notwendige Orientierung fehlt? Große Klappe – nichts dahinter?

Es gab eine Phase in Schröders politischer Laufbahn, da leitete er Sätze bei öffentlichen Auftritten gern mit der Floskel ein: »Ich will haben, dass ...« Er war seinerzeit Ministerpräsident in Niedersachsen. »Ich will haben, dass die Tiere nicht mehr über Hunderte von Kilometern transportiert werden«, sagte der Tatmensch Schröder. Oder: »Ich will haben, dass die merken, dass es so nicht geht.« Das zielte auf die Manager eines großen niedersächsischen Unternehmens, die einige tausend Arbeitsplätze wegsparen wollten. Starke Worte eines Machtmenschen, nah am Vaterunser: »Mein Wille geschehe.« Also doch: Überheblichkeit? Selbstüberschätzung?

Eher nicht. Dieses »Ich will haben, dass ... « war ein Pfauenrad, eine Pose, die Schröder gern nutzte, um Eindruck zu machen. Sie speiste sich aus Selbstüberhebung und Hilflosigkeit gleichermaßen. Schröder verwendet sie heute kaum noch. Wäre er so mächtig, wie er da suggerieren wollte – er hätte nicht öffentlich Forderungen aufgestellt: Er hätte exekutiert, seine Willensbekundung rasch in die Tat umgesetzt.

Markige Sprüche gehören zum Geschäft. Wenn er heute besonderen Entscheidungswillen und außergewöhnliche Durchsetzungskraft signalisieren will, erklärt er ein Problem zur »Chefsache«. Das hört sich dann so an, als wolle – und könne – sich der Chef aus den Fesseln der üblichen Interessenverstrickungen lösen, den unlösbaren Knoten mit einem Hieb durchschlagen und endlich für klare Verhältnisse sorgen. Doch auch die Chefsache ist häufig mehr Mythos als Realität – nicht nur bei Schröder. »Politische Führung wird goutiert, weil sie sich mit der Aura vom modernen Heldentum umgibt«, sagt Karl-Rudolf Korte, der als Politikprofessor ein Theoretiker der politischen Macht ist. Dabei stehe nicht im Mittelpunkt, ob der politische Führer tatsächlich das letzte Wort hat: »Auf jeden Fall muss er so tun, als ob er es hätte, wenn er nur wollte.« Das Stilmittel verwenden sie alle.

Schröder weiß es besser, als er manchmal tut. »Man kann doch ein Land, das politisch so vielfältig verflochten ist, nicht per ordre de mufti regieren. Wie soll das funktionieren? Nur wer weiß, wie unterschiedliche Interessen liegen und wie sie wahrgenommen werden, kann ernsthaft versuchen, einen Weg zu finden, sie auszugleichen«, sagt Schröder und kommt damit einer Beschreibung seiner eigenen Praxis schon sehr viel näher. Er stimmt dem Soziologen Martin Greiffenhagen zu, der den Kompromiss »eine der ältesten sozialen Erfindungen der Menschheit« nannte. Kurios: Gerhard Schröder, der in seinem politischen

Leben stets polarisierte und meist Freude daran empfand, wenn er Aufregung verursachte – als Machthaber will er Konsens stiften. Es stellt sich heraus, dass gerade die Versöhnung von Interessengegensätzen zu den wichtigsten Instrumenten seiner Machttechnik zählt.

Den »Konsenskanzler« nennen sie ihn deswegen. Schröder hört die Bezeichnung nicht ungern. »Das ist durchaus eine Beschreibung, die ausdrückt, was ich will. Konsens heißt aber nicht, die Soße der Gemeinsamkeit über jedes kontroverse Thema zu gießen. Konsens heißt doch, dass man bei allem Streit als einer, der politische Verantwortung trägt, letztlich eine Entscheidung finden muss, die von ausreichend vielen Menschen getragen wird.«

Schröder selbst setzt darauf, dass die Mehrheit der Deutschen den Konsens der Mächtigen wünscht. Er glaubt, dass er unter anderem deswegen an die Macht kam, weil die Leute genug hatten vom unfruchtbaren Hickhack und von dem Stillstand der Politik unter seinem Vorgänger. Nur wenige hätten Kohl noch zugetraut, die Probleme wirklich anzupacken. Und Schröder?

Nachdem sie sich den neuen Kanzler einige Jahre angeschaut haben, halten sich beim politisch interessierten Publikum Lob und Tadel für Schröders Konsenspolitik offenbar die Waage. Kritik kommt aus verschiedenen Richtungen.

Konservative vermissen bei Schröder den Mut zur politischen Führung: Auch wenn ein Kanzler nicht allmächtig sei, so möge er doch hart von seiner starken Position Gebrauch machen, um gordische Knoten kraft Amtes zu durchschlagen. Mythos Chefsache? Gut die Hälfte der Deutschen hält »starke Führung« für nötig, wie Umfragen ergeben. Linken Kritikern Schröders wäre gelegentlich ein Genosse Überzeugungstäter lieber, der sich kraft seiner Visionen über konturlose Kompromisse hinwegsetzte, die irgendwo in der Mitte versackten, im politischen Niemandsland. Hat nicht schon Willy Brandt – bereits 1989 – geschrieben: »Mit dem Schwur auf die absolute Mehrheit ging der auf die Mitte einher. Aus Harmoniesucht oder aus Harmlosigkeit oder beidem wird gern vergessen, dass das Wählervolk wissen will, wofür man steht und wogegen.« Hatte Brandt Recht?

Die meiste Zeit als Kanzler verbringt Schröder tatsächlich nicht mit der Formulierung von Visionen und Programmen, sondern mit der Frage, »how to get things done« – wie er Mehrheiten für seine Politik bekommt. Wenn er davon spricht, dass er »einen guten Job machen will«, dann meint er die mühsame Kärrnerarbeit, die die Beschaffung von Mehrheiten für einen Konsens mit sich bringt. Politik zu verordnen kommt ihm gar nicht erst in den Sinn. »Wir leben ja nicht in einem Obrigkeitsstaat, wo man einfach nur anordnet, was passieren soll. Das funktioniert nicht. Da bringt man alle gegen sich auf. Macht hat mehr mit Machen als mit Führen zu tun.«

In der Chefetage des Kanzleramtes, nur durch die weitläufige Sky Lobby von Schröders Büro getrennt, arbeitet – mit Blick auf die Baustelle des Lehrter Bahnhofs jenseits der Spree – Frank-Walter Steinmeier, genannt Frank, Schröders wichtigster Mann, sein Feinmechaniker der Macht. »Dr. Makellos« hat ihn »Die Zeit« genannt. Selbst vom politischen Gegner bekommt der Chef des Bundeskanzleramtes gute Noten, was selten ist in dem Geschäft. Der schlohweiße Mittvierziger bringt nüchtern, uneitel und mit klarem Blick für die allseits lauernden Empfindlichkeiten die Dinge, die Schröder so vorschweben, auf den praktischen Weg.

Steinmeier kennt seinen Chef schon aus Hannover. Dort hat er sich in nur drei Jahren vom Referenten für Medienpolitik zum Chef der Staatskanzlei und Schröders wichtigstem Helfer hochadministriert. Steinmeier sicherte Schröder an Stellen ab, an denen er Stützpfeiler gut gebrauchen kann: Mit Akkuratesse verfolgt er die Aktenlage, nüchtern kalkuliert er die Kräfteverteilung in Konfliktlagen. Neben diesen handwerklichen Fähigkeiten schätzt Schröder seine unbedingte Loyalität, wozu auch gehört, dass Steinmeier keinerlei Ehrgeiz hat, seine Qualitäten öffentlich herauszustreichen. Der Chef und sein erster Mitarbeiter sind auch Freunde.

Weil Schröder politisch unersättlich ist, ist einer wie Steinmeier unersetzlich. »Gerd hat ein unglaubliches Gespür dafür, was geht und was nicht«, sagt Steinmeier, »danach stimmen wir dann alle weiteren Schritte ab.« Die Organisation der »weiteren Schritte« – das ist Steinmeiers Job. Steinmeier ist der Macher des Machers. »Meine Funktion ist eine Art – inzwischen würde ich sagen – anspruchsvolles Management, das ein paar unterschiedliche Arbeitsweisen erfordert.« Steinmeier sagt das so technisch, wie er vermutlich auch denkt. Seiner Doktorarbeit in Jura gab er den Titel »Polizeiliche Traditionsreste in den Randzonen sozialer Sicherung«. Es ging darin um die Frage, warum manche Polizisten gern Obdachlose verprügeln. Aber so würde Steinmeier das nie ausdrücken – es läge zu viel Sentiment darin. Steinmeier fädelt ein, legt die administrativen Hebel um und ebnet zerklüftetes politisches Gelände im Umfeld der Regierung. Durch die Bank bescheinigen ihm Freund und Gegner, dass er erfolgreich agiert, weil er in Konfliktsituationen stets die vernünftigste Lösung anstrebt. Er hält die Gabe nicht für ein persönliches Charaktermerkmal, sondern für den »Ausdruck einer politischen Überzeugung: Nur der innovative Konsens bringt die Verhältnisse voran.« Seine guten Nerven, die die Kollegen aus der Staatssekretärsrunde stets loben, wird er dagegen kaum in einem Parteiprogramm gefunden haben.

Für Steinmeier ist Schröder – wen wundert's – genau der richtige Mann am richtigen Platz. Schröder verbinde die Technik der Macht mit der Vorstellung von Politik, »wie sie Sozialdemokraten machen sollten. So wie wir regieren, geben wir den Menschen das Gefühl, dass sie mit ihren Erwartungen an Politik ernst genommen werden. Wir nennen das den gesellschaftlichen Dialog. Indem wir versuchen, den Konsens zu finden, verhindern wir auch, dass die Gesellschaft auseinander fällt.« Das Einzige, was an dem Satz verwundert, ist, dass Steinmeier in der Mehrzahl spricht. Für gewöhnlich überlässt er den Lorbeer seinem Meister.

Wie ist Schröder auf den Konsens gekommen? Er kannte die Arbeiten von Soziologen wie Niklas Luhmann und Jürgen Habermas nicht, als er anfing, nach politischer Macht zu streben. Sie waren teilweise auch noch gar nicht geschrieben. »Kommunikatives Handeln« und »Legitimation durch Verfahren« musste ihm niemand als Grundlagen für erfolgversprechende Politik benennen und auch nicht nachreichen. Schröder handelte – wie üblich – instinktiv und agierte unbeabsichtigt so, wie bedeutende Theoretiker der Macht sich modernes Regieren in einem Land vorstellen, in dem die Macht vielfach geteilt ist.

Schröder bahnte sich die Schneise zur ersten Stufe seiner politischen Macht auf dem Weg bereits schnurstracks durch die Mitte. Seit Anfang der siebziger Jahre lagen zwei Flügel der SPD-Jugendorganisation unversöhnlich miteinander im Streit. Die klassenkämpferische »Stamokap-Fraktion« sah das Heil der werktätigen Massen in einer staatlich gelenkten Gesellschaft. Die »Reformsozialisten« wollten, bei allem Veränderungseifer, an den bestehenden Verhältnissen nur wenig ändern. Schröder nahm in dem Streit der Jungsozialisten eine mittlere Position ein. Er zählte sich zu den so genannten »Antirevisionisten«. Von der halblinken Theorie dieser Gruppe, die ein hannoversches Unikum war, ist ihm heute nur noch Weniges in Erinnerung. »Wir haben nie von Verstaatlichung geredet, sondern von Vergesellschaftung. Der Unterschied ist wichtig. Wir haben dabei immer an die Leute gedacht – damals nannten wir das ›die Massen‹«, sagt er heute. »Und übrigens waren wir immer spontan. Das heißt, wir waren nicht nur lustiger als die anderen, sondern auch weniger ideologisch gebunden. Da waren wir beweglicher als andere.«

Tatsächlich wählten die Jusos 1978 ausgerechnet ihn zu ihrem neuen Chef – obwohl er einer machtpolitisch bedeutungslosen Gruppierung angehörte und keineswegs das Wohlwollen des Partei-Establishments genoss. Für Schröder war dieser erste große politische Erfolg typisch wie prägend zugleich.

Er sah, dass er weder Seilschaften noch Protektion brauchte, um an die Spitze zu gelangen. Weit wichtiger waren – neben seinem Willen zur Macht – seine persönliche Überzeugungskraft und das Angebot zum Kompromiss. »Es kommt ihm auch heute noch zugute, dass er verschiedene politische Standpunkte unheimlich gut bündeln kann«, sagt Heinz Thörmer, Schröders langjähriger Referent. »Das hat er damals auf den Juso-Sitzungen gelernt. Da ging es ja immer hoch her. Er hat auf dem Podium häufig die Versammlungen moderiert, und zwar so, dass keiner richtig unzufrieden sein konnte.«

Durch seine Wahl verhinderte Schröder, dass die Parteiführung ihre Jugendorganisation mit rund 200 000 Mitgliedern ausschloss, was bei einem Sieg der starken Stamokap-Fraktion unweigerlich erfolgt wäre. Er verhinderte auch, dass die Jusos an ihren politischen Gegensätzen zerfielen. Er verhinderte nicht, dass sie heute politisch nahezu bedeutungslos sind. Er selbst blieb nur zwei Jahre an der Spitze der Organisation.

Als Juso-Chef war Schröder der Kompromiss in Person. Als Ministerpräsident von Niedersachsen strebte er schon den politischen Konsens als Gestaltungsmittel an. Um zu zeigen, dass eine rot-grüne Regierung nicht nur regierungsfähig, sondern auch fähig zu Neuerungen ist, wollte er die Ökologie mit der Ökonomie versöhnen. Das galt bis dahin als undenkbar. Seine rot-grüne Regierung erlaubte dem Automobilhersteller Daimler den Bau einer Teststrecke im Emsland. Die Umweltschützer, die damals noch weit autofeindlicher dachten als heute, machten schließlich mit, nachdem Schröder sichergestellt hatte, dass Daimler zum Ausgleich für die verbrauchte Fläche ein neues Naturschutzgebiet im ostfriesischen Moor schafft. Der Firma Statoil erlaubte er den Bau einer Pipeline durch ökologisch hoch empfindliches Wattenmeer vor der niedersächsischen Küste. Auch hier stimmte die Öko-Partei schließlich zu, weil Schröder das Unternehmen darauf verpflichtete, beim Verlegen der Rohre ein besonders schonendes unterirdisches Verfahren zu verwenden, das teurer war als die herkömmliche Methode. Steinmeier in der Rückschau: »Hier zeichnete sich bereits ab, was wir die innovative Kraft des Konsenses nennen.«

Die Methode Schröder: Selbst ideologisch nicht fixiert, folgt er bei Konflikten seinem Instinkt für Lösungen, für die er sich nicht nur Erfolg, sondern auch den Beifall des Wählerpublikums erwartet. In Niedersachsen musste er, um seine Konsensideen zum Erfolg zu bringen, alle Beteiligten von ihren politischen Podesten zerren. Den Grünen gab er zu verstehen, dass der Weg »zurück zur Natur« nicht an der Industriegesellschaft vorbeiführt. Die Arbeiter und Gewerkschafter der SPD lernten, dass Umweltschutz nicht automatisch Arbeitsplätze kostet. Die Industrie-Manager sahen, dass man gemeinsam mit den Grünen planen kann, die bis dahin als systemfeindlich galten. Die Umweltverbände erlebten, dass man mit der Industrie reden und sogar Verträge abschließen kann.

Schröders politische Rauflust – hier schien sie ein Ventil gefunden zu haben. »Das woll'n wir doch mal sehen« habe als unsichtbares Motto über der ersten – rot-grünen – Regierung Schröders von 1990 bis 1994 gestanden, erinnert sich sein Freund und damaliger Staatskanzleichef Reinhard Scheibe. Er habe allen zeigen wollen, »was er kann«. Die übliche Lösung wäre ihm zu wenig gewesen, vielleicht auch zu langweilig. Schröders Wirtschafts-Staatssekretär Alfred Tacke hat das Motto ein wenig anders in

Erinnerung: »Woll'n mal sehen, was dabei rauskommt«, habe damals die Parole geheißen. In dieser Version schimmert die Lust am Zocken durch, die Schröder eigen ist. Das Publikum erkannte, dass da jemand Lust daran hatte, Risiken einzugehen. Schröder brachte Spannung in die niedersächsische Landespolitik. Unbeteiligt ließ der dreiste Schröder kaum jemanden.

Zehn Jahre lang tüftelte Schröder an einem Konsens zur friedlichen Nutzung der Atomkraft. »Junge, Junge, ich dreh da jetzt an einem ganz großen Rad«, strahlte er 1992 und rieb sich die Hände, als er ein Einfallstor gefunden zu haben glaubte, um den Glaubenskrieg um AKWs zu beenden. Hunderttausende waren gegen Atomanlagen in Wyhl, Gorleben, Biblis und anderswo auf die Straße gezogen und nicht selten auch auf Barrikaden, um den »Atomstaat« zu verhindern. Dramatische Szenen mit Wasserwerfern, Hundestaffeln und prügelnden Polizisten ließen düstere Ahnungen von Bürgerkrieg aufkommen. Die Meinungen schienen unversöhnlich, der Riss ging quer durch viele Familien.

Schröder war als Juso mehrfach im Gorleben-Landkreis Lüchow-Dannenberg aufgetreten. Die berühmten Pullover-Bilder mit Bierflasche – sie entstanden beim Protest gegen Atom im Wendland. Als niedersächsischer Ministerpräsident packte er den Konflikt an, nachdem er auf der Seite der Atomanlagenbetreiber in Klaus Piltz vom Veba-Konzern einen kooperativen Gesprächspartner gefunden hatte. Der Veba-Konzern und das Land Niedersachsen gründeten 1991 die niedersächsische »Energieagentur«, in der fortan gemeinsam über die Energienutzung nachgedacht werden sollte. Das lange Zerren um den Atomkonsens hatte begonnen.

Worum es Schröder bei seinem Vorstoß eher ging – die Nutzung der Atomkraft zu beenden oder die Spaltung der Gesellschaft zu überwinden –, bleibt offen. Er selbst hat an diesem Thema seinen ganz eigenen Politikstil verfeinert. In der Organisation des Ausgleichs von Interessen sah er seine politischen Talente am besten aufgehoben. Das Muster wird ihm bekannt vorgekommen sein.

Ausgleich von Interessen – den suchen in großen Familien die älteren Brüder, wenn sie einen Streit unter Geschwistern schlichten wollen. Gerhard Schröder ist der älteste Sohn einer Familie, in der fünf Kinder aufwuchsen, die die Mutter von zwei Ehemännern bekam. Die Männerrolle, die sich Gerhard Schröder für sein Leben aussuchte, hat er sich selbst geschrieben:

Er ist der klassische Typ des älteren Bruders. Das Prägemuster für diese Rolle haben die rauen Umstände seiner Kindheit geschaffen, die Maßstäbe, nach denen er bemisst, ob er einer Anforderung gerecht wird, stammen von ihm selbst. Wenn sich jemand fragt, woher dieser Mann, der aus dem gesellschaftlichen Abseits kam, sein robustes Selbstbewusstsein hat, wird er die Antwort in diesem Abschnitt seines Lebens finden.

Typ älterer Bruder – als Mann, als Chef, als Kanzler. Eine andere Rolle hat er nicht gelernt. Bei wem und wo hätte er sich abschauen sollen, wie sich ein Patriarch benimmt, ein Familienoberhaupt oder ein Boss? Die Mutter habe eher ausgeglichen als vorgegeben. Hier hat er sich vielleicht ein Muster abgeschaut. Wer unter den gleichrangigen Geschwistern etwas erreichen wollte, musste aktiv werden und sich hervortun. Schröder merkte früh, dass er das besser konnte als andere. Aber er blieb doch immer »Primus inter Pares« – der Erste unter Gleichrangigen. Vom Typus ist Schröder kein Landesvater, er wird es auch mit zunehmender Amtsdauer nicht werden. Er wird der Kumpeltyp bleiben, jedoch stets darauf bedacht, der Erste unter Gleichen zu sein – älterer Bruder eben.

Die kleine niedersächsische Energieagentur, die Schröder zu gleichen Anteilen mit den Atomkraftwerksbetreibern der Veba gründete, war mehr ein Symbol als ein durchschlagkräftiges Instrument zur Veränderung der Energiepolitik in Deutschland. Sie sollte Konsensbereitschaft signalisieren. Instinktiv hatte Schröder die Bedeutung von Symbolen in der Politik verstanden. Politik, das ist nicht erst seit Schröder so, setzt auf die Wirkkraft von Zeichen. Als Kanzler macht er reichlich Gebrauch davon Die »Green Card« für ausländische Spezialisten, die Schlittenfahrt mit dem russischen Präsidenten Putin, die stolze Präsentation des VW-Luxuswagens »Phaeton« in New York – das alles sind Symbole, die an sich noch keine Wende der Politik darstellen. Als Symbole sollen sie Besserung verheißen. Im Arsenal der Politik lagern Symbole überall an prominenter Stelle – bei Schröder liegen sie ganz obenauf.

Seit er Kanzler ist, richtet Schröder Konsensrunden ein, um für strittige Reformen Mehrheiten zu bekommen. Zur Reform der

Bundeswehr berief er ebenso ein Gremium ein wie zur Neuregelung der Zuwanderung von Ausländern. Eine Ethik-Kommission lotete die Risiken der Gentechnologie aus. Die praktische Regelung der Entschädigung für Zwangsarbeiter überließ er einem Liberalen. Er verteilt die Verantwortung für schwierige Fragen auch im Lager des politischen Gegners. »Politik durch tolerante Umarmung«, hat Gunter Hofmann diesen eigenwilligen Stil der Herrschaft genannt. Schröder moderiert seine Berliner Räterepublik mehr, als er sie führt. Wenn er sie führt, dann vorzugsweise durch Moderation. Wenn es gelingt, sieht das so aus: Er sorgt dafür, dass Kontrahenten miteinander reden; dass Standpunkte angeglichen werden, bis kein Einspruch mehr möglich scheint; besänftigt, wo Zorn entsteht; lobt, wo der Verzicht als schmerzlich empfunden wird.

Er bekommt dafür mittlerweile Beifall sogar von einem, der traditionell zu den Schröder-Kritikern gehört und zunächst besorgt war, das Parlament werde durch Schröders Umarmung mangels eigener Bewegungsfreiheit verkümmern. Wolfgang Thierse, Präsident des Bundestages, hält den moderierenden Politikstil Schröders mittlerweile für »unumgänglich: Man kann als Regierung nur noch auf diese Weise zeigen, dass man den festen Willen hat, die Gesellschaft zusammenzuhalten.«

Unumstritten ist der Stil freilich nicht, auch nicht im eigenen Lager. Nicht selten verließen Mitglieder die regierenden Parteien – die Grünen wie die SPD – oder fielen vom Glauben ab: aus Enttäuschung über faule Kompromisse und Verärgerung über zu viel staatstragenden Gemeinsinn. Der Grafiker Klaus Staeck, der seit je am linken Rand der SPD siedelt, kann deswegen gar der Kandidatur Edmund Stoibers gute Seiten abgewinnen: Der konservative Bayer werde die Parteien dazu zwingen, ihrem »Profil wieder klare Konturen zu geben, das sie alle miteinander im Kampf um immer neue Mitten oft bis zur Unkenntlichkeit verwischt haben«. Und scheitert nicht gerade wieder einmal das Bündnis für Arbeit, die womöglich wichtigste aller Konsensrunden?

Bang fragt man sich in der Planungsabteilung des Kanzleramtes, ob die behutsame Moderation unterschiedlicher Interessen auch immer als Führung erkannt wird. Dort weiß man, dass die Bürger seit dem Ende des Kalten Krieges, der einen »Zusammenbruch der Gewissheiten« mit sich brachte, ein Vakuum verspüren. Das Bedürfnis nach Vertrauen in die Politik sei natürlich immer noch vorhanden, aber durch Lagerbildung im klassischen Stil kaum mehr zu befriedigen. In solchen Zeiten liegt vielen der Ruf nach dem »starken Mann« auf der Zunge. Viel besser – und demokratischer – finden des Kanzlers Planer jedoch den verantwortungsvollen Ausgleich der Interessen.

Schröder verweist auf die Besonderheiten der Demokratie in Deutschland, in der die Macht vielfach geteilt ist. Auf dem Arbeitsmarkt beispielsweise sind die Kompetenzen zwischen den Tarifparteien, Ländern und der Bundesregierung verteilt. Das Bundesverfassungsgericht wirft manchen Beschluss des Parlamentes wieder über den Haufen. Im Bundesrat blockiert eine Mehrheit der Bundesländer nicht selten Vorhaben der Bundesregierung, um dem Kanzler und seiner Koalition das Regieren schwer zu machen. Wirtschaftlichen Aufschwung kann man ohnehin nicht anordnen. Im besten Falle führen Übereinkünfte von Regierung, Unternehmern und Gewerkschaften zu verbesserten Chancen für einen wirtschaftlichen Aufschwung.

Gerhard Schröder sieht zur »Verhandlungsdemokratie« keine Alternative, nur durch den »permanenten Versuch der Überzeugung« könnten einflussreiche Gruppen und Lobbys von ihrer Möglichkeit zur Blockade abgebracht werden. »Ich habe es hier in Deutschland ja mit einem anderen Laden zu tun als beispielsweise Tony Blair in London.«

In Großbritannien scheint das Führen einfacher. Der britische Premierminister braucht keine Koalitionen einzugehen; wegen des Mehrheitswahlrechtes ist die regierende Partei mit einer satten Mehrheit ausgestattet. Eine zweite Kammer wie den Bundesrat kennt Großbritannien nicht. Kein Bundesverfassungsgericht kann politische Entscheidungen kassieren. Eine in ihren Entscheidungen autonome Bundesbank kennt London nicht, auch die Europäische Zentralbank spielt dort keine Rolle. Tony Blair ist als »Chairman of the Cabinet« gleichzeitig der Führer seiner Partei im Parlament. Es herrscht praktisch eine »Machtfusion zwischen der Exekutive und der Parlamentsmehrheit«, sagt der Machttheoretiker Korte: Tony Blair habe »zur Politiksteuerung eine extreme, persönlich geprägte Machtfülle«; Blair konzentriere »die Regierungsmacht in Downing Street No. 10 und macht das Unterhaus zum Erfüllungsgehilfen«.

Das hätte Schröder wohl gern. Doch die deutsche Demokratie ist anders gestrickt. Als ihm bei den Abstimmungen für den Einsatz der Bundeswehr in Mazedonien und Afghanistan die eigene Fraktion die Mehrheit verweigerte, ärgerte er sich über die deutsche Gewohnheit, wonach nicht nur die Opposition, sondern auch die eigene Fraktion die Regierung kontrolliert: Es komme dabei ein »vordemokratisches Verständnis« zum Vorschein.

So groß war seine Verärgerung darüber, dass eigene Leute ihm bei der Frage der Beteiligung der Bundeswehr am Afghanistan-Krieg in den Rücken fielen, dass er die Vertrauensfrage im Parlament stellte. Am 16. November 2001 stellte er die Abgeordneten seiner Koalitionsfraktionen vor die Alternative, ihm zu folgen oder die rot-grüne Regierung für beendet zu erklären. »Das Einzige, was in solchen Fällen hilft, ist Spitz auf Knopf, in aller Härte«, sagt Schröder. »Wenn man es so zuspitzt in der Härte, das hilft.« Es half; mit seiner harten Linie hatte er die Macht gesichert. Nun konnte er beim Konsens-Stiften weiterhin seine eigenen Regeln ausgeben.

## Auf dünnem Eis

Peter Glotz ist ein erfahrener Sozialdemokrat. Als Senator der Berliner Stadtregierung erhielt er von 1977 bis 1981 erstmals eine »Innenansicht der Macht«, die er später in einem viel gelesenen Buch weiterreichte. Später leitete der stets etwas hastig wirkende Intellektuelle als Bundesgeschäftsführer die SPD – damals war Helmut Schmidt Kanzler der Republik. Jahrelang schaute sich Glotz das politische Geschäft und sein handelndes Personal zunächst von der neu gegründeten Universität in Erfurt, dann von seinem Lehrstuhl in St. Gallen aus sicherer Halbdistanz an. Die muss er nun aufgeben, zumindest vorübergehend, denn Gerhard Schröder hat ihn zu einem der drei Mitglieder des EU-Gremiums ernannt, das den Europäischen Konvent schaffen soll. Glotz war baff.

»Wir haben uns ja früher nicht besonders gemocht«, sagt Glotz und schaut erstaunt über die Ränder seiner Brille hinweg. »Ich bin dann auch folgerichtig durch die Talk-Shows getingelt und habe Schröder dafür kritisiert, wie der mit dem Scharping umgesprungen ist.« Glotz galt darüber hinaus noch als Anhänger Oskar Lafontaines, der Schröder über all die Jahre in trauter Feindseligkeit herablassend verbunden war.

Glotz hält für »eine Stärke des Kanzlers, dass der alten Streit und Hader begraben kann«. Das hat er auch von anderen ehemaligen Sozi-Größen gehört, die von Schröder nun gelegentlich um einen Rat und ihre Meinung gebeten werden. Helmut Schmidt und Erhard Eppler gehören dazu, Hans-Jochen Vogel, Volker Hauff und Wolfgang Roth und viele andere, die in ihrer aktiven Zeit nicht unbedingt zu den »Frogs« gehörten, den »Friends of Gerd«. Schröder pflegt die alten Feindschaften nicht. Im Nachhinein erscheinen ihm die heftigen Richtungskämpfe der frühen Jahre, die in fast jedem Fall zu schweren persönlichen Verwerfungen geführt haben, als Ringen um den gemeinsamem Erfolg: »Ich bin das ja nun geworden«, sagt Schröder. »Da muss man dann in erster Linie zufrieden sein.«

Seine Versöhnungsbereitschaft überschreitet sogar Parteigrenzen: Richard von Weizsäckers Erfahrung ist ihm wichtig; er hörte sich auch Hans-Dietrich Genschers Auffassungen an. Nach dem 11. September 2001, dem Terrortag von New York, sprach er auch mit seinem Amtsvorgänger Helmut Kohl. »Keiner von denen«, frotzelt Schröder, »hat mir gesagt, es wäre besser, wenn die das jetzt wären.« In dieser Bemerkung mischt sich die Last über das Ausmaß der Verantwortung, die er nun auch international zu stemmen hat, mit dem Stolz darauf, dass sogar seine Vorgänger ihm zutrauen, sie auch angemessen wahrzunehmen.

Helmut Kohl hat er in dem neuen Kanzleramt herumgeführt, das nach dessen Vorstellungen von Macht und ihrer öffentlichen Darstellung im Berliner Spreebogen entstand. Schröder ist sich nicht mehr sicher, ob das eine gute Idee war. Er zeigte ihm den Bankettsaal und auch das neue Kanzlerbüro, in dem nun Schröders Schreibtisch steht. Kohl muffelte sich verstockt durch das mächtige Amtsgebäude. »Ich bin wirklich nett zu ihm gewesen«, sagt Schröder. »Aber ich glaube, der nimmt immer noch übel. Und zwar den Deutschen, weil sie ihn abgewählt haben. Er nimmt ihnen übel, dass sie ausgerechnet Rot-Grün gewählt haben. Und dann ist er sauer, dass wir das sogar noch können«, schickt er stichelnd hinterher.

Gelegentlich empfängt Schröder sogar Ernst Albrecht, seinen stockkonservativen, elitären Amtsvorgänger aus Niedersachsen, der den Ex-Juso-Chef lange schnitt, weil er ihn nicht für satisfaktionsfähig hielt. 1990 hatte Albrecht – offenbar zutiefst getroffen von der Wahlniederlage gegen den Emporkömmling Schröder – angekündigt, er werde sich nun auf seine nächste Lebensphase vorbereiten, die auf den Tod hinführe. Nun unterbreitet er seinem ungeliebten niedersächsischen Nachfolger quicklebendig hin und wieder Rat- und Vorschläge zum Wohle Deutschlands.

Leicht amüsiert entnimmt Schröder gelegentlich der Presse, wer zu den Beratern des Kanzlers gezählt wird oder wer sich selbst dazu rechnet. Die Belustigung rührt daher, dass Schröder Berater im traditionellen Sinne gar nicht hat. Er hat kein regelmäßig tagendes Gremium von Fachleuten eingerichtet, schart keine festen Expertenkreise um sich. Schröder beschäftigt auch keinen politischen Chefberater, dessen Rat er blind vertraute und dem auch er selbst sich anvertraute wie sonst niemandem.

Bodo Hombach wäre dies wohl gern geworden, Schröders allgegenwärtiger Kanzleramtsminister. Doch Hombach, ständig auf mehreren Ebenen wie Partei, Privatgeschäften und Presse gleichzeitig unterwegs, verhedderte sich binnen weniger Monate nach Regierungsantritt so sehr in den Tentakeln seines wuchernden Netzwerkes, dass Schröder ihm einen neuen Arbeitsplatz suchen musste. Mit der für andere wenig erfreulichen Bemerkung »Ich verliere meinen besten Mann« schmeichelte Schröder Hombach im Juli 1999 weit weg auf den Posten des Koordinators für den Balkan-Stabilitätspakt.

Tatsächlich ließ Schröder Hombach nur ungern gehen, weil dessen Talente unübersehbar waren. Als junger Mann schon hatte er trickreich den Landtagswahlkampf von Johannes Rau gemanagt. Als Industriemanager hatte er später unternehmerische Erfahrung auch im Ausland gesammelt. Mit seinem weit schweifenden Blick fürs Große und Ganze konnte der überzeugungsstarke Zweizentnermann den Eindruck erwecken, das Weltgeschehen bewege sich nach Gesetzen, die kein anderer so gut durchschaue wie er selbst. Ein Überflieger-Typ. Doch nicht immer mit der nötigen Bodenhaftung.

Hombach, heißt es in der Rückschau, habe wie ein »wandernder Intrigantenstadel« gewirkt. Er hätte seine eigenen unkontrollierbaren informellen Strukturen aufgebaut, eigenmächtig »Sprachregelungen über die Presse unters Volk gebracht« und damit den Eindruck erweckt, die Regierung spreche nicht mit einer Zunge. Als »management by chaos« verspottete »Die Zeit« den unorthodoxen Arbeitsstil des wuseligen Mühlheimers.

Das höchst umstrittene »Schröder-Blair-Papier« ging auf Hombachs Initiative zurück, das wegen seiner neoliberalen Positionen den Zorn der SPD-Mitglieder hervorrief und nie zur Grundlage der rot-grünen Politik werden konnte. Auch den Ärger, den das Papier beim Erbfreund in Paris hervorrufen musste, war nicht einkalkuliert worden. Manche äußerten Erleichterung, dass Schröder nach Hombachs Abgang die Verantwortung für die Regelung der Entschädigung für die ehemaligen NS-Zwangsarbeiter Otto Graf Lambsdorff übertragen konnte. Hombachs Kurs sei zuvor »wenig zielführend« gewesen – wie es behutsam im Kanzleramt heißt.

Das womöglich größte Problem hatte Hombach jedoch für die innere Organisation der Macht im Kanzleramt heraufbeschworen. Er hatte sechs Abteilungen im Kanzleramt vorgesehen, von denen jeweils drei Steinmeier und ihm selbst unterstehen sollten. Die groß angelegte Planungsabteilung sollte Hombach unterstehen. Damit wirbelte er – gewollt oder nicht – das fein austarierte Geflecht enger Mitarbeiter und Vertrauter Schröders komplett durcheinander, das von denen, die nicht dazugehören, »die Maschsee-Mafia« genannt wird. Erleichtert atmeten nach seinem Abgang denn auch vor allem jene Mitarbeiter Schröders auf, die er aus Hannover mit in die Hauptstadt genommen hatte.

Acht Jahre lang hat Schröder als Ministerpräsident in Niedersachsen regiert, bevor er Kanzler wurde. Seine engsten Mitarbeiter nahm er mit – bis auf einige, die in Hannover an der Leine bleiben wollten. Im Kanzleramt machen sie nun den engsten Kreis um den Regierungschef aus – ein erstaunlich kleiner Kreis. Der Machtmensch Schröder liebt keine unhandlichen Apparate.

Frank-Walter Steinmeier, der Chef des Bundeskanzleramtes, ist Schröders unauffälliger und hoch effizienter Chefmanager der Macht. In Schröders informellem Design der Herrschaft ist der umgängliche Jurist die zentrale Figur. Steinmeiers Kerngeschäft besteht darin, nüchtern mögliche Widerstände bei Partnern und Gegnern der Politik Schröders zu kalkulieren und nach Wegen zu suchen, auf denen sie zu überwinden sind. Er besänftigt aufgebrachte Minister und bindet sperrige Staatssekretäre anderer Häuser ein. Er steht der Runde der Staatssekretäre vor, die »auf der Arbeitsebene« möglichst reibungslos umsetzen soll, was eine Etage darüber – im Schaufenster der Politik – von Kabinettsmitgliedern erdacht oder verlangt wird. Der Perfektionist mit dem Hang zur guten Laune ist der personifizierte Gegenentwurf zum Schaumgebirge der Macht, wie es Hombach vorzuschweben schien.

Keiner von Schröders Mitarbeitern fühlt den Puls des Kanzlers so deutlich wie Sigrid Krampitz, die Leiterin des Kanzlerbüros. Das ist die unverzichtbare Voraussetzung für ihren hoch sensiblen Job. Sie führt den Terminkalender Schröders. Am Schreibtisch von Krampitz entscheidet sich, wer Zugang zum Kanzler bekommt und wer nicht. Sie erspürt die Stimmungen des Chefs, weiß, wann sie ihm Gespräche und Termine zumuten kann – oder muss. Um das zu entscheiden, muss sie über die aktuelle politische Entwicklung jeweils ebenso auf dem Laufenden sein wie über die Absichten und Pläne des Regierungschefs. Deshalb hält sie sich fast ständig in der unmittelbaren Nähe des Kanzlers auf – höchst unauffällig jedoch und meist mit einem besorgten Blick, der die Ahnung von Fährnissen stets mit einzuschließen scheint.

Der Einfluss von Sigrid Krampitz reicht weit über die Organisierung des Kanzleralltags hinaus. Fast immer sitzt sie dabei, wenn Schröder vor wichtigen Entscheidungen Vertraute um sich schart. Sie trägt in die Diskussion, was sie für ratsam und vernünftig hält. Schröder legt Wert auf ihre Sicht der Dinge, die nicht durch eigenen Karrierewillen oder die Deformationen verstellt ist, die eine politische Karriere mitunter bewirkt. Wie bei seinen anderen Vertrauten weiß er, dass ihr nichts wichtiger ist als der Erfolg ihres Chefs. Nur durch Zufall geriet Sigrid Krampitz in die öffentliche Verwaltung – als Lehrerin hatte sie keine Stelle bekommen. Als Öffentlichkeitsarbeiterin des niedersächsischen Verfassungsschutzes kam sie erstmals in die Nähe von Politik. Schröder lernte ihre höchst diskrete Effizienz im Mai 1992 auf einer Reise mit Wirtschaftsführern nach Japan schätzen, wo sie für das Protokoll der niedersächsischen Delegation zuständig war. Sigrid Krampitz ist Volkes Stimme im Chefzimmer. Schröder lobt zudem ihre undurchdringliche Diskretion. Er hat spaßeshalber einen Orden ausgelobt »für den, der bei ihr was' rauskriegt«.

Seit 1990 feilt Uwe-Karsten Heye als Regierungssprecher am Image seines Chefs. Damals holte der gerade gewählte Ministerpräsident Schröder den Journalisten, der bis 1979 als Pressereferent von Willy Brandt Erfahrungen mit der Hauptstadtpresse gesammelt hatte, vom ZDF in die hannoversche Staatskanzlei. Schröder wollte »einen richtigen Profi«, der sich in der Presse wie in der SPD gleichermaßen gut auskannte. Heye verstand sich nie nur als der elegante Botschafter und Interpret seines Chefs, der sich mitunter auch ungehobelt ausdrückt. Wenn kleinste Runden über nächste Schritte nachdenken, ist er als Regierungssprecher stets dabei und behält die mögliche öffentliche Wirkung der Entscheidungen Schröders im Auge. Schröder merkte freilich selbst schon sehr früh, dass der Eindruck, den ein Auftritt erweckt, in Zeiten der Teledemokratie oftmals mehr bewegt als der Gehalt der Politik selbst. Doch Heye hatte wesentlichen Anteil daran, Schröder als einen »authentischen« Politiker erscheinen zu lassen, der seine Politik meist damit begründet, was an Biografie und Erfahrung in ihm steckt.

Nachdem Doris Köpf in das Leben von Gerhard Schröder getreten war, ergaben sich an dieser Stelle gelegentlich Dissonanzen zwischen der Gattin des Chefs und seinem Sprecher. Davon, was ihrem Ehemann nutzt, hatte Ehefrau Doris hin und wieder ihre eigenen Vorstellungen. Die mussten nicht unbedingt mit denen seines Sprechers übereinstimmen. Die Foto-Strecke mit dem eleganten Kanzler im teuren Brioni-Anzug, die Schröder viel Ärger einbrachte, zeugte von unterschiedlichen Konzepten, Bildern und Vorstellungen, wie Schröder zu präsentieren sei. Der – nie offen benannte und erst recht nicht offen ausgetragene – Dissens hat gelegentlich zu Gereiztheiten geführt. Mitte der Legislaturperiode wies Schröder Gerüchte, er werde sich von seinem Regierungssprecher trennen, jedoch zurück. Bei einer spontanen Geburtstagsfeier für Heye in der Bar des Windsor-Hotels im indischen Bangalore versicherte der sichtlich angefasste Schröder in einer kleinen Ansprache, er werde seinem »Freund Uwe die jahrelange Loyalität nie vergessen«.

Obwohl sie kein Amt bekleidet und auch formell in keine der Ebenen der Macht eingebunden ist, wurde Ehefrau Doris zu einem der tragenden Pfeiler in Schröders System der Entscheidungsfindung. Seine Ehefrau ist nicht nur Schröders »sichere Bank an der Heimatfront«, wie ein Mitarbeiter sagt. Nahezu jeden seiner wichtigen Entschlüsse bespricht er zuvor mit seiner Frau, die sich als ehemalige Journalistin im politischen Geschäft gut auskennt. Dabei ist ihm der Abstand willkommen, mit dem sie – weitgehend frei von dem direkten Druck der Machtmühle Kanzleramt – über die Regierungsarbeit ihres Mannes urteilen kann. Hier kann er mehr als nur Loyalität voraussetzen. Bis hierher, das weiß er, greift die Dynamik des Machtapparates nicht, in dem fast jeder nur nach seinem eigenen Vorteil strebt.

»Natürlich habe ich auch meine ganz eigenen Standpunkte, die gelegentlich anders sind als die meines Mannes«, sagt Doris Schröder-Köpf. »Man darf sich das nicht so vorstellen, dass er Ansichten übernimmt, nur weil sie von mir kommen. Aber es ist ihm, glaube ich, wichtig, dass er sie von mir hört.«

Mehrmals am Tag telefonieren die beiden miteinander. Selbst aus New York oder Buenos Aires will Schröder von seinem »Schatz« wissen, was zu Hause läuft. Seine Frau Doris und Tochter Klara schaufeln ihm auch die Sorte Alltag in sein Leben, von dem er in seinem reichlich abgehobenen Leben als Kanzler kaum mehr etwas mitbekommt. In Gesprächen beim Einkaufen, beim Freizeitsport der Tochter Klara, beim Verhandeln mit den Handwerkern gewinnt sie eine Sicht der Dinge, auf die man nicht mehr kommt, wenn man, nachts im Kanzleramt scharf bewacht, hoch über Berlin schläft.

Bis zu seinem Ausscheiden aus dem Amt im November 2001 gehörte auch Michael Steiner, der damalige Leiter der außenpolitischen Abteilung des Kanzleramtes, zum engen Kreis. Schröder war heilfroh, dass er gerade zu Beginn seiner Amtszeit, als er außenpolitisch noch sehr unerfahren war, in Michael Steiner einen Beamten mit Eigenschaften zur Seite hatte, die nicht unbedingt typisch für Beamte sind: Fantasievoll, risikofreudig, ausgestattet mit dem Mut zur unkonventionellen Variante entsprach er der Vorstellung Schröders von den Gestaltern einer neuen deutschen Außenpolitik.

Es fiel Schröder nicht leicht, Steiner gehen zu lassen, nachdem der wegen einer Lappalie in die Schlagzeilen geriet. Steiner hatte bereits um seine Entlassung aus der Funktion gebeten, als der nickelige beamtenrechtliche Streit zu seinen Gunsten entschieden wurde. Wie auch sein Nachfolger Dieter Kastrup genoss Steiner als – informeller – außenpolitischer Berater das Privileg des direkten Zuganges zum Kanzler. Er machte davon reichlich Gebrauch.

Die Reden des Kanzlers schreiben der stellvertretende Büroleiter Thomas Steg und der renommierte Münchener Publizist Reinhard Hesse. Der Job des Redenschreibers für den Kanzler erfordert weit mehr als nur den ordentlichen Umgang mit Grammatik. Ohne politische und persönliche Nähe würde er kaum funktionieren. Die Redetexte können nur »stimmig« sein, wenn sich seine Redenschreiber in der Denkart, dem Sprechstil und der Wortwahl Schröders gut auskennen. Beide kennen Schröder seit vielen Jahren aus nächster Nähe. Thomas Steg, ebenso wie Hesse ein gelernter Journalist, war Sprecher der niedersächsischen SPD-Landtagsfraktion und hat zwei Wahlkämpfe an der Seite Schröders bestritten. Reinhard Hesse behauptet, er »träume mittlerweile gelegentlich in der Sprache des Kanzlers«. Er ist der Ghostwriter zweier Schröder-Bücher. Das erste, »Die Reifeprüfung«, schrieb er bereits 1993. Beim gemeinsamen Erarbeiten der Reden fließt vieles von dem ein, was in den sozialdemokratischen Denkstuben an Unterfutter für die politische Praxis ersonnen wird.

Rund zwanzig Niedersachsen sind Schröder auf dem Weg nach ganz oben an den neuen Dienstort Berlin gefolgt. Doch es handelt sich dabei nicht um eine klassische Seilschaft, wie man sie aus anderen Regierungen kennt, in der sich Regierende ihre Loyalitäten durch eine Art hoheitliche Vergabe von politischen Pfründen abzusichern suchten. Schröder behagt, dass in einigen Ministerien und anderen Dienststellen langjährige Mitarbeiter an verantwortlicher Stelle sitzen, mit denen »eine Verständigung innerhalb von dreißig Sekunden« möglich ist, wie er selbst sagt. So sollen die guten Beziehungen zu seinen Hannoveranern eher einem reibungslosen Ablauf der Arbeit als der Absicherung von Macht im Apparat dienen.

Brigitte Zypries und Claus-Henning Schapper, die beiden beamteten Staatssekretäre im Innenministerium, haben auch schon in Hannover Regierungserfahrung mit Schröder gesammelt. Alfred Tacke, Staatssekretär im Wirtschaftsministerium und Schröders »Sherpa« auf internationalen Wirtschaftskonferenzen, war bereits in Niedersachsen Schröders Pfadfinder und Lastenträger in der Ökonomie. Michael Kronacher hat als Inhaber der hannoverschen Agentur »Odeon Zwo« drei Wahlkämpfe Schröders begleitet – nun berät er die Regierung auch in Berlin. Wilhelm Schmidt, der jetzt die Geschäfte der Bundestagsfraktion führt, stammt aus Niedersachsen wie auch Rainer Sontowski, der bis Anfang 2002 Schröders persönlicher Referent im Willy-Brandt-Haus, der Parteizentrale der SPD in Berlin, war. Nicht immer haben sich Schröders Hannoveraner in Berlin zurechtgefunden. Edelgard Bulmahn etwa sticht als Bundesbildungsministerin ebenso wenig hervor wie als Schröders Nachfolgerin im Landesvorsitz der Niedersachsen-SPD. Karl-Heinz Funke saß schon in Hannover auf Schröders Regierungsbank, als Bundeslandwirtschaftsminister musste er vorzeitig gehen.

Schröder verfügt nicht über einen beeindruckenden Arbeitsstab wie etwa Tony Blair. In seiner »policy unit« beschäftigt der britische Premier rund zwanzig persönliche Mitarbeiter, die mit ihm in die Downing Street No. 10 einzogen und auch mit ihm wieder ausziehen werden: Strategen, »spin doctors«, Redenschreiber, Rechercheure und Fachleute unterschiedlichster Disziplinen. Dagegen wirkt Schröders Truppe im Kanzleramt winzig.

Skeptiker meinen, Schröder agiere in der Handhabung der Macht auf zu dünnem Eis. Er solle mehr Menschen voll vertrauen als nur dem »closed shop« seiner Hannoveraner. Ist hier der Grund zu suchen, warum die Regierung immer wieder in Turbulenzen gerät? Ist die Politik Schröders, die einschneidende Reformen möglichst im Konsens mit widerstreitenden Gruppen erreichen möchte, im Zentrum der Macht womöglich organisatorisch und konzeptionell zu schwach unterfüttert?

Schröder weist den Vorwurf zurück. Das politische Regelwerk in Deutschland erlaube keine »Ausstattung wie in präsidialen Systemen.« In den USA umschwirren Heerscharen von bezahlten und unbezahlten Beratern die Washingtoner Administration. »Think tanks«, »One Dollar Men« und »Senior Advisors to the Government« bevölkern die Flure und Amtsstuben der Macht – in Deutschland undenkbar. Und von Schröder auch nicht gewünscht. Ihm ist die extrem flache Hierarchie mit einer möglichst kleinen Spitze gerade recht.

Er baut auf das Sachwissen der 500 Mitarbeiter des Kanzleramtes – und auf die kleine Runde seiner »Loyalisten« außerhalb des Kanzleramtes. In der SPD-Fraktion hält ihm Fraktionschef Peter Struck nach Kräften den Rücken frei. Struck ist zwar auch Niedersachse, hat aber nie zum hannoverschen Kreis um Schröder gehört. Struck machte seine Karriere in Bonn, als Schröder in Niedersachsen unterwegs war. Die beiden haben sich in den vergangenen Jahren aneinander gewöhnt. In der Partei führt für ihn faktisch Franz Müntefering die Geschäfte. Der Generalsekretär der SPD avancierte nicht zuletzt wegen seiner engen und reibungslosen Zusammenarbeit mit Schröder zum – informellen – geschäftsführenden Vorsitzenden der Partei. Gibt es Ärger mit den Grünen, ruft Schröder vorzugsweise bei Rezzo Schlauch an, einem der Fraktionsvorsitzenden der Öko-Partei. Den lädt er mit einem spontanen Anruf auch schon mal zum gemeinsamen Fußball-Fernsehabend ins Kanzleramt. Vor allem jedoch verlässt Gerhard Schröder sich auf sich selbst.

Peter Glotz, der wegen seiner langen Erfahrung im politischen Geschäft die Regierungstechniken sozialdemokratischer Kanzler miteinander vergleichen kann, staunt jetzt, wo er Schröder aus größerer Nähe betrachtet: »Der Schröder«, sagt Glotz, »der wirkt überhaupt nicht gehetzt, und das bei seinem Pensum.« Er hat noch in Erinnerung, wie es war, wenn er damals zu Helmut Schmidt ins Bonner Kanzleramt gerufen wurde. Der habe meist spätabends noch über Akten gesessen und stets geklagt: »Ich mache mich hier kaputt.« Die Erschöpfung, mutmaßt Glotz, könne womöglich auch daher gerührt haben, dass Schmidt sich in zu viele Details seiner Aktenberge vertiefte: »Der hat uns damals ganz kirre gemacht, weil er in irgendeinem Unterabschnitt eines Gesetzes noch einen Punkt B fand, der ihm nicht gefiel.«

Das käme Gerhard Schröder nicht in den Sinn. In Akten liest er nicht mehr, als ihm nötig erscheint, um das Gespräch zu suchen. In der Regel räumt er seinen Schreibtisch um 20 Uhr. »In seiner Position kann man nicht mehr alles lesen«, erläutert Ehefrau Doris. »Da muss man auf andere vertrauen können. Doch dieses Vertrauen muss man erst einmal haben. Dazu braucht man Nervenstärke, die hat nicht jeder. Man braucht Gelassenheit, und man muss eine tief sitzende Gewissheit haben, dass Probleme auch gelöst werden können.«

## Wen er anbrüllt, darf sich freuen –
## denn er gehört dazu

In den Zeitungen konnte der Kanzler lesen, sein außenpolitischer Berater Michael Steiner sei ein eitler Mensch. In eher hingeworfenen Anmerkungen hatte der alerte Diplomat, dessen Einfallsreichtum und Tatkraft durchweg geschätzt wurden, gelegentlich den Eindruck erweckt, er selbst habe den außenpolitischen Kurs der Regierung ersonnen und ihn seinem Kanzler nahe gelegt: »Ich habe dem Kanzler vorgeschlagen, dass wir auf diesem Weg weitergehen«, war eine der Bemerkungen, mit denen er aufgefallen war. Steiner selbst kokettierte gelegentlich mit dem Wissen um seine Schwäche: »Sie wissen ja, ich gelte als eitel.« Das alles blieb dem Kanzler nicht verborgen.

Gerhard Schröder ist kein Mann, der sich in einem solchen Fall einen Mitarbeiter zum persönlichen Gespräch in sein Büro holt. Bei »Chefgesprächen«, in denen er die Leistung eines Mitarbeiters beurteilen müsste, würde er sich unbehaglich fühlen. Völlig ausgeschlossen ist, dass er dabei auch noch psychologisierte und persönliche Eigenheiten eines Mitarbeiters in quasi therapeutischer Anstrengung zu korrigieren versuchte. So nahe mag Schröder niemandem treten; er könnte es wohl auch nicht. Schröder selbst würde so viel Nähe auch von niemandem dulden, außer von seiner Frau.

So griff der Kanzler in diesem Fall zu einem Hilfsmittel, um seinem geschätzten Untergebenen, dem Ministerialrat und Leiter der Abteilung 2 des Kanzleramtes, seinem Duzfreund Michael, begreiflich zu machen, dass der sein Verhalten korrigieren müsse. Mit der Bemerkung »Hier, lies mal« steckte er ihm die Fotokopie eines Kapitels aus einem Buch zu. Offenbar fand Schröder darin das aktuelle Problem zwischen ihm und seinem außenpolitischen Berater Steiner zutreffend beschrieben.

Es handelte sich um das Kapitel XXII aus dem Klassiker der Machttechnik, Niccolò Machiavellis »Der Fürst«. Der Text aus der italienischen Renaissance enthält Ratschläge zum Erwerb und zum Erhalt der politischen Macht. Umstritten ist das Buch bis heute, weil der florentinische Historiker Machiavelli die Machttechniken nicht nach ihrer moralischen Qualität, sondern nach ihrer Effizienz beurteilt. Er stellt dabei die Schwäche der Menschen in Rechnung, die ihre moralische Festigkeit in aller Regel überragt.

»Wenn du merkst, dass der Minister mehr an sich denkt und bei allem, was er tut, seinen eigenen Vorteil betreibt, so wird er nie ein guter Minister werden, noch ist je Verlass auf ihn«, konnte Steiner bei Machiavelli lesen. Ein Untergebener dürfe »nie an sich, sondern muss stets an den Fürsten denken.« Machiavelli konnte Steiner auch voraussagen, was dem »Minister« widerfährt, der sich nicht an diese Regel hält: »Andernfalls nimmt es mit dem einen oder dem anderen stets ein schlechtes Ende.« Tatsächlich stürzte Steiner kurz darauf von seiner Karriereleiter. Im November 2001 bat er selbst um seine Entlassung, nachdem ein Oberfeldwebel des deutschen Militärattachés in Moskau behauptet hatte, von Steiner mehrfach als »Arschloch« beschimpft worden zu sein. Steiner wurde disziplinarrechtlich zwar vollkommen rehabilitiert, doch seinen Posten hatte er schon abgegeben. Schröder war einen seiner engsten Vertrauten im Kanzleramt los, was er sehr bedauerte. Doch er hatte auch ein persönliches Problem weniger.

Schröder tut sich schwer, Mitarbeiter zu entlassen, selbst wenn eine Zusammenarbeit erkennbar nicht länger möglich ist. Das gilt für politische Mitarbeiter wie für die der Verwaltung gleichermaßen. Monatelang verblieb Ottmar Schreiner in seinem Amt als Geschäftsführer der SPD, obwohl klar war, dass sich der neue Parteivorsitzende Schröder von ihm trennen musste. Schreiner war ein Vertrauter seines Vorgängers Oskar Lafontaine und stand – nicht nur deswegen – quer zu den Vorstellungen Schröders von einer erneuerten SPD. Als er seine beiden Minister Karl-Heinz Funke und Reinhard Klimmt aus dem Kabinett entlassen musste, habe Schröder »gelitten wie ein Hund«, sagt einer seiner Vertrauten. Funke und Klimmt, das kam erschwerend hinzu, waren alte politische Weggefährten.

Als Kanzler der Bundesrepublik Deutschland trägt Gerhard Schröder nicht nur die politische Verantwortung. Er ist auch unmittelbarer Dienstvorgesetzter von einigen hundert Menschen im Kanzleramt und in der Parteizentrale der SPD. Zuvor als Ministerpräsident und davor als Fraktionsvorsitzender der SPD im Niedersächsischen Landtag hatte er natürlich auch schon Chef-Funktionen inne. Doch aktiv wahrgenommen hat er sie nie.

Aktive Personalführung ist ihm ein Gräuel, Hierarchien sind ihm suspekt; Arbeitsplatzbeschreibungen, Kündigungen – »den ganzen Kram hat er immer anderen überlassen«, erinnert sich seine langjährige Sekretärin Doris Scheibe in der SPD-Fraktion und später in der hannoverschen Staatskanzlei, »das war ihm viel zu lästig«. Um Personalangelegenheiten hat sich in Hannover sein Freund und politischer Weggefährte Reinhard Scheibe gekümmert – der jetzige Ehemann der ehemaligen Chefsekretärin Schröders.

Im Kanzleramt sorgt sich Staatssekretär Steinmeier um derartige Details, in der Partei »muss der Franz das alles machen«, sagt Gerhard Schröder – Franz Müntefering, der jetzige Generalsekretär der SPD, der Ottmar Schreiner schließlich doch ersetzte.

Schröder zieht keine Befriedigung aus dem Umstand, dass er Dienstvorgesetzter ist. »Chef im Ring« zu sein, wie er es versteht, ist etwas anderes, als die Personalhoheit über Mitarbeiter zu besitzen. Er hat sich immer mit gleichrangigen Gegnern messen wollen, um zu zeigen, dass er es besser kann als alle anderen. Verhältnisse zu Mitarbeitern fallen unter andere Regeln.

In den acht Jahren als Ministerpräsident von Niedersachsen hat Schröder seinen ganz eigenen Arbeitsstil als Chef entwickelt. Ihn umstandslos als »Führungsstil« zu bezeichnen, könnte in die Irre leiten. In das Wort »führen« spielen zu viele Elemente hinein, die Schröder bei der Organisation der Arbeit nicht verwendet.

Schon in Hannover beschränkte er seinen Stab auf das unbedingt Notwendige. Seine engen Mitarbeiter suchte er sich selber aus. Darauf beschränkte sich im Wesentlichen seine Personalpolitik. Der Rest musste von selbst laufen – ohne formelle Direktiven, umständliche Arbeitssitzungen, Kompetenzabgrenzungsgespräche. »Der Laden musste auf Zuruf funktionieren«, sagt Doris Scheibe – und so war es meistens. Schröder vertraute seinen Mitarbeitern nicht nur, er traute ihnen auch einiges zu. Manche meinen, er mute ihnen mit dieser Verantwortung einiges zu.

Er delegiert, wann immer er kann. »Er sagt dann immer: Du kannst machen, was du willst; aber mach' keinen Fehler«, sagt einer seiner Vertrauten. »Das ist gleichermaßen schwierig wie angenehm. Es trägt sehr zu unserer Beruhigung bei, dass er die Schuld nicht auf andere schiebt, wenn etwas schief gelaufen ist. Da lässt er einen dann nicht hängen.«

In Schröders Umgebung duzt man sich, knappe Anweisungen müssen reichen. Besser noch, es sind gar keine Anweisungen des Chefs nötig, weil die Mitarbeiter von sich aus wissen, was zu tun ist – oder was der Chef will. »Schröder verlangt nicht, er fordert unausgesprochen«, sagt einer seiner engen Mitarbeiter. Einen Befehlston werde man von ihm nicht hören: »Wer auf Anordnungen von ihm wartet, ist bei ihm verkehrt.«

In Hannover wie in Berlin scharte Schröder Mitarbeiter um sich, die »irgendwie zu ihm passen«. Genauer wissen auch seine langjährigen Begleiter nicht zu sagen, wonach sich das im Einzelnen bemisst. Eitle Menschen werden es schwer haben in Schröders Umgebung. Wer auf eigene Rechnung arbeitet, fällt durch: »Gerd kann es partout nicht leiden, wenn sich ein Mitarbeiter zu seinem eigenen Vorteil profiliert«, sagt einer seiner Zuschläger. »Man sollte besser nicht vergessen, dass man seine Position ausschließlich Gerd zu verdanken hat.« Sachwissen ist Pflicht, wer damit jedoch besserwisserisch auftritt, hat keine Chance.

Beste Voraussetzung für ein gutes Einvernehmen mit Schröder ist ein annähernd gleiches Verständnis vom Leben und von der Politik, das »irgendwo« zwischen rot-grünen Ansichten, Lust am Gestalten und einer augenzwinkernden Bereitschaft zu unerwarteter Lösung angesiedelt ist. Wichtigste Voraussetzung, um Schröders Vertrauen zu gewinnen, jedoch ist jene Loyalität, die über jeden Zweifel erhaben ist. Sie geht weit über eine politisch gemeinte Loyalität hinaus; sie bezieht sich auf den Menschen.

Zwischen Schröder und seinen Hannoveranern herrscht ein fast blindes Verständnis – wie in einer Fußballmannschaft, die schon lange gemeinsam aufläuft. Der Mittelfeldspieler muss gar nicht erst schauen, wohin er den Ball schlagen muss. Er weiß aus Erfahrung, welchen Laufweg sein Stürmer nimmt. Weit weniger, als man glauben sollte, sprechen die engen Mitarbeiter miteinander. Das Team ist eingespielt; jeder weiß, was er zu tun hat, vieles versteht sich von selbst.

Es ist also nur eine Hand voll Leute, die Schröder direkt und unmittelbar als Chef erlebt. Die Beamten des Kanzleramtes behandelt Schröder korrekt und mit Respekt, wie durchweg zu hören ist. Auf sie geht er gelegentlich direkt zu, weswegen sie ihn loben. Er höre stets gut zu, lasse andere Auffassungen gelten und nehme einen Dissens in der Sache nicht persönlich. »Das wäre ja noch schöner«, sagt Schröder. »Ich muss die doch zu ihren eigenen Auffassungen ermutigen, sonst könnte ich ja alles alleine machen.«

Wenn die Truppe um Schröder nicht wie eine Versammlung von grauen Duckmäusern wirkt, liegt das an einer anderen Eigenheit von Chef Schröder: »Er kann Kriecher und Schleimer nicht ausstehen«, sagt Heinz Thörmer, der rund zwanzig Jahre lang sein persönlicher Referent in Bonn und Hannover war. Schröder lege Wert auf Leute mit ganz eigenem Charakter. Nur diese Atmosphäre gewährleiste, dass »der Chef nicht abhebt«, sagt ein anderer Weggefährte. Nur in einer »menschlich sauberen Atmosphäre« sei das Leben und Arbeiten unter einem Druck, wie es das Kanzleramt mit sich bringe, überhaupt möglich: »Alles andere würde in einer Katastrophe enden.« Bei aller Offenheit – die abweichende Meinung darf nur im engsten Zirkel geäußert werden. Wer damit an die Öffentlichkeit ginge, wäre schnell aus dem Spiel.

Hat Schröder das bei Machiavelli gelernt? Oskar Negt, Schröders professoraler Ratgeber aus Hannover, hatte Schröder den Machiavelli-Text geschenkt, als er Ministerpräsident geworden war. Machiavelli schrieb, dass ein kluger Fürst »weise Männer« berufen und »ihnen allein verstatten müsse, ihm die Wahrheit zu sagen. Mit diesen Ratgebern muss er es so halten, dass jeder von ihnen weiß, dass er ihm umso lieber ist, je freimütiger er spricht« – jedoch auch nur dann, wenn er gefragt wird. Und nur dann, wenn es intern geschieht. Schröder verrät es nicht: »Da steht ja auch viel Blödsinn drin, aber manches ist nicht schlecht.«

Über das Loben von Mitarbeitern findet sich bei Machiavelli nichts. Macht Schröder deswegen von diesem Führungsmittel keinen Gebrauch? Wenn er eine Vorlage auf den Tisch bekommt, mit der er zufrieden ist, sagt er knapp: »Das kann man so machen.« Das sei »die höchste Form des Lobes, mehr ist nicht drin«, berichtet ein Mitstreiter mit leicht klagendem Unterton. Habe eine Sache schließlich geklappt, murmelt er anschließend eher beiläufig: »Ist doch ganz ordentlich gelaufen.«

Eindeutig gewonnen hat er an Selbstbeherrschung. In Hannover galt er als launisch und wenig berechenbar. Gelegentlich verlor er die Selbstkontrolle und brüllte – wie ein ordinärer Chef – seine Mitarbeiter an oder stellte sie bloß. »Im Allgemeinen ist er jetzt weit ausgeglichener, die Ruppigkeiten werden seltener«, sagt einer der Leidgeprüften. Der Kanzler Schröder wirkt gelassener, als es der Mensch Schröder zuvor war – ganz so, als habe er den kleinlichen Hader, Eifersüchteleien und Herablassung nicht mehr nötig.

Aber er ist nicht der Übermensch, der kein Ventil bräuchte, um dem immensen Druck, der stets auf ihm lastet, gelegentlich Weg zu geben. Hin und wieder rastet Schröder aus. Doch – Fluch des Erfolges – darf er das nun nicht mehr in aller Öffentlichkeit. Er darf es nicht gegenüber politischen Freunden oder Gegnern, selbst nicht in erregten Debatten – das würde nicht nur ihm, sondern auch dem Ansehen des Amtes schaden. Ausraster werden Politikern selten verziehen. Unbeherrschtheiten gelten als Ausdruck von Schwäche und Unterlegenheit. Wer brüllt, hat schon verloren. Das ist der Comment – auch im politischen Geschäft.

Rastet Schröder doch mal aus, dann nur gegenüber seinen engen Mitarbeitern. Das geht dann schon mal lautstark ab. Da ist er dann auch mal ungerecht.

So fauchte er seine Mitarbeiter an, weil die ihm im Oktober 2001 für einen ungeplanten Kurzbesuch bei US-Präsident Bush als Transportmittel nur einen karg eingerichteten Truppentransporter der Bundeswehr besorgen konnten. »Was bringt ihr denn eigentlich zustande?«, giftete er durch das Kanzleramt. Doch der Zorn traf die Falschen, das wusste auch Schröder. Mit den beiden einzigen etwas komfortabler ausgestatteten Flugzeugen der Regierung (Airbus A 310 aus der Hinterlassenschaft des DDR-Staats- und Regierungschefs Erich Honecker) waren gerade Entwicklungshilfeministerin Heidemarie Wieczorek-Zeul (Äthiopien) und Finanzminister Hans Eichel (Brasilien) unterwegs. Weitere komfortable Langstreckenflugzeuge stehen der Bundesregierung nicht zur Verfügung. Schröder regte sich noch während des laufenden Streits wieder ab: »Mein Gott, was sind wir denn eigentlich für ein Scheißverein!«

Nie rüffele er einen Mitarbeiter persönlich, selbst wenn die Schuld am Versagen unzweifelhaft sei. Stets suche er sich einen Umweg, in der Regel einen unbeteiligten Dritten, um seinen Frust loszuwerden. Doch stets wissen die Umstehenden, wer gemeint ist. In aller Regel komme Schröder Tage später auf solche unerfreulichen Vorfälle zurück, doch niemals direkt. Eher beiläufig murmele er dann bei passender Gelegenheit: »Du, hör mal, war aber auch verdammt eng gestern.«

Seine Mitarbeiter haben mittlerweile gelernt, sich gegen derartige Eruptionen zu wappnen. Dabei hätte sich eine Reihe von Verhaltensregeln als äußerst nützlich erwiesen; keinesfalls solle man sich beim Kanzler für Fehler oder Flüchtigkeiten entschuldigen, sich nicht umständlich erklären, auch nicht klein beigeben. Gar nicht erst schuldbewusst das Kinn auf die Brust legen, mit dem Rücken zur Tür den Raum verlassen oder zu sonst welchen Kotaus ansetzen. Solche Unterwürfigkeiten würden Schröder nur noch zorniger machen.

Es sei in solchen Situationen auch nicht angeraten, sich gegen Grobheiten zu verwahren oder beleidigt zu sein. Das hätte wenig Sinn. Der Kanzler erwarte in solchen Situationen Rücksicht und Verständnis für seine Gefühlslage, ohne beides jemals eingefordert zu haben.

Besser sei, die Eruptionen mit Humor zu nehmen. »Wenn er dich anbrüllt, darfst du dich zu seinen Vertrauten zählen!«, schmunzelt einer seiner Mitarbeiter, der offenbar dazugehört. Ein anderer hat sich einen etwas komplizierten, aber, nach eigenem Beteuern, »extrem wirksamen goldenen Survival-Tipp« zurechtgelegt: »Man muss sich den ›Orbit Schröder‹ als eine Galaxis vorstellen, als ein komplexes Sonnensystem mit Satelliten und Trabanten: Gerd ist darin die Sonne, und wir sind die Monde. Und klar: Nur wenn die Sonne strahlt, dann scheinen auch die Monde. Oberstes Gebot: Die Sonne muss strahlen.«

Unter engen Mitarbeitern von Mitgliedern des Kabinettes reicht man sich gelegentlich solcher Art Tipps untereinander weiter. Joschka Fischer beispielsweise provoziert mit seiner Tonlage, die bisweilen in selbstgefällige Ungerechtigkeit umschlägt, die Nerven seiner Mitarbeiter mitunter erheblich. Ein Fischer-Mann wählt einen fantasievollen sportlichen Weg, um den Zorn seines Chefs ohne großen seelischen Schaden zu überleben. Man müsse sich verhalten wie ein gewiefter Fun-Sportler: »Wenn der Chef aufschäumt, muss man es irgendwie schaffen, sich auf die Schaumkrone seines Zornes zu schwingen. Dort bleibt man dann, solange sie anhält, und surft mit der abfallenden Gischt wieder auf Normalnull.«

48

# Lernen

Ein »Kammerspiel« nennen die Mitarbeiter des Kanzlers die »ganz kleine Form«. Dann lädt der Regierungschef etwa den Historiker Heinrich August Winkler und seinen britischen Kollegen Timothy Garton Ash zum Abendessen ins Kanzleramt, um stundenlang die Lage der Nation und die besondere Verantwortung des neuen Deutschland in der Welt zu besprechen. Oder Intendant Claus Peymann und Dirigent Daniel Barenboim verraten dem Regierungschef Neues und Nettes aus der Kulturszene. Manchmal sind »mittelgroße Runden« zum Dinner geladen, etwa die Spitzen der deutschen Energiewirtschaft. Dann sitzen Topmanager aus Bayern und Baden-Württemberg, von e.on und der RWE im Salon des achten Stocks gleich über dem Chefbüro und tragen dem Kanzler die Probleme der Branche vor. Sie können sicher sein, dass der Regierungschef ihnen nicht nur sein Ohr leiht, sondern auch ein ordentliches Essen und einen ebensolchen Wein servieren lässt. Auch Filmschaffende wie Volker Schlöndorff, Hark Bohm und Sönke Wortmann kommen so zu Wort. In solchen Runden ist Schröder bemüht, den Ton so persönlich wie möglich zu halten.

Diese Gespräche in kleinen Runden gelten als ebenso vertraulich wie die Zusammenkünfte zum »klassischen Diskurs«, wenn etwa seine alten hannoverschen Hinweisgeber um den Soziologieprofessor Oskar Negt ins Machtzentrum an der Spree geladen sind. Gemeinsam ist allen Gesprächs-»Formaten« der Zweck: Der Kanzler will lernen.

Schröder sei ein »auditiver Typ«, sagen die Fachleute – auf gut Deutsch: Am besten lernt er beim Zuhören – und am liebsten.

Aus jedem Gespräch versucht er, Honig zu saugen. Dass er »gut zuhören« könne und bei der Sache sei, bestätigen auch die politischen Gegner. Selbst bei Terminen, die manche für Show-

Veranstaltungen halten, ist er bei der Sache. »Hoch konzentriert, aufnahmewillig und mit großem Ernst« hat ihn Karl Schlögel erlebt. Der Professor für osteuropäische Geschichte nahm gemeinsam mit dem Kanzler an Podiumsdiskussionen teil, die ihn bei der Sommerreise 2001 an die deutsche Ostgrenze und auch nach Polen und Tschechien geführt hatten.

Schröder hat das Aktenstudium nie besonders gemocht. Die Beamten des Kanzleramtes wissen, dass sie die größte Chance haben, mit ihrem Wissen und ihren Ansichten am besten im Gespräch zu ihm durchzudringen. Bei der Anreise im Auto oder im Flugzeug zu Terminen ergibt sich oft unverhofft die Gelegenheit. Dann schiebt Schröder den Ordner mit den Unterlagen gern beiseite und fordert die mitreisenden Beamten auf: »Erzählen Sie mal, was ist Sache?«

Mittlerweile arbeite er in Papier weit häufiger und geduldiger als früher, berichten langjährige Mitstreiter. Schriftliche Vorlagen müssen knapp sein, sollen sie dem Kanzler gefallen. Je kürzer, desto besser. Ein Mitarbeiter, der nicht in der Lage sei, einen Sachverhalt auf einer Seite darzustellen, habe ihn wohl selbst nicht verstanden, frotzelt Schröder. Die etwas umfangreicheren »Entscheidungsvorlagen« werden auf fünf Seiten komprimiert. Muss er sich sorgfältig auf schwierigere Themen und Auftritte vorbereiten, fertigen seine Beamten »Sachstandsvermerke« an, die eine Länge von zwanzig Seiten nicht übersteigen dürfen.

Bei gewichtigen Vorhaben reicht auch das freilich nicht aus. Zur Vorbereitung auf den EU-Gipfel in Nizza im Dezember 2000 etwa musste er schon einen sehr kompakten Ordner mit gut 300 Seiten durcharbeiten. Auch das hätte wohl nicht gereicht, denn auf Gipfeln dieser Art verhandeln die Regierungschefs auch über Detailfragen am Ende ganz allein – die beamteten Fachleute sitzen in Nebenzimmern und dürfen nur in Ausnahmefällen den Sitzungssaal betreten. Wer da nicht detailgenau informiert ist, hat schnell verloren. Das kann im Nu sehr teuer werden.

Deshalb ließ sich Schröder vor Nizza zusätzlich intensiv von Reinhard Silberberg, dem Europa-Spezialisten des Kanzleramtes, »briefen«. Zu dieser Methode greift Schröder häufiger: Steht ein wichtiger Verhandlungs- oder Gesprächstermin bevor, bittet er einen Fachmann – beamtet oder nicht – ins Kanzleramt, mit dem er seine Argumente im Gespräch durchspielen kann. Besteht sein Wissen diesen Test, fühlt er sich hinreichend gerüstet.

Bei noch komplexeren Vorhaben steigt Schröder noch anders ein. Beispiel Bioethik. Schröder wusste, dass er sich für dieses Thema einen eigenen Standpunkt erarbeiten musste. Ein Politiker, der sich nicht um die naturwissenschaftlich-technischen Details dieses Jahrhundertthemas kümmerte, würde die ethisch-moralischen Fragen, die das Problem mit sich bringt, letztlich nicht verantwortungsvoll angehen können.

Schröder hatte es in diesem Fall etwas einfacher als andere Politiker, weil er in Berlin nicht als Novize in das gewaltige Thema einsteigen musste. Bereits in Niedersachsen hatte er sich mit den Problemen der Gentechnik beschäftigt, nachdem die Klein-Wanzlebener Saatzucht AG einen Antrag auf Aussaat von genmanipuliertem Mais gestellt hatte. Seitdem ist Schröder grundsätzlich aufgeschlossen für Biotechnologie, die er für eine Schlüsseltechnik mit enormem Zukunftspotenzial hält. Doch in Niedersachsen ging es um »grüne Gentechnik«, die an Pflanzen ausprobiert werden sollte. Bei der Frage nach Bearbeitung von Stammzellen handelt es sich um »rote Gentechnik« mit der Anwendung an tierischem oder menschlichem Zellenmaterial. Ein weit komplexeres Thema.

Schröder ließ sich Vorlagen von den Beamten der verschiedenen Häuser machen, er besuchte Einrichtungen wie das »Max-Delbrück-Zentrum« in Berlin-Buch, das einen erheblichen Anteil an der Entschlüsselung des menschlichen Genoms hat – und er hörte den Rat von Ernst-Ludwig Winnacker. Den Präsidenten der Deutschen Forschungsgemeinschaft setzte er als Mitglied des Ethik-Rates ein, der die Bundesregierung bei der Entscheidungsfindung beraten soll.

Zusätzlich besorgte sich Schröder stapelweise Material vom Bruder seiner Ehefrau, der seinerzeit in der Schweiz in einem Unternehmen arbeitete, das sich mit dem Thema beschäftigte. Seine Leute wies er an, auch externen Sachverstand einzuholen.

Als er sich in dem Thema zu Hause fühlte, lud er im Mai 2000 die »Frankfurter Allgemeine Zeitung« zu einem Interview. Das dauerte schließlich neunzig Minuten und behandelte die Frage, wann das Leben beginnt ebenso wie die biologische Besonderheit adulter Stammzellen aus Nabelschnurblut. Schröder fand anschließend, er hätte seine »Sache ganz ordentlich gemacht«.

Beamte und Mitarbeiter schwärmen von der »Rezeptionsfähigkeit« Schröders, wahlweise auch von seiner »einmaligen« oder auch »unglaublichen Rezeptionsfähigkeit«. Das Staunen ist durchgängig, die Bewunderung ebenfalls; sie ist bei ehemaligen Mitstreitern ebenso anzutreffen wie bei gegenwärtigen.

Die Fähigkeit, schnell große Mengen neuer Informationen aufzunehmen, gehört zu den hervorstechenden Begabungen Schröders. »Wie ein Schwamm« (durchgängige Formulierung) sauge er mit enormer Geschwindigkeit alles auf, was ihm an Wissenswertem zu Ohren oder unter die Augen kommt: Gespräche, Papiere, Pressespiegel, Aktenvermerke. Seine Aufnahmefähigkeit wird unterstützt von einem präzisen Gedächtnis. »Das geht nicht nur wahnsinnig schnell rein, das bleibt auch haften«, staunt immer noch Kanzleramtschef Frank-Walter Steinmeier, der Schröder seit nunmehr zehn Jahren bei der Arbeit zuschaut. »Ein Schwamm ist als Vergleich vielleicht doch nicht geeignet, denn der Schwamm gibt ja alles wieder ab, was er aufnimmt. Löschblatt wäre besser«, sagt ein leitender Beamter aus dem Kanzleramt, »doch es müsste ein Löschblatt mit enormer Aufnahmefähigkeit sein.«

Außer über Aufnahmefähigkeit und seine Gedächtnisleistung staunen Mitarbeiter wie Parteigenossen noch über eine weitere überdurchschnittliche Begabung Schröders: Er sortiere im Nu die Fakten, die er aufnimmt, »und zwar in einer Geschwindigkeit, dass man nur staunen kann«, sagt Schröders Regierungssprecher Uwe-Karsten Heye. Es helfe ihm dabei, dass er im Moment der Aufnahme von Wissen und Information hoch konzentriert sei und sich nicht mit zweiten, dritten oder vierten Fragen beschäftige.

Seine Mitarbeiter wissen längst, dass sie sich keine Sorgen machen müssen, wenn er keine Zeit gefunden hatte, sich auf einen Auftritt vor Publikum vorzubereiten. Dann liest Schröder sich die Rede auf der Fahrt zum Einsatzort im Dienstwagen oder im Hubschrauber durch, legt das Manuskript beiseite und ist in der Lage, den roten Faden, die wichtigsten Argumente und sogar eingeflochtene Zahlen aus dem Gedächtnis zu repetieren. Auf das Redemanuskript schaut er nur im Notfall. Noch Wochen später hat er Details parat. Auch sein Langzeitgedächtnis funktioniert gut: Goethes »Osterspaziergang« aus dem »Faust« hat er aus seiner Schulzeit im Gedächtnis behalten.

# Medien

US-Präsident Ronald Reagan galt als der »große Kommunikator«, sein Nachfolger Bill Clinton gar als »magic«. Zutiefst war das Publikum überzeugt, dass die beiden Männer ihre Macht über die Wähler vor allem dem Umstand verdankten, dass sie die Nation über den Fernsehschirm zu bezaubern wussten. Wir nennen Gerhard Schröder den »Medienkanzler«. Doch in diesem Fantasietitel halten sich Respekt und Misstrauen die Waage. Hat es damit zu tun, dass die Deutschen ihren Politikern mehr abverlangen und ihren Medien weniger über den Weg trauen?

Gerhard Schröder hat sich mit dem Vorwurf auseinander setzen müssen, er hätte sich 1998 mit einem amerikanisierten Wahlkampf, der inhaltsleer und komplett auf seine Person abgestellt gewesen sei, an die Macht charmiert. Der britische Premier Tony Blair wird in seinem Heimatland bis heute für solche Künste gefeiert.

Wir mögen die »Telekratie« nicht besonders, in der politische Talk-Shows für die Meinungsbildung wichtiger sind als Parlamentsdebatten oder Sitzungen der Ortsvereine von Parteien. Der Vorwurf lautet, Politiker wie Schröder zielten mit ihren Inszenierungen nur noch auf die Wirkung des Fernsehens, verwechselten Politik mit Show und zerstörten so die bewährte Parteiendemokratie westdeutschen Zuschnitts. An die Stelle von Argumenten trete die suggestive Macht der Bilder.

Gerhard Schröder hatte diese Art Skrupel nicht, als er seine politische Karriere begann. Er konnte sie auch gar nicht haben. Er war schon zum Medienmann geworden, als der Begriff noch gar nicht geprägt war. Sein Weg hin zum Medienkanzler hat etwas Zufälliges, jedenfalls ging er ihn ohne Plan und Strategie.

Wie von selbst tat sich der Pfad zum Liebling der Medien vor ihm auf, als er ihn zu beschreiten begann, langsam und tastend zunächst. Bevor Schröder merkte, welche Wirkung er mit den Medien und durch sie erzielen konnte, waren es die Journalisten, die rasch realisierten, dass dieser ungewöhnliche Politiker für sie weit mehr hergab als die meisten anderen.

Der Erste jedoch, der das Talent des Jungpolitikers Schröder, zielstrebig zu wirken und dabei auch noch Ausstrahlung zu entwickeln, entdeckte, war kein Journalist, sondern der damalige niedersächsische Kultusminister Peter von Oertzen – ein profilierter Linker. Schröder hatte 1972 in Göttingen die Wahl zum Vorsitzenden der örtlichen SPD verloren, doch von Oertzen beruhigte seine enttäuschten Genossen: »In ein paar Jahren sitzt der Gerd in allen Vorständen.«

Acht Jahre später saß er tatsächlich nicht nur in vielen Gremien seiner Partei, er war auch den Bonner Journalisten längst aufgefallen. Schröder hatte sich mittlerweile ein Bundestagsmandat erobert. Nicht, dass er an politischer Bildung Gleichaltrige haushoch überragte – da gab es andere. Er brillierte auch als Redner nicht sonderlich – das konnten andere besser. Er repräsentierte auch keine Hausmacht oder Strömung in der Partei, gehörte nicht einmal einer Seilschaft an, die ihn zwangsläufig irgendwann einmal in mächtige Positionen im Bundestag katapultieren würde. Und doch: Da war etwas mit diesem Schröder.

Schröder war unberechenbar. Das reizte die Journalisten auf Anhieb. »Ein Politiker darf alles sein. Nur nicht langweilig« – das ist das ungeschriebene Gesetz für Journalisten, die über politische Persönlichkeiten schreiben. Bis heute gilt als wichtigste Richtschnur für einen »Spiegel«-Redakteur, dass eine Story »an der Person entlang erzählt werden« muss. Der »Spiegel« galt damals als stilprägend. An Schröder entlang konnten viele Geschichten erzählt werden.

Im Führungsstreit bei den Jungsozialisten der SPD beispielsweise, die nach 1968 zu einem Sammelbecken für Systemveränderer geworden waren und damals nicht weniger als 250 000 Mitglieder zählten, taktierte er sich 1978 höchst raffiniert an die Spitze der Organisation.

Ideologisch nicht genau zu verorten, aber deutlich links von der Mitte angesiedelt, bot er zunächst seinem rechten Rivalen Ottmar Schreiner freiwillig den Vorsitz der Organisation an. Schröders Bedingung für den eigenen Rückzug: Die SPD-Führung solle fortan auf die Disziplinierung des linksradikalen »Stamokap«-Flügels der Jugendorganisation verzichten. Als die Parteispitze Schröders Forderung ablehnte, kandidierte Schröder doch – und gewann; mit Hilfe der Linksradikalen. Kaum gewählt, stieß er seine linken Unterstützer sogleich vor den Kopf: »Ihr habt mich gewählt. Ihr seid selber schuld«, rief er im Februar 1978 seinen Wählern in Hofheim im Taunus zu. Die »Stamokap«-Fraktion musste bedeppert mit anschauen, wie der neue Juso-Chef in der Zeit danach den Jugendverband von weit links außen nahe an die Mitte der SPD heranrückte. Staunen und Wutschnauben in der Partei – ungerührt ließ der Coup kaum jemanden. Die Journalisten hatten reichlich Stoff zum Schreiben.

Der Ruck nach rechts hielt Schröder freilich kurze Zeit später nicht davon ab, eine Reise zum sowjetischen Jugendverband Komsomol anzukündigen – das kam in den Zeiten des Kalten Krieges einem Akt von Vaterlandsverrat nahe. Wieder waren Geschichten fällig.

Auch in seinem Beruf als Rechtsanwalt verblüffte Schröder. Er hatte mittlerweile in Hannover zusammen mit anderen Genossen eine Kanzlei eröffnet und vertrat als Anwalt im Juni 1978 den verurteilten RAF-Terroristen Horst Mahler, der vorzeitig aus seiner Haft entlassen werden wollte. Ein heikles Mandat, mit dem er viel Hass erntete, jedoch auch viel Aufsehen erregte. Er vertrat den Ex-Terroristen mit der gleichen Begründung, mit der er sich 1981 dafür einsetzte, den Hitler-Stellvertreter Rudolf Heß aus seiner lebenslangen Haft in Spandau zu entlassen: Der deutsche Rechtsstaat solle ein menschliches Antlitz tragen.

Ob er schwule Pastoren vor einem Berufsverbot durch die Amtskirche schützte oder vor Gericht gegen die Atomkraft auftrat – stets provozierte der aufmüpfige junge Rechtsanwalt aus Hannover die rechte Mehrheit im Vorstand der Sozialdemokratie. Bewusst stellte er sich dabei auf die Seite derer, die gegen die bestehenden Verhältnisse anrannten. Den Bruch mit seiner eigenen Partei hat er freilich nie angepeilt. Er wuchtete die Gewichte in seiner eigenen Partei neu aus.

Dass der unverfrorene Jungpolitiker die Journalisten interessierte und zunehmend auch für sich einnahm, »war nicht zielgerichtet«, sagt Regierungssprecher Heye heute, der Schröder in jener Zeit kennen lernte. »Das war instinktiv, lustvoll und wesentlich gespeist aus dem Geist der Politik, die im 16. Stock im ›Langen Eugen‹ zusammengebraut wurde.« Dort, im Bonner Abgeordnetenhaus, versammelten sich damals die Unkonventionellen, die Schrägdenker und Revoluzzer, die Spaß daran hatten, gegen den Mainstream in der SPD zu schwimmen. Der schillernde Schröder war »hoch spannend«.

Spannung versprach auch Schröders Vorsatz, an die Schalthebel der Macht zu gelangen. Ehrgeiz galt unter seinen Altersgenossen als unverschämt, weil Macht an sich seinerzeit als dubios angesehen wurde. Würde dieser anmaßend wirkende Typ irgendwann einmal gehörig auf seine große Klappe fliegen, wie so viele vor ihm? Oder sollte wirklich etwas aus ihm werden? Grandioser Aufstieg oder kolossales Scheitern – für beide Optionen schien dieser aufsässige Sozi gut, der sich oft mehr als Rabauke denn als Rebell präsentierte. Genau das ist der Stoff, den Journalisten für saftige Geschichten brauchen. Die Medien-Meute hatte längst Witterung aufgenommen.

Schröder, seinerseits sicherer geworden, pirschte sich nun nicht nur an die Partei, sondern auch an die Bonner Presse heran. Von erfahrenen Journalisten konnte er viel über die Feinheiten des politischen Geschäftes erlernen. Der Kontakt zu Journalisten schien ihm häufig nutzbringender als eine Gremiensitzung, weit lohnender als jedes Buch. Ihre Nähe zu den Mächtigen, ihre Beschreibungen der Ranküne um die Macht am Rhein, ihre detailreichen Berichte von der Innenansicht der Macht und der Beschaffenheit ihrer Inhaber – alles das interessierte den aufstiegswilligen Sozialdemokraten brennend. Vor allem jedoch hat ihn von Anfang an die Fülle der Macht fasziniert, die scheinbar von den Journalisten ausging. Das war seine Welt – oder zumindest die, in die es ihn zog.

Er spürte Gemeinsamkeiten mit den Journalisten. Viele »Medien-Macher«, wie der Terminus damals lautete, waren in den siebziger Jahren wie er selbst – unkonventionell bis anmaßend und mit Wonne respektlos. Presse und Fernsehjournalisten kratzten und rüttelten an den bis dahin gültigen Standards für den politischen Diskurs. Gerhard Schröder, MdB in Jeans und Rollkragenpullover, der öffentlich Bier aus Flaschen trinkende Ex-Juso rüttelte an den Pforten der Macht. Da hatten sich zwei gefunden.

Bald erkannte Schröder, dass sich ihm über die Medien eine Möglichkeit auftat, direkt und frei vom Konsensdruck in SPD-Gremien Einfluss zu nehmen – auf die Partei und weit darüber hinaus: mit Stellungnahmen, Interviews und auch Namensartikeln, die er für Zeitungen und Magazine schrieb. In der SPD hatte der ungehemmte Parvenü Schröder Mühe, sich Geltung zu verschaffen. Ein stellvertretender Vorsitz im Bildungsausschuss und ein Platz im Ausschuss für Bau- und Wohnungswesen, mehr war für den jungen MdB nicht drin. Die Linken verachteten ihn wegen seiner Kompromissbereitschaft. Die Rechten misstrauten ihm, weil er sich gleichwohl als gelernten Marxisten bezeichnete. Zudem: Wohl hatte Schröder schon damals die Macht im Blick. Aber die Ochsentour, auf die sich wohlerzogene Altersgenossen auf dem Weg zu Führungspositionen in der Partei begeben hatten, war nicht sein Weg nach oben: zu mühsam, zu bieder, zu langweilig. So, wie er sich gab, gewann er die Zuneigung seiner Parteigenossen nicht. Das Buhlen um Gunst allerdings war schon damals nicht sein Fall.

Die Medien jedoch schenkten ihm, dem ungehörigen Aufsteiger, ihre volle Aufmerksamkeit, die er nicht selten auch für Anerkennung nahm. Die Journalisten griffen begierig auf, was der »Underdog« aus Hannover an Wissen und Meinungen über die Macht am Rhein und seine Partei absonderte. Schröder merkte, dass die Methode funktionierte: Die Medien verliehen ihm eine Bedeutung und einen Einfluss, die ihm die Partei verweigerte.

Weit lieber als mit Parteiversammlungen verbrachte der junge Bundestagsabgeordnete Schröder die Abende in der »Provinz« oder anderen Bonner Kneipen, wo er mit Politikern seiner Couleur und Journalisten bei Bier und Korn die Innereien des politischen Körpers Bonn sezieren konnte. Es war ein Geschäft auf Gegenseitigkeit, auf das sich Schröder mit den Journalisten einließ. Der Hannoveraner war beileibe nicht der einzige Politiker, mit dem die Bonner Journalisten konnten. Aber mit ihm konnten viele besonders gut. Im Bonner Politbiotop entwickelte sich so ein spezielles Verhältnis zwischen Schröder und den Journalisten. Schröder fand seinen berühmten Kumpelton, der Journalisten umso mehr gefiel und schmeichelte, je einflussreicher Schröder wurde.

1982 verlor die SPD die Macht am Rhein. Kohl kam ans

Ruder. Gerhard Schröder sah in Bonn für sich keine Perspektive mehr – und ging nach Hannover. Typisch: Als die Baracke in Bonn nach einem geeigneten Spitzenkandidaten für die niedersächsische Landtagswahl 1986 suchte, dachte im Parteivorstand niemand an Gerhard Schröder. Hans Apel wurde gehandelt, Anke Fuchs und weithin unbekannte Niedersachsen. Schröder musste sich selbst ins Spiel bringen. Er machte sich auf die Weise bemerkbar, für die er später berühmt werden sollte: Wenn ihn niemand fragt, gibt er ungefragt Anworten – über die Presse. In einem Interview mit der »Hessischen Niedersächsischen Allgemeinen« formuliert er – auf kurios gewundene Weise – seinen Anspruch: »Auf gar keinen Fall werde ich mich nicht bewerben.« Er wollte Ministerpräsident von Niedersachsen werden. Zum Medien-Mann war er bereits in Bonn geworden. Zum »Herrn der Bilder«, der die Gesetze des Fernsehens so schnell beherrschte wie kein Zweiter, wurde er erst im Laufe der folgenden Jahre.

## Die Biografie wird zum Imagefaktor

Schröder wusste, dass er es in Niedersachsen nicht einfach haben würde: Der damalige CDU-Ministerpräsident Ernst Albrecht, der eine Zeit lang sogar als Kanzlerkandidat der Union gehandelt worden war, schien unerschütterlich in seinem Amt zu thronen. Mit 50,7 Prozent hatten ihn die Niedersachsen 1982 in seinem Amt bestätigt. Mit seiner Attitüde des Edelmannes in der Staatskanzlei passte er hervorragend zu den in ihrer Mehrheit wertkonservativen Niedersachsen, von denen immer noch manche darunter leiden, dass die Preußen das hannoversche Welfenhaus nach der Schlacht bei Königgrätz 1866 um ihr Königreich gebracht haben.

Die niedersächsische SPD hatte noch stets konservative Sozis hervorgebracht, wie den früheren IG-Chemie-Chef Hermann Rappe und den legendären Lüttje-Lagen-Trinker Egon Franke. Die niedersächsische Landespartei brachte der als Marxist verschriene Schröder in wenigen Wochen mit Geschick und Kompromissen hinter sich – eine beachtliche Leistung. Um Ministerpräsident zu werden, musste er jedoch die Mehrheit der Niedersachsen von sich überzeugen. Er startete seinen Angriff auf die Köpfe und Herzen der Niedersachsen über die Medien. Diesen Versuch legte er schon zielgerichtet an.

Sobald er als Herausforderer Albrechts installiert war, lud er sämtliche Mitglieder der Landespressekonferenz zu monatlichen Treffen ins italienische Restaurant »Lello« in der Marienstraße ein. Aus der Fraktionskasse spendierte Schröder den zahlreichen Journalisten, oft mehr als dreißig, nicht nur ein ordentliches Essen und passablen Wein, sondern auch stundenlang Offenheit – und vor allem Nähe. Schröder plauderte ausgiebig und ungefragt nicht nur über Niedersächsisches und Bonner Politik, sondern vor allem auch über sich selbst. Keine Frage war ihm lästig, die Abende endeten erst, wenn niemand mehr eine Frage stellte.

Auch konservative Journalisten empfanden den kumpelhaften Ton des jungen SPD-Politikers als wohltuend. Albrechts Pressepolitik dagegen schreckte viele durch spröde Unterkühlung ab. Viele Journalisten empfanden die hochnäsigen Unterrichtungen seines Regierungssprechers dagegen wie eine hoheitliche Gewährung von Information.

In Bonn hatte Helmut Kohl derweil begonnen, die »Journaille« zu verachten, gab vor, den »Spiegel« aus Prinzip nicht mehr zu lesen, und grenzte reihenweise Journalisten aus. Schröder dagegen ließ sich nahezu grenzenlos in seine Karten schauen: Er begriff Fernsehen, Rundfunk und die Zeitungen nicht als Feinde, sondern als Verbündete. Er wusste, dass er mit seiner unkonventionellen Art weit besser in die Zeit passte als sein politischer Gegner. Die Journalisten merkten natürlich, dass Schröder nicht nur Information anbot, sondern auch um Sympathie warb. Sie begriffen die Treffen bei »Lello« auch als Angebot zum gegenseitigen Vertrauen.

In seinem ersten Wahlkampf 1986 halfen ihm als enge Berater die beiden »Stern«-Autoren Heiko Gebhardt und Kai Hermann. Die beiden Illustrierten-Reporter hatten jede Menge Erfahrung mit »human touch«-Geschichten. Sie ermutigten ihn, ein unverwechselbares persönliches Profil zu entwickeln, das ihn deutlich von Albrecht abhob.

Es kam ein typischer Schröder dabei heraus. Als »Dreckschleuder«, unsoliden Kommunistenfreund, »verheiratet mit seiner derzeit dritten Frau Hilu«, als »Marxist« misstrauisch beäugt selbst in seiner eigenen Partei, brandmarkte ihn die CDU. Die

Konservativen setzten vor allem auf den sinnfälligen Unterschied zwischen dem Unterschicht-Kind Schröder und dem noblen Albrecht: Einem wie Schröder, so lautete die unterschwellige Botschaft, dürfe man das Land nicht anvertrauen.

Schröder entdeckte damals das Prinzip, das für ihn und seine mediale Selbstdarstellung später maßgeblich werden sollte: Authentizität. Er beschönigte nichts, sondern bemühte die Realität als Gegenstrategie. Er kämpfte nicht gegen seine Vergangenheit und damit gegen sich selbst an. Er versuchte gerade nicht, ein ideales Bild von sich zu entwerfen, um anderen zu gefallen. Er zeigte sich stattdessen vor, wie er war. Selbst auf die Gefahr, dass er beim konservativen Bildungsbürgertum als Parvenü Misstrauen erwecken sollte. Er glaubte, dass sich die einfachen Leute mit ihm identifizieren und auch die aufgeklärten Bildungsbürger Gefallen an ihm finden würden.

In einer Broschüre und immer wieder in Interviews stellte er die miserablen Verhältnisse vor, denen er entstammte. Die Baracke, in der er aufwuchs, die Zwergschule in Wülfer-Bexten, die Zeit als Ladenschwengel im Gemischtwarenladen von August Brand am Markt von Lemgo. Er vertraute dem Publikum an, dass er seine Mutter, eine Putzfrau, zärtlich »Löwe« nennt. »Da gab es nichts zu beschönigen«, sagt Schröder, »und warum auch? Da war ja nichts, weswegen man sich schämen müsste. Das war eben so.« Aus dem angeblichen biografischen Nachteil versuchte Schröder einen Vorteil zu gewinnen – und entdeckte seinen Stil.

Natürlich hat er sich damals ein Image geschaffen. Natürlich hat er darauf spekuliert, dass ihm das so geschaffene Bild politisch hilft. Seine Strategie war klar: Ein Mann aus einfachen Verhältnissen, mit einer Biografie wie aus der Kitschwerkstatt sozialer Verklärung, will es schaffen. Er gab den unkonventionellen Aufsteiger: »Ein Mann will nach oben.« Und zwar mit Wonne. Doch er inszenierte das Stück als realistisches Gegenwartsdrama – weitab jeder idealistischen Überhöhung.

Gerhard Schröder kann daran nichts Artifizielles entdecken. Er hält den Umstand, dass seine Biografie durch mediale Doppelung zum prägenden Imagefaktor geriet, für »natürlich«. Er traf damit den Nerv – der Medien wie der Wähler gleichermaßen. Die Politik verlangt nach Bildern und Geschichten. Als Kanzler sagt er heute: »Politik ist ja nicht nur Inhalt. Es kann doch nicht schaden, wenn sie durch eine Biografie sinnfällig wird.«

Peter Glotz zeigt Verständnis: »Wer in einer großen, technisch avancierten Gesellschaft in die oberste Führungsspitze aufsteigen will, muss sein Leben zu einer großen Erzählung machen, die die Leute hören wollen.« Blair und Clinton haben das so gehalten und Joschka Fischer auch, der seinen Nimbus seiner abenteuerlichen Biografie verdankt.

Demoskopen haben ermittelt, dass nur rund zehn Prozent der deutschen Bevölkerung sich um die komplizierten Details der Politik wirklich kümmern. Das heißt im Umkehrschluss: Neunzig Prozent der Deutschen müssen für Politik über Signale interessiert werden, die nicht auf Anhieb der Politik zuzurechnen sind, will man sie erreichen. Ein aufsehenerregender Lebensweg lässt aufhorchen. Die Menschen, die häufig Mühe haben, die Wirrungen der Politik zu durchschauen, finden leichter Anschluss an einen Politiker, der seinen Lebensweg preisgibt und sie teilhaben lässt an Entwicklungen und Entscheidungen – selbst und gerade, wenn sie widersprüchlich sind.

Schauspielert Schröder, wenn er auftritt? Oder spielt er sich selbst? Spielt er gar nicht, sondern zeigt er vor, was und wie er ist? Der klassische Begriff der Rolle, ob sie nun im sozialwissenschaftlichen Sinn oder als schauspielerische Leistung gemeint ist, taugt längst nicht mehr zur Beschreibung eines medialen Auftrittes wie dem von Gerhard Schröder. Image oder Person, künstliches Bild oder Abbild des realen Lebens – wo liegen da die Grenzen? Wo ist da der Unterschied?

Zu Beginn seiner Karriere in Niedersachsen hat er zusätzlich das übliche PR-Programm konventioneller Wahlkampfstrategen absolviert, um populär zu werden: Wandern im Harz, viel Bratwurst zu noch mehr Bier und Korn auf Schützenfesten, das C-Rohr halten bei der Freiwilligen Feuerwehr; hoch im Nordwesten legte er das Ostfriesen-Abitur ab, und im Wendland wollte er auf einen Schimmel steigen, der so weiß war wie das Ross im Niedersachsen-Wappen. Doch der Zosse war zu wild; »Gerd« stieg diesmal lieber nicht »aufs Pferd«, wie die Wahlkampf-Parole hieß. Alles war gut, was Bilder hergab. Nur alberne Hüte hat er nie aufgesetzt – eine eiserne Regel bis heute. Auch diese simplen Imagebringer schufen einen – gewünschten – Kontrast zum regierenden Ernst Albrecht, der als kühl und unnahbar galt: Schröder war der Kandidat zum Anfassen; Kumpel und Kollege. Gegen den distanzierten Albrecht setzte er auf Nähe.

Der »Herr der Bilder« wird Schröder genannt, weil er um die Wirkung des Fernsehens nicht nur weiß, sondern sie auch zielgerichtet für sich nutzen kann. Hier in Niedersachsen hat er Handwerkliches dafür gelernt, anderes brachte er als Talent mit. Die knappe, präzise Stellungnahme vorm Mikrofon – er beherrschte sie früh; bei TV-Interviews stets auf den vorteilhaften Hintergrund zu achten; Ereignisse inszenieren, um einen Anlass für Berichterstattung zu schaffen; stets das Unerwartete sagen und tun und immer wie ein Sieger lachen – das gehörte bald zum erlernten Standardrepertoire. Doch die emotionale Kraft, die er über das Fernsehen vermitteln kann, die konnte ihm kein Imageberater antrainieren.

Welches Medium könnte unverstellter zeigen, wie aufkommende Aggression in Bruchteilen von Sekunden in Schnodderigkeit umschlägt? Das spöttische Grinsen, die sanfte Selbstironie gehen ungefiltert über den Sender. Schröder zeigt ja nicht nur Triumphe vor. Zorn, Langeweile, Verdruss, Verachtung – all das ist dem Gesicht des Gerhard Schröder leicht abzulesen. Wenn Schröder inmitten aller Machtfülle in Umfragen als »Mensch« (und nicht als Bürokrat) gilt, dann ist das wohl am ehesten den Fernsehbildern geschuldet. Die Zuschauer verstehen solche Momente als unverfälschte Selbstdarstellung, als unmittelbares Erleben.

»Eigentlich hat er damals schon seinen Stil gefunden, ohne Anleitung durch PR-Fachleute oder einen professionellen Imageberater«, sagt Michael Kronacher. Kronacher ist der Kopf der Agentur »Odeon Zwo« aus Hannover, die seit 1986 Wahlkämpfe für Schröder konzipiert hat. Heute berät Kronacher den Kanzler und das Bundespresseamt. Das Schlüsselwort sei damals gefunden worden und gelte bis heute: »Authentizität«. Es soll meinen, dass alles, was Schröder den Medien bewusst vorführt, »stimmig« sein muss. Nach Form, Inhalt und Gefühlslage müssten Aktionen und Entscheidungen zum Typ Schröder und seinen Auffassungen passen.

So wollte Schröder 1990 nach Regierungsantritt in Niedersachsen zwar als unkonventionell, nicht jedoch als unzuverlässig erscheinen. Deshalb betrieb er einerseits energisch, dass die Niedersachsen-SPD ein Bündnis mit den Grünen wagte. Andererseits jedoch sollte diese rot-grüne Regierung als erstes Bündnis der SPD mit der Öko-Partei unbedingt über die volle Distanz von vier

Jahren gehen. Das Signal war klar: Modernisierung muss keine Angst machen, Chef Schröder sorgt für Verlässlichkeit. Damit das Bündnis »nicht als Neinsager-Koalition« dastand, trieb er die Grünen zum Bruch mit fundamentalistischen Ansichten.

»Als wir gemerkt haben, in welche Richtung Schröder denkt, haben wir versucht, das zu systematisieren«, sagt Heye, der auch in Hannover schon Schröders Regierungssprecher und einer seiner wichtigsten Berater war. »Er konnte sich mit dieser Einstellung in Bonn und im Bundesrat als der Manager des modernen Niedersachsen profilieren.« Von dort aus, sagt Heye, sei es später bei der Kanzlerkandidatur ein »gerader Weg« zum »Bild des Reformkanzlers« gewesen.

Auch das Image des Spaßkanzlers hatte Schröder aus Niedersachsen mit in den Kanzlerwahlkampf nach Bonn gebracht. »Politik ist nicht alles« – lautete der Text zu einem Wahlplakat, das ihn in Hannover bereits 1986 zusammen mit der damaligen Ehefrau Hiltrud gezeigt hatte. Schröder war nicht nur der Aufsteiger, der plötzlich anfing, Tennis zu spielen. Er verkörperte auch den hedonistischen Typus, der seinerzeit allseits Konjunktur hatte. Der deutsche Zeitgeist war in seine lebensfrohe Phase getreten, die SPD-Linken kauften sich ihr Häuschen in der Toskana. Die Menschen verlangten nach Genuss ohne moralische Skrupel – und Schröder führte ihnen vor, wie es geht. Die Cohiba-Zigarre, das feine Tuch, Champagner bei jeder Gelegenheit: Schröder gönnte sich was. Dazu musste er keineswegs gezwungen werden, kein Imageberater hatte ihm den hedonistischen Touch empfohlen. Er entsprach seinem eigenen Drang, allmählich zu genießen, woran er 25 Jahre lang gearbeitet hatte: Stil, Klasse, Geschmack – der Luxus halt, den man sich gönnt, wenn man es zu was gebracht hat.

Auch diese Seite seines Wesens führte er in Bonn vor, nachdem er Kanzler geworden war. Doch der Zauber war verflogen. Die Menschen mochten die Cohiba, den Brioni-Anzug, die unentwegt vorgetragene gute Laune – all diese Symbole unerhört leichten Lebens – nicht mehr sehen. Nicht an einem Mann, der schwere Verantwortung trägt und dabei auch noch schlecht regiert.

Schröder hätte ahnen können, dass das Vorzeigen der Insignien des Wohllebens nicht unbegrenzt auf Zustimmung stößt. Einer seiner letzten Auftritte mit Ehefrau Hiltrud geriet zum PR-

Desaster: Im Januar 1996 zwängte er sich erstmals in seinem Leben in einen Frack und besuchte den Wiener Opernball. Draußen demonstrierte die gesellschaftskritische Jugend. Schröder wirkte grotesk deplatziert.»Ja, das ist es doch genau«, sagt Heye,»das war Gerhard Schröder nie, und er wird es auch nie sein. Dieser Mann mit seinem Proll-Charme in einem Frack – das musste danebengehen.«

## »Authentische Termine«

»Ein Image kann man nicht konstruieren«, sagt Michael Kronacher, jedenfalls nicht auf Dauer.»Entweder es ist was da, dann muss man das betonen. Oder es ist nichts da, dann sollte man es lassen.« Wie schief der Versuch gehen kann, ein Image zu kreieren, das nicht passt, hat Rudolf Scharping eindrucksvoll demonstriert. Der nachvollziehbare Versuch, das Bild vom Langweiler durch eine Foto-Strecke mit Geliebter im Pool von Mallorca aufzuhellen, wurde von den Menschen sogleich als Versuch entdeckt, ihnen etwas vorzuspielen. Scharping war für das Foto-Shooting beim Bad mit seiner Freundin professionell beraten worden. Offenbar nicht gut. Auch dem Vorsitzenden der Unionsfraktion Friedrich Merz misslang sein Versuch, sich durch eine nachträgliche Krawallisierung seiner Jugendzeit vom Image des biederen Kleinbürgersöhnchens zu lösen. Die Episoden und Fotos, die Merz zum angeblichen Beweis seines unkonventionellen Charakters aus der häuslichen Kramkiste holte, waren derart brav und gewöhnlich, dass sie das Vorurteil nur bestätigten. Zum verfestigten Image kam der Spott.

Anders als Helmut Kohl, der Andreas Fritzenkötter um sich haben wollte, beschäftigt Schröder keinen Medienberater im Kanzleramt. Weit hergeholt ist die Behauptung, Schröders Imageplaner hätten sich bei der Lufthansa Eignungstests besorgt, um ihren Chef künftig als jemanden zu verkaufen, der mit den Eigenschaften eines Jumbo-Piloten ausgestattet sei. Wie in der Politik verfolgt Schröder auch bei der Imagebildung keine festgelegte Strategie. Er möchte – auf Grundlage einer prinzipiellen Idee von sich selbst – spontan reagieren können. Er lässt die Dinge auf sich zukommen, um im richtigen Moment zu entscheiden, ob ein Ereignis sich eignet, einen gewünschten Eindruck zu erwecken.

Längst weiß er, dass alles, was ein Kanzler tut oder lässt, sogleich zum Ereignis wird und sich mit einiger Wahrscheinlichkeit sogar zum Symbol entwickelt. Fast wie bei Ludwig XIV., dessen morgendliche Exkremente von einem fachkundigen Gremium auf Zeichen untersucht wurden, deuten heute Medien und Massen noch jeden kleinsten Fingerzeig des Kanzlers als hinweisgebend, schicksalhaft – in jedem Fall als wichtig. Die Entdeckung eines Fotos, das seinen Vater mit Stahlhelm zeigt, gerät zum Menetekel – einem geheimnisvollen Anzeichen drohender Gefahr: Zogen nicht deutsche Soldaten wieder auf Schlachtfelder? Balkan? Afghanistan? Und noch die Bestellung einer Flasche Bier auf seiner Sommerreise in den Osten wird – zu Schröders Verdruss – als Lied zum Hitparaden-Renner.

Obwohl Schröder sein Image nicht plant – ständig achtet er auf sein Bild. »Er denkt 24 Stunden am Tag daran. Immer überlegt er, wie er wirkt, wenn er eine bestimmte Sache anpackt oder sie unterlässt«, sagt einer seiner Mitarbeiter. Und am liebsten würde er alles allein entscheiden, weil er selbst am ehesten zu spüren meint, was zu ihm passt. Uwe-Karsten Heye war in seiner unaufgeregten Art, über Ursachen und Wirkungen von Meldungen, Meinungen und symbolischen Aktionen zu urteilen, über viele Jahre dabei Schröders wichtigster Ratgeber. Später kamen seine Büroleiterin Sigrid Krampitz und – immer häufiger – Ehefrau Doris dazu, der Schröder nicht nur wegen ihrer Erfahrung als Journalistin ein solides Urteil zutraut. Doch allgemein gilt im Kanzleramt:»Das Image macht der Kanzler selbst.«

Gleichwohl – die Terminwünsche, Einladungen und Angebote für Auftritte des Kanzlers laufen zunächst über die Schreibtische des Kanzlerbüros. Terminabsprachen mit dem Kanzler kommen vor – jedoch nur selten und auch nur für die wichtigen Termine. Schröder vertraut darauf, dass ihm seine Leute die sinnvollen Termine aussuchen und die ungeeigneten absagen. Ein heikles Geschäft.

Manchmal sind die Entscheidungen einfach. Der Schweizer Botschafter Thomas Borer-Fielding beispielsweise hatte sich vergangenen Herbst ausgedacht, dem Fußballfan Schröder »ein Stück heiliges Gras« aus dem Berner Wankdorf-Stadion, das gerade abgerissen worden war, ins Kanzleramt zu tragen. Auf diesem Rasen war die deutsche Nationalmannschaft 1954 Weltmeister geworden. Augenblicklich organisierte das Kanzlerbüro ein Pressespektakel im Kanzleramt, rund zehn TV-Kamerateams filmten das Ereignis ab. Fußballfan Schröder – das ist authentisch. »Wenn wir diesen Termin ungenutzt gelassen hätten, er hätte uns den Kopf gewaschen«, sagt ein Schröder-Mitarbeiter. Den russischen Präsidenten mit Ehefrau in die Privatwohnung der Schröders nach Hannover einladen? Unbedingt: Die Schröders mögen die Putins, zu Hause bewirten sie nur gute Freunde – das passt. Zudem wirkt bescheiden, wenn der Regierungschef des mächtigen Deutschland auf nur 140 Quadratmetern wohnt.

Durch das sommerliche Sachsen fuhr er auf seiner jährlichen Roadshow in die Provinz im Jahr 2001 ausnahmsweise in einem BMW – keineswegs zufällig. Die Geste war als Reverenz an den künftigen BMW-Produktionsstandort Leipzig gedacht. Eröffnung einer Mülldeponie? Keine Chance – die dabei entstehenden Bilder hätten einen Gout. Besuch einer Computerfirma? Eher nicht, es würde die »visibility« fehlen: Menschen an Computern sind als Fernsehbild nicht attraktiv, der daneben stehende Kanzler dann ebenfalls nicht.

Im November 2001 ließ Schröder bei seinem Besuch in China die Besichtigung des VW-Werkes in Schanghai keineswegs zufällig aus. Er galt mittlerweile zu sehr als »Automann«. Um diesen Eindruck zu mindern, ließ er sich zu Beginn seiner Kanzlerschaft bei auffallend vielen High-Tech-Firmen und Betrieben der »New Economy« sehen. Auch schon wieder alles von gestern, weil die ehemalige Wunderbranche mittlerweile darniederliegt. Nun hat die »Old Economy« beim Kanzler wieder Konjunktur. In China besuchte er ein Edelstahlwerk von Krupp und stach den Spaten zur Gründung eines Chemiewerkes in die Erde von Schanghai. Kein High-Tech dabei.

Im Februar 2002 war die Eröffnung des neuen VW-Werkes in Brasilien für den ehemaligen Aufsichtsrat und amtierenden Auto-Kanzler dann natürlich ebenso ein Pflichttermin wie die Präsentation der neuen VW-Luxuslimousine »Phaeton« am Rande des World-Economy-Forums in New York, die die beiden VW-Chefs Piëch und Pitschetsrieder arrangiert hatten. Dass die Fernsehbilder diesmal nicht ganz stimmten, hatte viel mit Optik zu tun: Die VW-Leute hatten die schwarze Limousine in dunkler Nacht im Freien vorgestellt. Die TV-Bilder zeigten folglich drei fröstelnde

66

Herren vor einem unidentifizierbaren Etwas, das durchaus ein Auto sein konnte. Es gab auch Kritik an Schröders Hinwendung zu VW: Es ginge nicht an, dass der Kanzler zum weltweit wichtigsten Treffen von Wirtschaftsführern reist und dort die Interessen nur einer Firma verfolgt, fanden Wirtschaftsjournalisten. Ein Treffen mit Günter Grass und anderen Dichtergrößen zur heiklen Diskussion um Krieg und Frieden in Afghanistan? Ja, aber ohne Pressepräsenz. Es soll nicht der Eindruck entstehen, der Kanzler lade die Intellektuellen nur zum Gespräch ins Kanzleramt, um Eindruck zu schinden. Treffen mit seinen alten Juso-Genossen Wolfgang Roth, Klaus-Uwe Benneter und Karsten Voigt zum Abendessen? Bleibt geheim, muss nicht jeder wissen. Ist sowieso mehr privat. Empfang einer Gruppe von Kindern aus Rostock, die der Kanzler bei einer Bereisung des Nordens gesehen hatte? Klar doch; »aber der Termin wird nicht vermarktet«, heißt es dann im Kanzlerbüro. Ein Geheimtreffen mit dem in finanzielle Not geratenen Medienmogul Leo Kirch im Februar 2002, das unter normalen Umständen weit mehr Aufsehen erregt hätte als beispielsweise ein deutsch-französischer Gipfel, blieb der Öffentlichkeit verborgen, weil die beiden Herren Vertraulichkeit vereinbart hatten. Die hielt, bis die sensationelle Nachricht vom Treffen des Kohl-Freundes Kirch mit dem Sozi-Kanzler – aus München kommend – schließlich doch noch bis Berlin durchsickerte.

Auch für ein Treffen mit jungen Künstlern, Intellektuellen und Journalisten, im März 2002, die dem Kanzler die Denkweise der »Generation Golf« nahe bringen wollten, wurde Verschwiegenheit vereinbart. Die jungen Halbwilden machten den Termin in profilschärfenden Interviews später von sich aus bekannt.

Es sind im Wesentlichen Sigrid Krampitz, Frank-Walter Steinmeier, Uwe-Karsten Heye und oft auch Ehefrau Doris, die durch Beratung und Terminplanung steuern, was vom Kanzler sichtbar werden soll. In der Außenpolitik sprach Michael Steiner ein wichtiges Wort mit, solange er den Kanzler beriet. Frau Doris und Bürochefin Sigrid Krampitz gelten bei der Auswahl der Termine und der Beratung über Zeichensetzung durch Handeln als letzte »moralische Instanzen«: Den beiden Frauen traut Schröder am ehesten ein Urteil darüber zu, was zum ihm passt und was ankommt beim Volk.

## »Tageskompetenz«

Fast alle deutschen Regierungschefs hatten als festen Termin eine so genannte »Presselage« eingerichtet. Dort besprach die Kanzler-Mannschaft morgens die neuesten Nachrichten und legte Reaktionen und Sprachregelungen fest. Schröder wäre ein derart formalisiertes Vorgehen viel zu schwerfällig. Für den Medien-Kanzler ist permanent »Lage«, rund um die Uhr. Diesen Kanzler begleitet das unablässige Rattern der Medienmaschinerie durch den gesamten langen Arbeitstag.

Der beginnt beim Frühstück mit der »Bild«-Zeitung und endet mit den letzten Vorabmeldungen aus dem Bundespresseamt über die Berichterstattung der Zeitungen vom kommenden Tag – oft weit nach Mitternacht. Dazwischen überfliegt Gerhard Schröder an normalen Tagen ein Dutzend Zeitungen, darunter die wichtigsten überregionalen Blätter (»Die Süddeutsche«, »Frankfurter Allgemeine Zeitung«, »Die Welt«). Über die Hauptstadt lässt er sich vom »Tagesspiegel«, der »Morgenpost« und der »BZ« unterrichten. Die »Financial Times« Deutschland hält ihn über die Wirtschaft auf dem Laufenden. Zusätzlich liefert ihm das Bundespresseamt die wichtigsten Artikel aus den Blättern, die nicht auf seinem Tisch liegen, in einem Pressespiegel.

Zum Verdruss seines Nachfolgers Sigmar Gabriel liest Schröder auch täglich die »Hannoversche Allgemeine Zeitung«. Stößt ihm bei der Lektüre seiner Heimatzeitung etwas auf, ruft er beim niedersächsischen Ministerpräsidenten an, notfalls auch auf dem Handy: »Sach ma, wass'n da los?« Gabriel stöhnt: »Der Kanzler muss noch lernen, loszulassen.«

Mittwochs schon landen »Die Zeit« und der »Stern« auf dem Schreibtisch des Kanzlers. Schwer vermisst er die »Woche«, das publizistische Baby seines Freundes Manfred Bissinger, die im März 2002 eingestellt wurde. Die »Woche« brachte Themen auf, die er wichtig fand, und stand ihm, falls nötig, verlässlich bei.

Allein die Menge des Nachrichtenmaterials, das Gerhard Schröder täglich aufnimmt, belegt die Bedeutung, die dieser Kanzler der veröffentlichten Meinung zumisst.

Am Wochenende flattert dem Kanzler der »Spiegel« ins Haus, den er wie 800 andere Privilegierte bereits am Samstag vorab nach Hannover zugestellt bekommt. Der »Spiegel« liefert ihm, wie auch der »Focus« und die Wochenendpresse (»Bild am Sonntag«, »Welt am Sonntag«, neuerdings auch die »Frankfurter Allgemeine Sonntagszeitung«) meist hinreichend Stoff und Zoff für diverse Telefonate, mit denen er ab Sonntag die Gremiensitzungen der Partei am Montag vorbereitet.

Damit ist der Hunger des Kanzlers auf Neues noch nicht gestillt. Im Laufe des Tages lässt sich Schröder ständig über die neueste Nachrichtenlage unterrichten. Alle sechzig Minuten liefert ihm das Bundespresseamt die frischen Agenturmeldungen und Zusammenfassungen der Auslandspresse. Zum Fernsehen kommt er wenig. Gelegentlich schaut er am Sonntagabend – je nach Thema und Besetzung der Runde – bei »Christiansen« im Ersten zu. Radio hört der Kanzler faktisch nie, dazu fehlt ihm die Zeit. Im Auto, wo die meisten Menschen Rundfunk hören, telefoniert er, liest – oder schläft. Das ist beim Kanzler ungefährlich, weil er nicht selbst fährt.

Auch bei Auslandsreisen will Schröder ständig die Hand am Puls der Republik halten. Mehrmals am Tag übermittelt ihm dann das Presseamt die neueste Nachrichtenlage per Fax oder Internet über die jeweiligen Botschaften oder auch direkt ins Flugzeug: »Achtung – Sonderunterrichtung für den Kanzler über StS Heye«, steht dann auf dem Deckblatt. Die Lieferungen umfassen bis zu dreißig Seiten DIN A4. Ob in Peine, Pattensen oder Paris – kaum eine Stunde vergeht, ohne dass Schröder frische Nachrichten gereicht bekommt. Bei den stundenlangen Sitzungen auf internationalen Konferenzen lässt er sich die »Sonderunterrichtungen« in den Verhandlungssaal reichen.

Warum verbringt ein viel beschäftigter Kanzler so viel Zeit mit dem Studium der Presse? Warum verfolgt ein Kanzler, der einen erheblichen Teil der Nachrichten, die täglich durch die Agenturen rauschen, selbst produziert, das Pressegeschehen derart intensiv? Macht das nicht unnötig nervös?

Könnte er sich nicht gelassen über die seismischen Ausschläge, die jeder aufgeregte Nachrichtentag automatisch mit sich bringt, hinwegsetzen und warten, bis sie abebben? Treibt nicht morgen die Presse schon wieder eine ganz andere Sau durchs Dorf? Lenkt die unablässige Beschäftigung mit dem sehr flüchtigen Nachrichtenstoff nicht viel zu sehr von dem ab, was ein Regierungschef auch tun muss: Nachdenken, reden, Pläne schmieden – was das Regieren so ausmacht?

»Politik unterliegt heute mit Recht einem permanenten Zwang, zu informieren, zu begründen, zu überzeugen und sich zu rechtfertigen«, kommentiert Gerhard Schröder seine zeitraubende Beschäftigung mit den Medien nüchtern. Das schrödersche Zwangsgesetz der Mediendemokratie. Der Politiker Schröder beugt sich seinen Regeln. Und auch dem Tempo der Branche.

Zwang ist rund um die Uhr, wenn das Fernsehen heute live aus dem hintersten Tal des Hindukusch berichten kann und das Internet mit seinen online-Diensten die gute alte Tageszeitung bisweilen wie ein Fossil aus der Papierzeit aussehen lässt. Die politische Realität hat sich mit der Durchlaufgeschwindigkeit der Nachrichten enorm beschleunigt. Die Zeitungen haben ihre Andruckzeiten immer weiter in den Abend geschoben, TV-Sender kommen mit frischen Nachrichten noch nach Mitternacht auf den Markt. Zwischendurch drücken Agenturen, Nachrichtenkanäle und online-Dienste auf das Tempo. Wehe dem, der schläft!

Unmittelbar vor einem Auftritt im Haus der Deutschen Wirtschaft in Berlin lässt sich Schröder von Regierungssprecher Heye den Stapel mit den jüngsten Nachrichten reichen. Dann zieht er sich für fünf Minuten zurück an einen Stehtisch in einem stilleren Winkel des etwas zu großartig geratenen Atriums und vertieft sich in den Stapel Papier. Es könnte ja Wichtiges zum Thema Konjunktur dabei sein. Oder eine Nachricht über einen dramatischen Bankrott, auf den er angesprochen wird. Nichts Spektakuläres dabei diesmal. Schröder hält seine Rede wie geplant, ohne Bezug auf die aktuelle Nachrichtenlage. Bei der Abfahrt Richtung Kanzleramt reicht ihm sein persönlicher Assistent Guido Schmitz bereits den nächsten Stoß Meldungen in den Kanzler-Audi: »Gibt's was Neues?«, will er von Schmitz wissen. Der Puls des Kanzlers schlägt im Takt der Tickermeldungen.

Auch seine engen Mitarbeiter müssen die gleiche erstaunliche Menge an Nachrichtenstoff bewältigen, um das Informationsniveau des nimmersatten Chefs annähernd halten zu können. Wer nicht auf dem Kenntnisstand des Chefs ist, kann nicht mitreden. Wer nicht mitreden kann, hat schlechte Karten.

»Wenn man Gerhard Schröder richtig verstehen will, lautet das entscheidende Wort *Tageskompetenz*«, sagt sein langjähriger Referent Heinz Thörmer. Blitzschnell reagieren, nie dem Gegner einen Vorsprung lassen, mit einem Kommentar schneller und besser vorbereitet auf dem Fernsehschirm sein als die Konkurrenz. Jeden Tag kompetenter sein als die politischen Rivalen. Tony Blairs Stratege Anthony Giddens hat dem britischen Premier mit weit reichenden Ideen von der Transformation der alten Labour Party und klugen Hinweisen zur politischen Taktik mit an die Macht verholfen. Er riet Blair: »Du musst immer so regieren, als ob morgen Wahlen wären.« Schröder hat – ohne Giddens zu kennen – schon in Niedersachsen so agiert, auch als Oppositionspolitiker. Schröder wollte immer alles wissen, und meist wusste er mehr als seine Gesprächspartner.

Das Publikum legt einen Mangel an Information gern als Mangel an Fähigkeiten aus. Der Kanzler Helmut Kohl wirkte plötzlich wie von gestern, als er einen Journalisten, der den bedrohlichen Stau auf der Datenautobahn beklagte, mit dem Hinweis abfertigte, darum habe sich der Verkehrsminister zu kümmern. Politiker dürfen vieles sein. Eines nicht: ahnungslos.

Schon Wilhelm Liebknecht, der so genannte Bildungsminister der alten Sozialdemokratie, wusste vor mehr als 100 Jahren: »Wissen ist Macht.« Er forderte den Zugang der Arbeiter zur Bildung. Auch für Liebknechts Genossen Schröder gilt, dass umfassendes Wissen die Voraussetzung ist, um im Kampf um die Macht zu bestehen. Wer in einer Mediendemokratie mitreden will, muss mehr wissen als die schnelle Konkurrenz. Es geht um den gewinnbringenden Vorsprung, um die Herrschaft über die Nachrichtenlage. Es geht um das Recht auf erste Deutung der Ereignisse. Es geht um Macht.

Es trifft sich, dass Gerhard Schröder diesen gestreckten Galopp, zu dem ihn die Medien treiben, nicht unwillig geht. Schröder liebt die unruhige Bewegung, die flinke Reaktion. Tempo ist Veränderung, Stillstand gilt ihm als Langeweile und vertane Zeit. Wer sich nicht bewegt, macht sich verdächtig. Die Luft vibriert, wenn er, umgeben von Bodygards, den Regierungssprecher, die Büroleiterin und seinen persönlichen Referenten im Gefolge, durch das Pressehaus am Berliner Schiffbauerdamm stiebt, die Stufen hinauf in den Saal der Bundespressekonferenz. Es geht um Afghanistan. Kaum hat er Platz genommen, eröffnet er die Pressekonferenz selbst, ohne darauf zu warten, dass sein Regierungssprecher der Form genügt, die wartenden Journalisten begrüßt und den Kanzler um sein Wort bittet. »Tach auch«, sagt der Kanzler höchstpersönlich, »dann fang' wir mal an...« Der Mann legt ein Tempo vor, als wolle er das Internet überholen. Gerhard rennt, und das mit 57.

Atemlos wirkt seine Politik bisweilen. Als ob er mehr getrieben würde, als er treibt. Und selbst bei Journalisten entsteht gelegentlich der Eindruck, der Kanzler reagiere auf Presseberichte wie »auf Schenkeldruck«: So wie ein Reiter ein gut dressiertes Pferd durch den leichten Druck seines Beines zur Kurs- oder Tempokorrektur bewegen kann, komme er den Forderungen der Presse nach. Aus der SPD ist gelegentlich die Kritik zu hören, der Kanzler fahre seine Politik »auf Sicht«, will heißen: ohne vorher festgelegte Route. Das wiederum bestreiten die Kanzler-Helfer: Selbst wenn man dem Navigationssystem im Auto vertraue, müsse man doch hin und wieder den Kurs korrigieren, wenn sich unerwartete Hindernisse aufbauten. Keinesfalls soll der Eindruck entstehen, auch dieser Kanzler sitze die Probleme aus.

Macht ist Wissen. Als Kanzler ist er der am besten informierte Mensch der Republik. Allein 650 Mitarbeiter des Bundespresseamtes arbeiten ihm zu, dazu die 500 Fachleute des Kanzleramtes, die diversen Experten der Geheimdienste nicht mitgezählt. Was ihm die eigenen Apparate nicht liefern, telefoniert er sich über seine legendären Kontakte quer durch das Land zusammen. So wollte er es immer haben: Vor ihm, über ihm sitzt niemand mehr, der Informationen zurückhalten darf. Nun endlich kann ihm niemand mehr etwas vormachen. Im Prinzip. Gelegentlich passiert es doch, dass wichtige Informationen aus dem Regierungsapparat an Schröder vorbei in die Öffentlichkeit fließen. Vor dem Zorn, der dann unweigerlich folgt, fürchtet sich das ganze Kanzleramt.

Bei der Bewältigung des nie endenden Wustes an neuen Nachrichten hilft Gerhard Schröder seine viel gerühmte rasche Auffassungsgabe. »Ohne diese Fähigkeit wäre er nicht, was er ist«, sagt sein Freund und Regierungssprecher Heye. Staatssekretär Steinmeier kennt »keinen, der mit einer solchen Präzision erfasst«.

Es hat zu seinem Ruf als Medienkanzler beigetragen, dass er die Eigengesetzlichkeit und die Regeln der Branche akzeptiert. Dass er um ihre Bedeutung weiß und sie nicht bekämpft. Politik und Medien, sagt Schröder, seien »aufeinander angewiesen«: Medien brauchen den Zugang zur Information, sie brauchen das Wissen über und den Einblick in politische Zusammenhänge, sie brauchen »stories«. Er braucht die Medien, um seine Botschaft unters Volk zu tragen.

»Journalisten und Politiker leben in einer Symbiose mit- und voneinander«, sagt der Kanzler, »das geht schon damit los, dass man sich ewig über den Weg läuft. Manche Journalisten sehe ich ja häufiger als meine Frau. Wenn auch nicht so gerne.«

## Wer (miss)braucht wen?

Es war eine dieser rhetorischen Figuren, die seine Mitarbeiter die »eingesprungene Waagepirouette« nennen: der flockige Auftakt einer Rede, mit dem er die Stimmung lockert und den Saal im Nu auf seine Seite bringt. In Baden-Baden lauschten 200 Chefredakteure und andere Juroren dem Mann, dem sie soeben als der »herausragenden Persönlichkeit des Jahres 2000« den Deutschen Medienpreis verliehen hatten. »Ich muss Ihnen sagen«, begann Gerhard Schröder seine Rede, »dass die Jury in diesem Jahr eigentlich genau die richtige Entscheidung getroffen hat. Ich beglückwünsche die Jury zu dieser Wahl.«

Applaus, Gelächter; so wollten sie ihn sehen, den Medienprofi Schröder. Sie hätten ihn gewählt, weil er »eine neue Form im Umgang mit der Macht, den Menschen und den Medien« gefunden habe, lobte Frank Schirrmacher, Herausgeber der »Frankfurter Allgemeinen Zeitung«, der die Laudatio auf den Kanzler hielt.

Es gibt Momente, in denen Schröder die Medien komplett satt hat. Wegen der medialen Dauerüberwachung in der Hauptstadt ist er privat nicht von Hannover nach Berlin gezogen; im Urlaub will er keine Kameras sehen; zum Berliner Presseball 2000 erschien er nicht, weil ihm die Journalisten im Jahr davor zu dicht auf die Pelle gerückt waren. An diesem Abend in Baden-Baden jedoch wollte er sich über die »dauernde öffentliche Beobachtung« »nicht beklagen«. Im Großen und Ganzen, frotzelte er, »habe ich meine Scheu verloren, meinen Namen in der Zeitung zu lesen, meine Stimme im Radio zu hören oder mein Bild im Fernsehen zu sehen«. Politiker, denen die Medien auf die Nerven gingen, seien in der Mediendemokratie fehl am Platze: »Wer die Hitze nicht verträgt, hat in der Küche nichts verloren«, warf er kühn und wiederum zum Gefallen des kundigen Publikums in den Saal von Baden-Baden.

Das alles war mehr als Unterhaltung. Es war des Kanzlers Reverenz an seine wichtigsten Partner im politischen Geschäft. Die politische Klasse feierte sich selbst, und Schröder pflichtete – wieder einmal – den Regeln in diesem Spiel bei. Zugleich hörte sich Schröders Vortrag streckenweise an wie eine Autosuggestion, die selbst gewählte Zwangsgemeinschaft mit denen da unten im Saal auch weiterhin zu ertragen.

Den Titel »Medienkanzler« trage Schröder zu Recht, sagt Andreas Fritzenkötter, der einst Helmut Kohls Medienberater war: »Denn derzeit versteht es Schröder wie kein Zweiter, sich über die Medien in Szene zu setzen.« Der Anerkennung ist der Neid des politischen Gegners darüber zu entnehmen, dass der Union ein TV-Talent wie Schröder zur Zeit nicht zur Verfügung steht. Verständnis für den Medienprofi Schröder jedoch kommt auch von links, wo die mediale Wendigkeit Schröders gern als Opportunismus gegeißelt wird.

Es wäre unpolitisch, Schröder vorzuwerfen, dass er sich »den Gesetzmäßigkeiten der mediatisierten Welt« füge, sagt Peter Glotz. Das allgegenwärtige Fernsehen bringe es mit sich, dass »das visuell Zeichenhafte« bei den meisten Menschen stärker wirkt als das Wort, der Begriff. »Die Leute gehen Abend für Abend mit Michael Douglas, Jack Nicholson oder Brad Pitt um; also verlangen sie von Politikern eine vergleichbare Ausdünstung.«

Man wird Gerhard Schröder nicht vorwerfen können, er habe auf seinem langen Weg ins Kanzleramt nicht alles unternommen, um die Gesetze der TV-Welt zu verstehen und zu befolgen. Er hat seine Privatsphäre geopfert, um sie gleichsam als geheime Botschaft an das Volk seinem politischen Handeln zu unterlegen. Er lässt die Medien an seinen Siegen ebenso teilhaben wie an seinen Niederlagen. Er lässt es zu, dass er in all seiner Widersprüchlichkeit gedeutet werden kann – ohne ernsthaften Versuch, viel zu kaschieren.

Hat er auf seinem Weg nach oben irgendeine Talk-Show ausgelassen? Mit Ehefrau Hilu saß er bei Gottschalks »Wetten, dass...?«; mit Ehefrau Doris besuchte er Alfred Biolek; er hat sich von Friedrich Küppersbusch in »ZAK« beleidigen lassen und sich und seine Frau Hilu in einer Show des hessischen Fernsehens namens »3 Zimmer Küche Holger« für alberne Rollen-Spiele hergegeben. »Mit Schröder ist die deutsche Politik wirklich gott-schalkkompatibel geworden«, feixte süffig die »Frankfurter Allgemeine Zeitung«. Mit seinem Auftritt bei Gottschalks »Wetten, dass ...?« am 20. Februar 1999 jedoch kam die Wende. An dem Abend hat sich der Medienkanzler von dem Moloch TV verzehren lassen. Derart willenlos lieferte er sich den Anforderungen der Spaßmaschine aus, dass die Nation erschrak. »Ein Kanzler darf sich nicht zur Ulknudel der Nation machen«, empörte sich der CDU-Politiker Wolfgang Schäuble und traf damit den Kern. Die Sendung war die Geburtsstunde des »Spaßkanzlers« – jenes Etikett, das ihm von allen am ehesten geschadet hat. Wie ein mäßig unterhaltsamer Narr war der mächtigste Mann Deutschlands konturlos in dem albernen Trubel der Samstagabend-Fernsehunterhaltung der blondgelockten Verwertungmaschine Gottschalk versickert. Wie ein Dutzendgast hatte der Kanzler als Wettpate auf dem Sofa neben Veronica Ferres und Harald Schmidt gesessen. Am Schluss der Show stakste er im dunklen Anzug über die Bühne wie einst Butler Martin Jente bei Kulenkampff und chauffierte zum Gaudi der Zuschauer eine ältere Dame aus dem Publikum mit schlohweißem Haar im Audi von der Bühne. Abgang unter Gelächter.

Schröder erklärt seine Mitmacherei als Bestandteil eines ordentlichen Geschäftes auf Gegenseitigkeit: Er habe mit seinem Auftritt eine Bringschuld abtragen wollen. Der Sympathieträger Gottschalk hatte der rot-grünen Bundesregierung zuvor geholfen: Gemeinsam mit Boris Becker und Marius Müller-Westernhagen warb er auf Plakaten der Bundesregierung für Toleranz, nachdem der CDU-Ministerpräsidenten-Kandidat Roland Koch mit einer heillosen Kampagne gegen das neue Staatsbürgerschaftsrecht im hessischen Landtagswahlkampf niedere ausländerfeindliche Instinkte bedient hatte. Doch hier war die Kumpanei zwischen Politik und Medium zum Schaden der Politik ausgegangen.

Schröder begriff die Gründe für das PR-Desaster schnell. Hier hatte er eine Messlatte unterquert. Als Kanzler, so realisierte Schröder, erwarten die Menschen vom ihm ein anderes Format. Durfte er als Herausforderer noch wie ein buhlender Tausendsassa erscheinen, wirkt die ulkige Selbstinszenierung eines Machtinhabers nur peinlich. »Politik als Theater ist möglich«, sagt Peter Glotz, »aber sie hat ihre Grenzen.« Hier war sie erreicht.

Abrupt riss Schröder das Steuer herum. Seit dem würdelosen Auftritt gelten neue Maßstäbe für Auftritte des Kanzlers. Eine Zusage für einen Auftritt in der Harald-Schmidt-Show auf SAT 1 eine Woche nach dem Gottschalk-GAU wurde sofort zurückgezogen. Jedwede Ulk-Veranstaltung ist seitdem tabu – was Schröder nicht ganz leicht fällt, denn er hat eine ausgesprochene Lust auf guten Quatsch. In Talk-Shows geht er nur noch, wenn er alleiniger Gast und das Umfeld seriös ist. Was seriös ist, wird freilich von Fall zu Fall entschieden. »Bei unseren Entscheidungen haben sich unausgesprochene Standards entwickelt. Aber die sitzen«, sagt Regierungssprecher Heye.

Tatsächlich ist er seitdem in Talk-Shows nur bei Maybrit Illner aufgetreten, obwohl nahezu jede Woche neue Anfragen im Kanzlerbüro eingehen und einige renommierte Talker seit Jahren vergeblich auf eine Zusage des Kanzlers hoffen. Bei »Christiansen« hat er sich Mitte Januar 2001 selbst eingeladen, weil die Presse gerade wieder einmal über Führungsschwäche, ein lustloses Kabinett und Konzeptionslosigkeit des Kanzlers klagte und erneut eine »Regierungskrise« sah. Christiansen lud – natürlich – bereitwillig alle bereits geladenen Gäste aus und gab dem Kanzler die Möglichkeit zur beschwichtigenden Ansprache an sein Volk – mittels Medium.

Die Medien folgen keinen linearen Gesetzen – das hat Schröder mittlerweile vielfach schmerzhaft feststellen müssen. Was gestern noch klappte, kann schon heute danebengehen. Im Sommer 2001 mussten der Kanzler, Uwe-Karsten Heye und die anderen um das Ansehen des Kanzlers bemühten Helfer staunend mit ansehen, dass selbst die Sommerreise des Regierungschefs an die östliche Grenze Deutschlands in der Presse durchfiel. Im Jahr zuvor war die erste Kanzler-»Expedition in ein unbekanntes Land« noch bejubelt worden: Schröder hatte nicht nur Präsenz, ernsthaftes Interesse und glaubwürdiges Auftreten vorgeführt. Auch die Professionalität der medialen Inszenierung wurde hoch gelobt. CDU-Medienprofi Andreas Fritzenkötter rüffelte deswegen sogar seine eigenen Leute in leicht wackeligem Deutsch: »Die CDU mag die Sommerreise des Kanzlers noch so sehr als Inszenierung kritisieren. Das stimmt, es handelt sich um eine solche, und zwar um eine gelungene.« Doch im Jahr danach war alles anders.

Zwar nahm Schröder die Reise wiederum sehr ernst, hatte sich auch gut vorbereitet. Gesprächspartner wie der Historiker Karl Schlögel lobten die Seriosität und Präsenz Schröders. Auf Usedom begeisterte er eine Runde von Intellektuellen aus Deutschland, Tschechien und Ungarn um den Großdenker György Konrád so sehr, dass sie den Kanzler um eine Fortsetzung des Gespräches an anderer Stelle baten. Dennoch bekam er eine schlechte Presse.

Im Mittelpunkt der Berichte standen nicht etwa die politischen Ziele der Reise, sondern fast ausschließlich die professionelle Organisation der »Roadshow« des Kanzlers. In dunkel verglasten, hochmodernen Reisebussen wurden die Journalisten, die sich wochenlang zuvor bewerben mussten, von Berlin aus für jeweils zwei Tage an die Einsatzorte des Kanzlers herangekarrt. Dann war die nächste Schicht dran.

Der Plausch des Kanzlers mit der Apfelkönigin von Guben, die Geste, den Überschwemmungsopfern am neuen Oderdeich an der Kunitzer Loose auf die Schulter zu klopfen, wurden wie billiges Buhlen des Regierungschefs um Gunst beschrieben. Und selbst die Hinweise auf die eigene Biografie verfingen nicht mehr ohne weiteres. In Jena erzählte er Glas-Arbeitern der Schott-Werke, dass er von seinem »ersten Beruf als Glas- und Porzellan-Einzelhandelskaufmann« sehr wohl wisse, was eine Jenaer Glasschüssel sei: »Ich habe sie schon damals sehr gerne verkauft.« Doch die Journalisten nahmen das plötzlich wie eine Masche, wie einen Trick; es sah ihnen nach billiger Verführung aus.

Schröder hat in seiner Kanzlerschaft viel Neues über Medien dazugelernt. Die Art, wie er sich über die Medien zu präsentieren versteht, weckt beim Publikum nicht selten die – vollständig übertriebene – Hoffnung, er stehe einer allmächtigen Regierung mit einer Zentralgewalt vor, die eigentlich jedes Problem schnell lösen müsse: Wer heute mit dem DGB redet und morgen mit dem amerikanischen Präsidenten wird den lächerlichen Rest wohl auch noch schaffen. Und oft genug hat Schröder mittlerweile schmerzlich erfahren, dass auf die Medien kein Verlass ist. Sie unterliegen ihren eigenen Gesetzen, die im Zweifel die des Marktes sind. Gesendet oder gedruckt wird, was sich gut verkauft.

»Vieles von der Sprunghaftigkeit und den raschen Themenwechseln, viele der Irritationen sind gar nicht mit der Politik, sondern mit den Gesetzlichkeiten« der Telegesellschaft zu erklären, schrieb Gunter Hofmann in der »Zeit«. Schröder in der Medienfalle?

Noch vorsichtiger als zuvor geht er seitdem zu Werke, achtet noch mehr darauf, keinen falschen Eindruck zu erwecken. Viele Treffen, die früher zu bestaunten Aktionen des Medienprofis Schröder geworden wären, bleiben heute geheim. Gleichwohl hat er nicht aufgehört, die Medien als eines der wichtigsten Instrumente seiner Politik zu begreifen. Nur braucht er sie nun nicht länger als willigen Transmissionsriemen für die personifizierte Selbstdarstellung – das muss das Amt nun von selbst hergeben. Er will die Medien auf ihre Rolle auf dem »Weg in die Dialoggesellschaft« verpflichten.

»Es ist in einer Mediendemokratie nicht unbedingt was Schlechtes, Medienkanzler genannt zu werden«, sagt Gerhard Schröder. Er betrachte den Titel als »Verpflichtung, offen mit Informationen umzugehen und Kritik hinzunehmen«. Von den Medien verlangt er umgekehrt dasselbe.

Regieren, das weiß Schröder, »geht nicht gegen die Medien und auch nicht ohne sie«. Die Medien, vor allem das Fernsehen, haben längst große Teile der Rolle übernommen, die früher die politischen Parteien auszufüllen hatten: zur Meinungsbildung des Volkes beitragen. Wichtige politische Debatten werden in Talk-Shows geführt, lange bevor sie das Parlament oder gar die Ortsvereine der Parteien erreichen. »Da sind die Medien vorn, daran haben wir uns längst gewöhnt.«

Die Presse habe die »ungeheuer wichtige Aufgabe, den notwendigen gesellschaftlichen Dialog zu organisieren«, sagt er – mehr hoffend als wissend. In der Praxis meint er damit nicht selten, dass die Medien für ihn die Kastanien aus dem Feuer holen sollen. Lange scheute er sich zum Beispiel, die dringend anstehende Debatte um Zuwanderung zu führen. Doch er wollte kein Einwanderungsgesetz vorlegen. Zum einen fürchtete er, in das offene Messer der Opposition zu rennen, die natürlich auf mutige, umstrittene Vorstöße wartet, um sich in der Kritik daran zu profilieren. »Das müsst ihr machen«, forderte er in Hintergrundgesprächen von Journalisten, sonst werde aus der notwendigen Debatte doch nur wieder das ritualisierte, ermüdende Gemetzel zwischen Regierung und Opposition. Das folgte tatsächlich.

Dieses Denken entspricht durchaus der Vorstellung von Regieren, wie Gerhard Schröder sie prägt. Schröder moderiert Politik bekanntlich lieber, als sie führend vorzugeben. Beim Zuwanderungsgesetz hatte Schröder zunächst einen mittleren Weg beschritten. Über seine »Green-Card«-Initiative, mit der er hoch qualifizierte Ausländer als dringend benötigte Arbeitskräfte ins Land holte, nahm er der tendenziell ausländerfeindlichen Gegenposition die Spitze. Die anschließende Debatte, die breit in der Presse geführt wurde, bewirkte schließlich ein Gesetz, das er hoffte, im Konsens verabschieden zu können. Sein Plan ging jedoch nicht auf. Die Union wollte die Debatte in den Wahlkampf ziehen.

Auch die Debatten um Gentechnik und Bundeswehr verlagerte Gerhard Schröder aus dem traditionellen Dunstkreis politischer Entscheidungen heraus in die Öffentlichkeit. Es hat sich längst herausgestellt, dass die Politik in einer offenen Gesellschaft ohne die Medien nicht auskommt. Ohne funktionierende, faire Medien wären die Bürger nicht in der Lage, offen und wohl informiert über weitreichende Zukunftsfragen zu diskutieren.

Die Politik müsse »medienfähig sein«, genauso, wie die Medien »politikfähig bleiben müssen«. Er fordert ein faires Geschäft auf Gegenseitigkeit. Das sagt Gerhard Schröder nach gut drei Jahren im Amt als Bundeskanzler der Bundesrepublik Deutschland. Es klingt sehr staatstragend und ist ein gehöriges Stück entfernt von dem Schröder, der sich über die Medien, sich halb anbiedernd, halb ihre Eigengesetzlichkeit raffiniert nutzend, an die Spitze der deutschen Politik charmierte.

## Der Mächtige und die Medien-Macher

Die Observation der Medienlandschaft gehört für Gerhard Schröder zu den bevorzugten Pflichten seines politischen Alltags. Kein Wunder: Wer so sehr auf die Medien setzt, wer so sehr über die Medien Einfluss nimmt auf das öffentliche Geschick wie der amtierende Bundeskanzler, der muss das verantwortliche und handelnde Personal in den Medienhäusern und die Verschiebungen in deren Macht- und Entscheidungsgefüge kennen. Er will immer ganz genau wissen, was sich in den Redaktionen, Zeitungshäusern und TV-Anstalten verändert: Gibt es Wechsel in den Vorstandsetagen, bei Chefredaktionen und Ressortleitern? Wer ist mit wem zerstritten – und warum? Wer hat sich mit welchem Thema durchgesetzt – und warum? Wie entwickeln sich Auflage oder Quoten? Es ist nicht die schlichte Neugierde, die Schröder auf die Jagd nach Nachrichten über die Nachrichtenproduzenten gehen lässt. Es ist auch mehr als die Anteilnahme am Geschick von Menschen, die er oft über Jahrzehnte kennt. Es ist vielmehr Teil seines ständigen und immerwährenden Bemühens, die informelle Kontrolle über seinen Macht- und Einflussbereich nicht zu verlieren.

In Damaskus, bei seiner ausgedehnten Reise in den Nahen Osten im Herbst 2000, erfuhr er von dem umfassenden Revirement im Springer-Verlag. Bis dahin war Schröder mit dem konservativen Verlagshaus gut gefahren. Die »Bild«-Zeitung unter Chefredakteur Udo Röbel hatte dem sozialdemokratischen Regierungschef in wichtigen Situationen das grundsätzliche Verständnis nie entzogen. Nun kündigte sich mit der Bestellung des Kohl-Biografen Kai Diekmann zum neuen »Bild«-Chef und der Berufung des politisch unwägbaren Mathias Döpfner zum Vorstandsvorsitzenden ein Revirement an, das durchaus zum Nachteil für Schröder ausgehen konnte. Die »Bild«-Zeitung ist die erste, die er morgens liest. Nicht, weil er ihren Journalismus besonders schätzte, sondern weil sie von 4,7 Millionen Menschen täglich gekauft wird. Abends beim Absacker in der Bar des Hotels Sheraton in Damaskus fragte ihn ein Mitarbeiter, ob er nun mit »Gegenwind von Springer« rechne. Er sog einige Male an seiner Cohiba, bevor er die Schultern hochzog und knapp sagte: »Entweder es kommt über einen oder es kommt nicht über einen.«

Damit es nicht allzu oft über ihn komme, sorgt er vor. Als Mainhardt Graf Nayhauß–Cormons, der in der »Bild«-Zeitung eine Personality-Kolumne schreibt, die im Volk weit imageprägender wirkt als viele politische Analysen, sein neuestes Buch vorstellte, hielt Schröder im Berliner Adlon-Hotel die Laudatio.

Er lädt Verleger, Herausgeber und Chefredakteure zum Mittag- oder Abendessen ins Kanzleramt. In Hintergrundgesprächen wirbt er für seine Politik und lässt Meinungsführer durch Preisgabe von heiklem Wissen an seinem Entscheidungsprozess teilhaben. Er baut, wie in langen Jahren erprobt, Vertrauen durch Nähe auf. Und fast immer geht es in solchen Gesprächen auch um »das Blatt«, »den Verlag« oder »den Sender«. Schröder gibt und nimmt – ganz Duodez–Medienfürst.

Hin und wieder gewährt er ausgewählten Journalisten das Privileg, ihn im Dienstwagen, im Helikopter oder in einer der kleinen Challenger-Maschinen der Flugbereitschaft der Bundeswehr zu begleiten. Das sind höchst begehrte Möglichkeiten, den Kanzler exklusiv zu sprechen. Nicht selten plaudert er dann aus dem Nähkästchen, gibt Wissen und Ansichten preis, die sonst nur im internsten Zirkel zur Sprache kommen. Nicht selten jedoch kommt es vor, dass er »Block weg!« sagt – und der Journalist darf zu seinem Leidwesen die wertvollen Zitate nicht mitschreiben. Solche Reisen enden häufig mit dem Hinweis: »Das bleibt aber unter uns«, und schon ist es vorbei mit der Hoffnung auf Enthüllendes und Allergeheimstes. Gleichwohl: Der Journalist ist informiert und wird sein Wissen nicht vergessen.

Gelegentlich, jedoch selten, ruft er Journalisten direkt an. Nicht, um sie zu kritisieren – das würde er als Schwäche auslegen. Er will ihnen vielmehr sagen, dass ihm ein Artikel besonders gut gefallen habe. »Das mach ich aber nicht zu oft«, sagt er, »sonst steigt denen das noch zu Koppe.«

## Die Wetterfahne des Kanzlers

Manfred Güllner hatte keine Ahnung, wer Max Beer ist. Musste er auch nicht. Als er die Zentrale seines Meinungsforschungsinstitutes Forsa vor ein paar Jahren von Dortmund nach Berlin verlegte, fand er eine geeignete Immobilie für sich und seine gut 1000 Mitarbeiter ausgerechnet in der Max-Beer-Straße, unweit vom Alexanderplatz im Osten Berlins. Jetzt weiß er, dass Beer in der DDR zu einiger Berühmtheit gelangte, weil er ein Standardwerk über die »Allgemeine Geschichte des Sozialismus und der sozialen Kämpfe« verfasste. Doch auf die orthodoxe Lesart des Marxismus-Leninismus hatte Beer sich nie festlegen lassen.

So ist es vielleicht ein schöner Zufall, dass Manfred Güllner sich mit seinem Institut heute in fünf Etagen auf rund 3000 Quadratmetern in der Max-Beer-Straße breit machen kann. Vom politischen Typus her liegt Güllner ähnlich quer wie Beer. Das signalisieren schon die politischen Insignien, mit denen Güllner sein weitläufiges Loft-Büro in der vierten Etage ausgestattet hat. Direkt hinter seinem Schreibtisch prangt ein Porträt von Karl Marx, das er eigens für sein Büro hat anfertigen lassen. Die Huldigung gilt jedoch nicht dem Marxisten, sondern dem Sozialforscher Marx. »Marx«, behauptet Güllner, »hat die Demoskopie erfunden.« Schon als Student habe er »die empirischen Wurzeln dieses großen Philosophen freigelegt«. Sogar einen Fragebogen hat Güllner entdeckt, den der deutsche Revolutionär 1870 für die Arbeiter der Pariser Kommune entwickelt hatte. »Ein beachtliches, vielleicht sogar epochemachendes Schriftstück, methodisch jedenfalls einwandfrei«, findet Güllner. Außerdem schätzt er den bärtigen Stammvater aller Linken, weil »der was gegen die Gewerkschaften hatte. Die haben schon damals die gesellschaftliche Entwicklung behindert« – will sagen: vor rund 130 Jahren; kaum, dass es sie gab. Eine erstaunlich unorthodoxe Marx-Interpretation.

An einem Pfeiler neben der roten Sitzgruppe hängt eine Urkunde im Rahmen, die ausweist, dass Manfred Güllner die Ehrenbürgerschaft der Stadt Little Rock/Arkansas besitzt. Hat nicht der Siegeszug des umfragesüchtigen Bill Clinton ins Weiße Haus, in die Geschichte und die Klatschspalten der Schmuddelpresse in Little Rock seinen Anfang genommen? Güllner lächelt vielsagend.

Klarer ist da schon, wie das Triptychon von Gerhard Schröder an Güllners Bürowand kam. Eines der drei Bilder eines finnischen Künstlers hing früher in der »Paris Bar«. Dort, in der Lieblingsdestille der gehobenen linken Stände der Hauptstadt, »haben wir damals beschlossen, unsere Zentrale nach Berlin zu verlegen«. Das Bild trägt den schönen Titel: »Schluss mit langweilig«. Schröder, in Acryl über Buntstift auf Holz, wiehert darauf sein ausgelassenstes Lachen auf rotem Hintergrund. Güllner hat es dem Eigentümer der »Paris Bar« abgekauft. Die beiden anderen Bilder des Schröder-Altars (»Ohne Titel« und »Weil mein Job es erfordert«) hat er beim Künstler direkt erstanden, nachdem der ihm versichert hatte, dass er nicht daran denkt, Schröder in Serie zu malen.

Güllner gilt als der »Guru des Kanzlers« (»Bild am Sonntag«), wahlweise auch als sein »Antreiber« oder »Seismograph« (»Zeit«). Güllner ist der Mann, der für den Kanzler die Hand am Puls des Volkes hält. Er liefert ihm, aufgereiht in nüchternem Zahlenwerk, die jeweils herrschende Stimmung im Lande – jenes unberechenbare, dräuende, schwer zu fassende Gegenüber der Macht. In der Demokratie ist die Macht ein flüchtiger Besitz. Wer nicht merkt, woher der Wind weht, ist ihn schnell wieder los. Güllner ist so etwas wie die Wetterfahne des Kanzlers.

Güllner und Schröder kennen sich seit Anfang der siebziger Jahre. »Man gehört der gleichen Partei an. Da läuft man sich über den Weg.« Güllner sagt, er habe früh erkannt, »dass Schröder der Typ ist, der mal Kanzler werden kann«. An der Lafontaine-Euphorie in der Partei habe er sich nie beteiligt. Auch als Rudolf Scharping 1994 als Kanzlerkandidat der SPD antrat, habe er Schröder voraussagen können: »Der wird das nie.« Ob das Faible für den Kanzler nun allerdings auf Sympathie für den Mann oder auf der politischen Durchschlagskraft beruht, die ihm seine nüchternen, empirisch gewonnenen Zahlenkolonnen anzeigen, bleibt offen – wie vieles in diesem grauen Reich zwischen Wissenschaft und Politik. Heute telefonieren der Kanzler und sein Demoskop miteinander, man sieht sich gelegentlich. Güllner war auch Gast auf der Hochzeit der Schröders.

Wozu genau braucht ein Kanzler einen Demoskopen? Reicht es nicht aus, wenn er sich im ZDF das monatliche Politbarometer anschaut oder eine der unzähligen Umfragen liest, etwa im »Spiegel« oder in einer der diversen Tageszeitungen? Offenbar nicht. Da ist Gerhard Schröder nicht anders als die anderen. »Wir sind doch alle Umfragen-Junkies«, sagt der Kanzler.

Tony Blair will ständig seinen Demoskopen Philip Gould in der Nähe haben. Bill Clinton ließ sich von Dick Morris sogar raten, welche Tonlage er für Fernsehansprachen wählen und mit welcher Frisur seine Frau Hillary vor die Öffentlichkeit treten soll. Bei Schröders angelsächsischen Polit-Vettern rangieren die Hausdemoskopen also als enge politische Berater ihrer Chefs. So viel Nähe ist Schröder zu viel. Er will sie nicht – weil er meint, sie nicht zu brauchen.

Die politischen Entscheidungen »treffe ich doch letztlich allein«, sagt Schröder. Beratung in vorletzter Instanz nimmt er bekanntlich von seiner Frau Doris, Büroleiterin Krampitz und

Kanzleramtschef Steinmeier an. Um politischen Rat würde er einen Demoskopen gewiss nicht fragen. »Das wäre ja ein Armutszeugnis, wenn er nicht selbst wüsste, was zu tun ist«, sagt auch Güllner selbst. Und doch: Schröder fühlt sich sicherer, wenn er hin und wieder einen Blick auf seine politische Wetterfahne wirft. Das mindert Risiken, hilft, die Folgen seiner Entscheidungen abzuschätzen, und dient ihm als Erfolgskontrolle seiner Arbeit.

Es ist für einen Spitzenpolitiker nicht eben einfach zu wissen, was das Volk denkt, fühlt und meint. Im Regierungsalltag geht die Bodenhaftung schnell verloren. Zu schnell und hektisch ist das Leben eines Kanzlers, zu groß der Wissensvorsprung, zu stark der tägliche Entscheidungsdruck, um nicht weit abgehoben von aller Normalität in einer eigenen Erlebens- und Gedankenwelt zu existieren. Politiker verfallen in solchen Ausnahmesituationen gern in den Fehler, ihre Worte und Taten an denen zu messen, von denen sie ständig umgeben sind: Mitarbeiter, Funktionäre, Journalisten. »Das sind doch auch alles keine normalen Menschen«, winkt Schröder ab, »jedenfalls ticken die anders als das normale Volk.«

So geht es Schröder nicht nur um schöne Fernsehbilder, wenn er sich hin und wieder unters Volk mischt. Er möchte auch wissen, was in den Menschen vorgeht. »Die haben keinen Grund, mir zu schmeicheln oder mir grundlos böse zu sein«, sagt Schröder, »da kriege ich zu hören, was die wirklich meinen.« Deshalb ruft er bei ihm völlig unbekannten Menschen an, von denen er gehört hat, dass sie unverstellt eine deutliche Meinung vertreten. Etwa bei dem Chef eines Möbelhauses, von dem ihm zugetragen wurde, er wolle aus Wut über das geplante Betriebsverfassungsgesetz die SPD nun nicht mehr wählen. Oder bei einem Arzt von der Charité, der wegen des militärischen Engagements aus der Partei austreten will.

Doch zu diesen Kontakten kommt Schröder als Kanzler viel seltener als gewünscht. Und systematisch sind die Eindrücke, die er auf diese Weise sammelt, auch nicht. Dann also doch Güllner, jedenfalls dann und wann.

Die Leute klagen über teures Benzin – soll die Öko-Steuer rückgängig gemacht werden? »Ein schlechter Politiker hätte da sicher hektisch reagiert«, sagt Güllner – aus lauter Angst, er könnte die Sympathie der Wähler verlieren. »Ein guter jedoch schaut über die nackten Zahlen hinaus« – will sagen, schaut mit Güllners Hilfe über die nackten Zahlen hinaus. Da spielt er dann gedanklich mit dem Kanzler durch, was die Menschen von einem Politiker halten könnten, der politische Überzeugungen über Bord wirft,»nur weil streckenweise mal der Wind von vorne pfeift«. Und tatsächlich: Bei der Öko-Steuer nahm der Kanzler das vorübergehende Stimmungstief in Kauf:»Das kann man zur Kenntnis nehmen«, sagt Schröder,»aber man muss nicht darauf reagieren.« Wichtiger war ihm das Signal der Standhaftigkeit. Diesen »souveränen Umgang« mit Umfragedaten hält Güllner für »eine reife Leistung« seines Kunden Gerhard Schröder.

Oder Afghanistan. Nach dem Terror-Tag vom 11. September war die Bereitschaft zu einer deutschen Beteiligung an einer Militäraktion gegen die Taliban und Bin Laden so groß wie nie. Das hatten die Zahlenkolonnen ergeben, die »Forsa« ermittelt hatte. Doch zur»Qualität einer Entscidung gehört mehr«, sagt Güllner. In diesem Fall das Wissen, dass die Sehnsucht nach friedfertigen Lösungen von Konflikten bei den Deutschen tief verankert ist. Deswegen schob der Kanzler seiner Zusage für die Beteiligung an der Kampagne gegen Afghanistan die Einschränkung hinterher, an»Abenteuern« werde sich die Bundesregierung nicht beteiligen.

Schröder legt Wert auf die Meinung des »Forsa«-Chefs. Er hört ihn an – doch er hört nicht unbedingt auf ihn. Jedenfalls nicht immer. Die Politik der»ruhigen Hand« im Sommer 2001 hat Schröder gegen den Rat Güllners eingeschlagen. Der hatte ihm dringend empfohlen, den Modernisierungskurs der rot-grünen Regierung unverändert fortzusetzen. Die Regierung dürfe nicht ein Bild des Stillstandes vermitteln. Auch von der umstrittenen 630-Mark-Regelung für Teilzeitarbeitskräfte habe er dringend abgeraten. »Das hat er nicht wissen wollen«, stöhnt Güllner. Und schon 1993, als Schröder sich bei der Befragung zum Kanzlerkandidaten der SPD dem Votum der Parteibasis stellte, habe Schröder nicht auf seinen Zahlen-Meister vertraut:»Ich habe ihm das Desaster vorausgesagt. Aber er wollte davon nichts hören.« Schröder hätte sich damals verhalten wie ein Dutzendpolitiker. In einem Anflug von Selbstüberschätzung und irrealer Weltsicht»die Gründung verloren« – und prompt die Abstimmung verloren, ärgert sich Güllner noch heute.

Gleichwohl findet Schröder – alles in allem – durchaus den Beifall des Demoskopen. Der Kanzler sei einer der wenigen Politiker,»die in der Lage sind, Meinungsumfragen richtig zu deuten«. Zum Deuten gehöre eben mehr als das Lesen nackter Zahlenkolonnen. Ohne das unbedingt notwendige Gespür für die Herkunft und Zukunft von momentanen Stimmungen im Volk laufe ein Politiker in die Irre, wenn er den Zahlen nachläuft. Wenn er seine politischen Entscheidungen von Umfrageergebnissen abhängig machte, verlöre er dabei seine Kontur, sein Profil, seine politische Persönlichkeit, sagt Güllner. Deswegen findet er »in Ordnung«, wenn Schröder sich nicht gleich von jedem Stimmungstief umwerfen lässt, von dem ihm sein Demoskop zu berichten hat.

Da schimmert unübersehbar Güllners Faible für Schröder durch, das offenbar nicht nur mit nackten Zahlen zu begründen ist. Nicht zuletzt deswegen hat er sich Streit mit den Konkurrenten seiner Zunft eingehandelt, in der es allerdings auch besonders zänkisch zugeht. Vor Jahren schon wollten ihn Konkurrenten öffentlich wegen »Verstoßes gegen Berufsgrundsätze« rügen lassen: Angeblich habe Güllner mit seinen Umfragedaten »aktiv Politik« gemacht. Auch heute eilt ihm der Verdacht voraus, er habe vor allem die Meinung Gerhard Schröders so genau erforscht, dass er genau wisse, mit welchen Umfragedaten er ihm gefallen könne.

In seiner Abrechnung mit Gerhard Schröder (»Das Herz schlägt links«) etwa schreibt Oskar Lafontaine, Güllner habe sich und das Forsa-Institut »in den Dienst der Kampagne« gegen ihn und für Schröder gestellt. »Was für ein grandioser Quatsch. Der hat überhaupt nichts begriffen«, faucht Güllner, der eigentlich ein Mann der leisen Töne ist. Er weiß sehr wohl, dass er durch raffinierte Fragestellung jedes gewünschte Ergebnis zu Tage fördern könnte. »Ich wäre kein Profi, wenn ich das nicht wüsste«, sagt er, »doch ich wäre ein noch schlechterer, wenn ich meine Wissenschaft dazu missbrauchen würde. Gefälligkeitsforschung gibt es bei mir nicht!«

Gerhard Schröder, der ohnehin Menschen, die ihm nach dem Munde reden, nicht sonderlich mag, würde ein demoskopischer Schmeichler nur wenig nützen. Deshalb klingt glaubhaft, wenn er behauptet: »Der Güllner sagt mir schonungslos alles, ohne

Schönfärberei. Alles andere wäre ja auch Quatsch.« Umso schöner ist, dass Güllners demoskopische Wahrheiten Schröder meist gefallen.

Bei der Niedersachsenwahl 1998 sagte er ihm sechs Wochen vor dem Wahldatum im März satte Gewinne voraus. Deshalb pokerte Schröder zwar hoch, als er seinen Niedersachsen androhte, er werde nur als Kanzler antreten, wenn er zwei Prozent mehr als bei der letzten Wahl bekäme. Doch das Blatt, das ihm Güllner zuvor aufgeblättert hatte, rechtfertigte die forsche Gangart. Schröder erhielt tatsächlich 47,9 Prozent. Hinterher frotzelte Schröder: »Ist schon irre, wie der das macht. Der weiß schon zwei Monate vorher, was die Leute von uns denken.« So ungefähr jedenfalls. Für die Bundestagswahl 1998 prognostizierte er der SPD 42 Prozent; es wurden schließlich 40,9.

Und 2002? Da könne Schröder »höchstens an seiner eigenen Partei scheitern«, sagt Güllner. Bei den Persönlichkcitswerten jedenfalls liege Schröder klar vor seinem Konkurrenten. Nur wenn die eigenen Funktionäre und Parteimitglieder ihn nicht unterstützen, »kann es noch danebengehen«.

Bei solchen Attacken gegen den Parteiapparat der Sozialdemokraten bemerkt Güllner gern beiläufig, dass er noch nie einen Auftrag von den Funktionären der SPD-Parteizentrale bekommen habe. Ob ihn das stolz macht oder zornig, bleibt einstweilen offen – wie vieles im Schattenreich der Demoskopie.

# Lachen

Günter Grass beendete seine Lesung mit einem tiefen Blick in das Manuskript. Er wollte den Applaus des Publikums hören, bevor er ihm in die Augen schaute. Doch der ließ auf sich warten. Die Wucht der 13 Sonette, in denen der Dichterfürst soeben braunen Sumpf in deutschen Köpfen düster beschrieben hatte, wollte erst einmal verdaut sein. Dann kam er endlich, der Applaus, und während er verebbte, machte sich Grass, gebeugt und offenbar selbst tief berührt von seiner Dichtung, auf den kurzen Weg treppauf zu seinem Sitzplatz in der Sky Lobby des Kanzleramtes, die Sonette in der Hand.

Eine Berliner Premiere: Der Kanzler hatte – es war Anfang 2002 – zur Dichterlesung in die lichte Arena im Zentrum seines neuen Amtssitzes geladen. Grass und Christa Wolf sollten aus eigenen Werken lesen. Der Kanzler hörte zu und außer ihm noch knapp 200 Kritiker, Kulturverwalter und andere Kostgänger des Kulturbetriebes. Die konnten, wenn sie wollten, den Eindruck gewinnen, dass der Kanzler über einen Sinn für Literatur verfügt. Doch Gerhard Schröder führte ihnen noch eine andere Begabung vor: seinen Sinn für Komik.

Ihm war die Stimmung im Raum nach dem Vortrag des Nobelpreisträgers augenscheinlich zu weihevoll. Auch zwei Arbeiter hatten die bleierne Würde des Momentes nicht auflösen können, obwohl sie reichlich umständlich das Stehpult wegräumten, an dem Grass gelesen hatte. Da sorgte der Kanzler höchstpersönlich für Aufheiterung. Die Arbeiter hatten ein Glas Rotwein, aus dem Grass während seiner Lesung getrunken hatte, achtlos beiseite gestellt. Da stand es nun, verwaist und nutzlos und zog die Blicke auf sich. Schröder nutzte den versonnenen Moment, hüpfte treppab in die Mitte der Arena, griff zum Glas und trug es dem Dichterfürsten hinterher. Schmunzeln und Beifall für den Kanzler, der den Pausenclown gab.

Ein typischer Schröder: Wenn ihm danach ist, sägt er lustvoll an der Würde seines Amtes. Nicht, um es zu beschädigen. Das nicht. Er bringt es gern auf ein normales, menschliches Maß. Natürlich war dies ein kokettes Spielchen. Doch ist nicht die Politik eine Bühne? Natürlich war Schröder die Wirkung seiner spontanen Aktion klar: Der Kanzler schubst sich durch den kleinen Gag selbst vom Sockel – die Geste würde gut ankommen, gerade vor diesem Publikum. Und doch: Für die Charakterrolle, die sich Schröder für sein kleines Kabinettstückchen da ausgesucht hatte, musste er sich nicht verstellen. Sie kommt einer Selbstdarstellung nahe.

Schröder mag das Pathos nicht. Es liegt ihm zu viel falsche Rührung darin. Die Erhabenheit, die sein Amt mit sich bringen könnte – im Zweifel findet er sie lächerlich. »Ich bin hier auf Zeit gewählt. Ich will nicht, dass die Leute vor mir aufstehen. Wenn sie schon aufstehen, dann höchstens vor der Bedeutung des Amtes. Das aber haben andere vor mir gehabt und werden andere nach mir haben«, sagt Schröder. Ein republikanischer Standpunkt, der in den Ländern Skandinaviens etwa, wo es noch Königshäuser gibt, gängiger ist als hier zu Lande. In Deutschland, der Heimat des Untertanengeistes, neigen Politiker noch immer gern dazu, sich selbst zu überhöhen. Schröder nicht, bewusst nicht. Lieber kokettiert er mit der Bedeutung des Amtes.

Im Juni 2001 etwa, bei der Verleihung des Handel-Preises in Halle an der Saale, überreichte er als Laudator den vorgesehenen Blumenstrauß nicht an den britischen Preisträger John Eliot Gardiner. Er schnappte sich vielmehr das opulente Gebinde, hüpfte im Seitschwung von der Bühne und überreichte den Strauß der attraktiven Ehefrau des Dirigenten, die in der ersten Reihe saß. Schallendes Gelächter.

Wer sich erniedrigt, der wird erhöht werden? Jenseits vom Kalkül hat Schröder schlicht Spaß daran, das Gefälle zwischen sich und seinem Publikum einzuebnen. Gelegentlich macht er sich den Spaß und ruft von seinem Schreibtisch aus direkt bei einem Gesprächspartner an. In aller Regel landet er dann bei einer Sekretärin. »Tach, Schröder«, sagt er dann, »kann ich ma' den Chef sprechen?« Die Sekretärinnen ahnen oft nicht, wen sie am Hörer haben. Schröder hat seinen Spaß daran.

Es stecken in solchem Schabernack Reste eines anarchischen

Übermutes, für den er schon in seiner Jugend bekannt war. Ohne Chuzpe, ohne spielerische Dreistigkeit hätte er sich seinen Weg nach oben kaum bahnen können. Es half ihm beim Aufstieg aber auch der Zeitgeist. Als Schröder zum Sprung aus seinen Verhältnissen ansetzte, waren die Langhaarigen in Mode, die Rasenbetreter und Tabuverletzer. Die Bürgersöhne und -töchter zerlegten gerade mit Wonne die Puppenstube des engen Lebensentwurfes, den eine Elterngeneration für sie zurechtgebastelt hatte, die selbst nichts anderes kannte. Schröder zerlegte eifrig mit, obwohl da nicht viel war, was er zu zerlegen hatte.

Die rotzigen 68er kamen ihm mit ihrer Rebellion gegen Autoritäten sehr entgegen. Wie sie verstieß er mit Lust gegen Konventionen. Die Bürgerkinder lehnten sich damit gegen ihre Elternhäuser auf. Er konnte so bleiben, wie er war. Noch wenige Jahre davor hätte ihm der gesellschaftliche Aufstieg eine komplette Anpassung abverlangt. Das war nun nicht mehr nötig. Es liegt die Vermutung nahe, dass ein angepasster Aufsteiger Schröder wohl niemals Bundeskanzler geworden wäre.

Schröder fiel auch in der SPD als Tabuverletzer auf. Er war, 1981, der erste Politiker, der es wagte, im Bundestag ohne Schlips ans Rednerpult zu treten. Die unweigerlich folgende Wut der Konservativen hatte er einkalkuliert – und genossen. Regelverstoß als Lustgewinn – nach diesem Prinzip pöbelte und rüpelte sich Schröder durch die frühen Jahre seiner politischen Karriere. Ein Rollkragenpullover unterm Jackett, eine Flasche Bier in der Hand, immer einen kessen Spruch auf Lager – da feixte und flegelte sich einer nach oben. Unübersehbar die kaum zügelbare Aggressivität, die ihm augenscheinlich eine enorme Willenskraft verlieh. »Zynisch war der damals«, sagt sein alter Juso-Genosse Wolfgang Roth, »und wie. Aber das waren sie ja alle. Das muss man wohl ab einer bestimmten Karrierestufe offenbar sein. Brandt war nicht zynisch. Aber der ist ja auch an seinem Amt kaputtgegangen.«

Heute ist Zynismus bei ihm kaum noch vorzufinden. »Da hat er sich verändert«, sagt Heinz Thörmer in Hannover, der fast zwanzig Jahre lang sein Assistent war. »Er hat zwischendurch irgendwann mal die Lust daran verloren, sich auf anderer Leute Kosten seinen Spaß zu machen.« Spotten mag er gleichwohl, wenn auch milder als früher. »Den Scharping kann ich doch gar nicht entlassen«, flapste der Bundeskanzler Schröder, als sich sein Verteidigungsminister wegen der Farbfotos, die ihn und seine Geliebte bei Wasserspielen im Pool zeigten, unmöglich gemacht hatte. »Dann würde sich seine Freundin von ihm trennen. Dann hätte ich zwar ein politisches Problem weniger, dafür ein menschliches Problem mehr am Hals.«

Schröder ist in einem unverstellten Sinn antiautoritär geblieben, auch als Kanzler. Die grandiose Überhöhung, zu der Helmut Kohl als Kanzler neigte, ist Schröders Sache nicht. Kohls symbolisches Händchenfassen mit François Mitterrand vor den Gräbern von Verdun – mit Schröder nicht vorstellbar. Der Ort schwer von Blut und Geschichte, Hymnen, Fahnen, Militärmusik. Gravitätischer kann Symbolik kaum sein. Würde ihm jemand zu einer derartigen Inszenierung raten, Schröder würde sie als schwülstig ablehnen. Zur Schwülstigkeit der Kohlschen Versöhnung über den Gräbern trug bei, dass sie ganz ohne Worte auskam. Aufklärendes war nicht gefragt – allein deswegen hätte Schröder nicht mitgemacht. Schröder ist Kohls Antityp.

Aber auch eine stumme Geste wie die von Willy Brandt, der 1970 als Kanzler der Deutschen in Warschau vor den Opfern der Nazis auf die Knie fiel, wäre Schröder nicht zuzutrauen. Dafür geht ihm Geschichte nicht tief genug.

»Ein Lachen, das Mut macht«, prangte als Parole neben einem Bild von Schröder auf den Plakaten, mit denen er sich 1986 für das Amt des Ministerpräsidenten von Niedersachsen bewarb. Schröder lacht viel. An einem normalen Arbeitstag mit Bundestagssitzung, dazwischengestreuten Interviews, Terminen in seinem Büro im Reichstag und später im Kanzleramt geht er lachend auf mehr Menschen zu als andere Menschen in einem Monat. Ein kleiner Lacher zu Beginn, Klaps auf den Oberarm, gern auch ein Gewieher nach einem gelungenen Scherz – so hat es Schröder am liebsten. Das ebnet Gefälle, das baut Distanz ab. Dieser Kanzler ist nahbar – und zwar vorsätzlich. Kumpel Gerd. Das ist nicht ohne jede Jovialität, die ja auch hilft, an der Oberfläche zu bleiben und auf freundliche Art Distanz zu schaffen.

»Er strahlt zu viel«, findet Schröders Schulfreund Graumann. »Warum macht er das? Das ist nicht immer echt. Wenn er richtig lacht, dann hat das was Schelmisches. Das kann er auch heute noch. Aber sobald eine Kamera dabei ist, dann steigt er in dieses Korsett. Das muss er doch gar nicht.«

Als Medienprofi weiß Schröder, dass er nicht wie ein Trauerkloß wirken darf, wenn er als Sieger gelten will. Selbst nicht in traurigen Zeiten. Deswegen setzt er sein Talent zur guten Laune ein, wann immer es ihm hilfreich erscheint. Doch sein Strahlen gerade in schwierigen Momenten ist mehr als professionelles Grimassieren. Dann zeigt er Zähne, dann demonstriert er seinen Biss. Als »Raubtierlachen« ist schon beschrieben worden, wenn er ohne innere Beteiligung seine Zähne bleckt. Doch häufiger noch hat Schröders Lachen etwas Subversives.

Für Schröder war das Lachen immer auch eine Art Umgang mit der Macht – mit der Macht der anderen, die da weit über ihm thronten. Das Lachen über die Götter war immer schon die beste Methode, sich ihrer Erhabenheit zu entledigen. Wer über die anderen lacht, zeigt zumindest keine Furcht. Seine Generation hat gesehen, dass das Erhabene und das Lächerliche sehr dicht beieinander liegen. Ein Mann wie Heinrich Lübke etwa, den sich Schröder zehn Jahre lang als Bundespräsidenten betrachten konnte, war inmitten seiner kuriosen Tölpeligkeit nichts als komisch für die, die sich die Freiheit nahmen, den Ersten Bürger dieses Landes zu verlachen.

»Ein Lachen wird es sein, das sie beerdigt«, sprühten die Spontis an Hauswände. »Wer am gründlichsten töten will, der lacht. Nicht durch Zorn, durch Lachen tötet man«, wusste auch schon Friedrich Nietzsche. »Politik ist nicht alles« – mit dieser sinnenfrohen Parole zog Schröder 1986 in den Wahlkampf und wollte damit signalisieren, dass er der Typ Politiker ist, der nicht zwangsläufig Verdruss hervorruft. Es war die hohe Zeit des Hedonismus. Er hatte tatsächlich keine Neigung, sich durch den Moloch Politik verzehren zu lassen. Genussmensch und Politiker – das schien mit Schröder plötzlich vereinbar. Diese Stimmung trug er auch noch in sich, als er 1998 das Kanzleramt eroberte – und er handelte danach. Sehr zu seinem Nachteil.

Plötzlich verspotteten ihn dieselben Medien, die zuvor seine sinnenfrohe Gangart gelobt hatten, als »Spaßkanzler«. Wenn er nun in Talk-Shows und bei sonst welchem Tingeltangel auftrat, galt das als degoutant. Der unterschwellige Vorwurf: Er habe weder eine realistische Einschätzung vom Ernst der Lage noch von der Würde des Amtes. »Ich habe verstanden«, signalisierte er schon bald reumütig. Seitdem fügte er sich der deutschen Ordnung, in der das Vergnügen erst nach getaner Arbeit kommt. Seitdem achtet er sorgsam darauf, dass möglichst keine Fotos entstehen, die ihn in allzu ausgelassener Stimmung zeigen. Die könnten den Eindruck erwecken, es ginge ihm zu gut.

# Fußball

Am frühen Abend des 5. Juli im Millenniumsjahr 2000 saßen sie in Zürich im Hotel Hermitage auf der Seeterrasse und fieberten dem Schicksal entgegen. Die Alt-Internationalen Rudi Völler, Karl-Heinz Rummenigge, Jürgen Klinsmann waren nervös wie alle anderen auch. Dazu Boris Becker, der immer irgendwie dabei ist; André Heller – als Künstler etwas artfremd in dieser Umgebung; der große Günther Netzer, Franz Beckenbauer natürlich, der »Kaiser« – und mittendrin der Kanzler. Am Vormittag hatte der Deutsche Fußball-Bund (DFB) dem Internationalen Fußballverband (FIFA) Deutschland als Austragungsort für die Fußballweltmeisterschaft 2006 präsentiert. Nun kungelten die Funktionäre das Gastgeberland aus. Die Runde wusste: entweder Südafrika oder wir.

Nelson Mandela war nicht nach Zürich gekommen, obwohl Südafrika als Favorit galt. Gerhard Schröder jedoch war eigens eingeflogen. Franz Beckenbauer hatte ihn überredet: »Sie müssen kommen, das hilft.« Damals siezten sich die beiden noch. Die FIFA-Männer, die das Land der nächsten WM auswählen würden, »wissen das zu schätzen, wenn Sie als Kanzler der Bundesrepublik dabei sind. Viele davon sind selbst Politiker«, hatte der Kaiser dem Kanzler gesagt. Schröder war dennoch unsicher: Bei einem negativen Ausgang konnte er am Ende als blamierter Verlierer dastehen. Das hat kein Politiker gern; schon gar nicht, wenn die ganze Welt zuschaut.

Schröder ging das Risiko dennoch ein, »weil das Fußball war«. Das soll heißen, er verhielt sich so, wie es sich für einen anständigen Kicker gehört: Kneifen gilt nicht, wir laufen in jedem Fall auf. Völlig überraschend erhielt Deutschland den Zuschlag – mit 12:11 Stimmen. Die Runde auf der Seeterrasse in Zürich-Küssnacht war selig. Seitdem duzen sich der »Kaiser« und der Kanzler.

Fußball. Wenn ihn außer Politik und Malerei – Frauen mal ausgenommen – durch Jahrzehnte etwas packte, dann Fußball. Die erste Fernsehübertragung seines Lebens war das Endspiel der WM von 1954, als Deutschland Weltmeister wurde. Schröder war gerade zehn Jahre alt geworden. Er hat den tiefen deutschen Seufzer »Wir sind wieder wer!« noch im Ohr, der zur Metapher für die darniederliegenden Deutschen wurde. Als Nationalhelden wurden damals Fußballer wie der »Spielführer« Fritz Walter gefeiert, die »über den Kampf zum Sieg kommen, niemals aufgeben, rackern, sich den Beifall der Massen verdienen«. So lauteten damals die mittlerweile längst zum Reporterklischee erstarrten neuen deutschen Tugenden. Klingt verdammt nach dem Ethos des Kämpfers und Berufspolitikers Gerhard Schröder? »Elf Freunde müsst ihr sein!« Diese Forderung des damaligen Nationaltrainers Sepp Herberger an seine Mannschaft hat Jung-Gerhard für verzichtbar gehalten – ein Team-Player ist Schröder über all die Jahre nicht geworden.

Gerhard Schröder wuchs – im Wortsinne – auf dem Fußballplatz auf. Nach dem Krieg bewohnte seine Mutter mit ihren Kindern bekanntlich zeitweise eine Behelfsbaracke, die zu Teilen auf den Fußballplatz ragte. »Eine Ecke des Hauses stand da, wo eigentlich eine Eckfahne stehen soll. Die Fußballer konnten immer nur kurze Ecken treten«, erinnert sich Schröder. Nicht selten ballerte das Leder gegen die Bretterwand.

Ein frühes Foto zeigt ihn 1959 als Mittelstürmer des TuS Talle in draufgängerischer Pose inmitten ratlos dreinschauender Spieler der gegnerischen Mannschaft. Schröder eiferte seinem damaligen Vorbild Günther Pröpper vom Wuppertaler SV nach. Der sei »ein kraftvoller Mittelstürmer mit körperbetontem Spiel und Drang zum Tor« gewesen, sagt Schröder. »So wie der war ich auch: Keinen Zweikampf scheuen, mit schnörkellosem Spiel den kürzesten Weg zum Erfolg suchen. Kein Filigrantechniker, aber technisch nicht unbegabt. Ein Kämpfertyp. Meine Kameraden nannten mich damals ›Acker‹. Das stimmte wohl.«

Auf dem Fußballplatz verschaffte er sich durch Kampf und Leistung den Respekt, den ihm die Söhne der Bauern und Bürger sonst verweigerten. Die Demütigungen und Herabsetzungen, die Ausgrenzung und die Herablassung endeten am Spielfeldrand. Auf dem Fußballplatz galt nur der Erfolg – egal, von wem er kam. Das war damals nicht anders als heute.

Später spendierte ihm der TuS Talle Fahrgeld, Kotelett mit Kartoffelsalat und Freibier, damit er aus Lemgo und Bielefeld, wo er zur Schule ging, zu den Spielen seines Heimatvereines anreiste. Gerhard Schröder hatte es zum ersten Mal in seinem Leben den anderen gezeigt.

Sein letztes Fußballspiel bestritt er 1978 für die »Veteranos«, eine Juristenmannschaft in Hannover. Das Spiel endete 7:2, Schröder schoss fünf Tore. Zwei davon per Flugkopfball in halber Höhe. Dabei will er es belassen: »Wenn ich noch mal antrete, bleiben die Leistungen bestimmt hinter der Legende zurück. Es ist doch ganz schön, eine Legende zu sein.«

In den achtziger Jahren stieg er auf den damaligen Aufsteiger-Sport Tennis um. Noch heute stöhnen damalige Mitspieler, es sei gelegentlich eine Qual gewesen, mit ihm zu spielen: »Der konnte einfach nicht verlieren.« Er habe nicht nur verbissen gekämpft, sondern gelegentlich auch »gebrüllt und sogar geschummelt«. Nun lässt er sich in Berlin hin und wieder von dem ehemaligen Tennisprofi Hans-Jürgen Pohmann über den Platz scheuchen oder von dem Literaten Peter Schneider.

Am Wochenende ist Fußball Pflicht; zumindest im Fernsehen, auch auf die Gefahr, dass Doris mault. In den Zeitungen verfolgt er montags die Ergebnisspiegel und Tabellen. 2001 wollte er sich an seinem Geburtstag das Spiel Borussia Dortmund gegen Bayern München im Dortmunder Westfalenstadion anschauen. Doch weil das Samstags-Spiel am Abend stattfand, blieb er mit Rücksicht auf Ehefrau Doris in Hannover. Seine Bodygards überraschten ihren »Boss« dann »mit einem richtig dollen Geschenk«, wie Schröder findet: ein Tagesabonnement des Fernsehsenders »Premiere«. So schaute sich Schröder das Spiel live in der hannoverschen Wohnung an, zusammen mit den Personenschützern vom LKA.

Er war bereits Kanzler, als er seine Liebe zu Borussia Dortmund gestand. Bis dahin hatte er die Affäre geheim gehalten, aus – berechtigter – Sorge, die Fans von Hannover 96 würden ihm nicht verzeihen. »Das ist der Verein meiner Jugend«, bekennt er heute. Aki Schmidt, Jockel Bracht, Lothar Emmerich, Siggi Held seien – neben Günther Pröpper vom Wuppertaler SV – die Helden seiner frühen Jahre gewesen. Borussia Dortmund hatte bis dahin keinen blassen Schimmer von dem Faible des Kanzlers für den schwarz-gelben Verein gehabt. Sofort schnappten Manager Michael Meyer und Präsident Gerd Niebaum zu. Am 13. Mai 2000, dem Samstag vor der Landtagswahl in Nordrhein-Westfalen, schleppte NRW-Ministerpräsident Wolfgang Clement den Kanzler mit ins Westfalenstadion nach Dortmund. Die Borussia empfing den Ruhrpott-Rivalen Schalke 04.

Niebaum hatte einige Alt-Internationale zusammengetrommelt. Da standen sie im VIP-Raum, brav in dunkle Anzüge gesteckt: Emmerich, Bracht, Aki Schmidt und Adi Preissler – und überreichten dem Kanzler eine Urkunde. Seitdem ist Gerhard Schröder Ehrenmitglied der BVB Borussia.

Die Freundschaft hält. Einige der alten Kicker treten bei Wahlveranstaltungen der SPD gemeinsam mit dem Kanzler auf. Schröder lud die Dortmunder in seine damalige Dienstvilla in der Berliner Pücklerstraße; diesmal waren auch der Sportdirektor »Susi« Zorc und Trainer Matthias Sammer dabei. Zorc ruft nun schon mal vor Champions-League-Spielen im Kanzleramt an, um die Stimmung in der Mannschaft weiterzureichen.

So wie die Borussia – so ungefähr stellt sich Schröder Deutschland vor. Da haben clevere Manager die Modernisierung des Vereins angepackt und den Kohlenpottclub als ersten Bundesligaverein zur Aktiengesellschaft umgewandelt. Obwohl der Verein Millionenumsätze macht, ging die Bindung zu den Fans nicht verloren: Ihre teuren Spieler nach Niederlagen als »Millionarios« zu bezeichnen, kame den Borussen-Fans nicht in den Sinn. Starker noch als der Neid ist die Loyalität. Und die Spieler zahlen mit einem guten Tabellenstand zurück.

An jenem Nachmittag in Zürich fühlte sich Schröder auf der Terrasse am Zürcher See auch deswegen wohl, weil er sich unter seinesgleichen fühlte: lauter Aufsteiger wie er, die aus ihrer Begabung etwas gemacht hatten. Rudi Völler, ein Mann aus dem Volke, nun Nationaltrainer. Jürgen Klinsmann wollte Bäcker werden; aus dem »Kaiser« Franz Beckenbauer wäre wohl ein Versicherungskaufmann geworden. Beckenbauer, Netzer und Rummenigge hatten bei ausländischen Vereinen gespielt und sich so eine Weltläufigkeit erworben, um die sie Schröder beneidete. Schröders »Neue Mitte« – hier saß sie.

Mit André Heller hatte sich noch ein wenig Kultur dazugesellt, am Morgen hatte gar noch Claudia Schiffer gemeinsam mit dem Kanzler vor den Kameras ihren langen schlanken Daumen für Deutschland gedrückt. »Fußball ist wie das Leben«, findet Schröder.

# Privat

Für sein Leben hat Gerhard Schröder niemand ein Muster an die Hand gegeben. Das der Mutter konnte es nicht sein. Die einfache Frau hatte ihr Leben lang damit zu tun, sich und ihre fünf Kinder durchzubringen, die sie von zwei Männern bekam. Der Vater, der als Hilfsarbeiter auf dem Rummelplatz sein Geld verdiente, konnte ihn nicht prägen. Er hat seinen Sohn nie gesehen. Fritz Schröder fiel 1944 als Obergefreiter der Wehrmacht in Rumänien – nur ein paar Monate, nachdem sein Sohn Gerhard zur Welt gekommen war. Schröders Stiefvater Paul Vosseler, den seine Mutter 1947 heiratete, erkrankte 1954 an Tuberkulose. Der stets kränkelnde Mann, ein Hilfsarbeiter, war zu schwach, um Gerhard Schröders Lebensweg zu formen. Väterliche Strenge hat Gerhard Schröder ebenso wenig erlebt wie väterliche Güte. Einen hilfreichen Rat vom Vater konnte er nie bekommen.

Es ist nicht bekannt, dass Gerhard Schröder sich jemals über die Umstände, unter denen er seine Kindheit und Jugend verbringen musste, beklagt hätte. Würde er dieser Versuchung nachgegeben haben, wäre er vermutlich nie Bundeskanzler geworden. Das Jammern ist ebenso wenig seine Art wie die ansonsten weit verbreitete Neigung, miserable Umstände für eigenes Versagen verantwortlich zu machen. Er hat auch wenig Veranlassung dazu, denn die Lebensumstände seiner ersten Jahre haben ihn nicht niedergeworfen, sie haben ihn vielmehr gestärkt.

Das Leben, das er vorfand, war wild und ungeordnet. Er hat sich die Regeln darin selber machen müssen – oder können. Weit mehr als jedes Kind, das unter der reglementierenden, einengenden Obhut ängstlich besorgter Eltern aufwächst. So wird er sehr früh ein Gefühl dafür bekommen haben, was er sich trauen darf und was er sich zutrauen kann. Sobald er dazu in der Lage war, stellte er, der älteste Sohn, die Ordnung in der Familie her.

Wenn wieder einmal der Gerichtsvollzieher in der Wohnstube stand, weil die Mutter nicht mehr zahlen konnte, die als Putzfrau nie genug Geld verdiente, verhandelte der Halbwüchsige mit der Amtsperson. Mit Geschick und mit Erfolg, wie seine Geschwister anerkennend berichten. Irgendwann hörten die Gerichtsvollzieher auf zu kommen. Offenbar hatte Gerhard Schröder ihnen überzeugend vermittelt, dass das nur wenig Sinn hat. Seine Halbschwester Heiderose »legte er eines Tages übers Knie«, erzählt man sich in der Familie, weil sie bereits mit 15 Jahren einen Freund hatte – viel zu früh, wie Gerhard fand, der damals 21 war.

Die Männerrolle, die Gerhard Schröder spielte, hat er sich notgedrungen selbst zurechtgelegt. Die Maßstäbe, nach denen bemessen wurde, ob er dieser Anforderung gerecht wird, stammen von ihm selbst. Wenn sich jemand fragt, woher dieser Mann, der aus dem gesellschaftlichen Abseits kam, sein robustes Selbstbewusstsein hat, wird er die Antwort in diesem Abschnitt seines Lebens finden. Freimütig gibt er zu: »Wenn man sagen würde, mein Ehrgeiz ist das Ergebnis von vorausgegangenen Kränkungen, dann liegt man nicht ganz falsch.«

Gerhard Schröder hat sich häufig gefragt, woher er seine charakterlichen Eigenschaften hat. Vieles von dem, was ihn ausmacht, scheint verständlich oder wenigstens nachvollziehbar: Das Vertrauen, dass immer jemand für ihn da ist, gab ihm seine Mutter. Bei ihr hat er sich zähen Lebenswillen abgeschaut. Die Zuversicht, dass es für alle Probleme eine Lösung gibt, gewann er durch die Erfahrung mit sich selbst. In ungewöhnlich jungem Lebensalter musste er Verantwortung auch für andere übernehmen, »und irgendwie ist es immer gegangen«. Dass die Verachtung einer feindlich gesonnenen Umgebung, dass Schmähungen und Demütigungen letztlich doch zu ertragen sind, konnte er im Übermaß an sich selbst wahrnehmen. Und dennoch – vieles blieb ihm unerklärlich.

Er sah, dass seine Geschwister anders waren als er selbst, drei von ihnen Halbgeschwister. Er stellte sich oft die Frage, die sich Waisen und Halbwaisen stellen: Warum bin ich so, wie ich bin?

Er war bereits Kanzler, als er das erste Mal in seinem Leben ein Bild von seinem Vater sah. Seine leibliche Schwester Gunhild hatte über einen Suchdienst herausgefunden, dass Fritz Schröder am 4. Oktober 1944 gefallen war. Sein Grab fand sie im rumänischen Ceanu Mare, das früher Pustasan hieß. Und das Foto vom Vater, das sie aufgetrieben hatte, verblüffte Schröder enorm. Der Vater seiner Fantasie – plötzlich hatte er ein reales Antlitz. Das Kinn, die Nase, die hellblauen Augen – unverkennbar Schröder.

Die Familienforschung der Schwester Gunhild förderte zusätzlich noch drei Cousinen zu Tage, die das Dunkel der Geschichte bisher verborgen hatte. Auch sie, die Töchter eines Bruders von Vater Fritz, sehen ihm nicht unähnlich. Schröder feierte im Mai 2001 seine ganz persönliche Wiedervereinigung mit einem Besuch bei seinen Basen im ostdeutschen Gera. Später lud er sie zu Himbeertorte und Kaffee ins Kanzleramt. Man würde ihn nicht den Medienkanzler nennen, wenn Schröder die Entdeckung seiner unverhofften Verwandtschaft nicht ausgiebig vor den Fernsehkameras vorgeführt hätte.

Natürlich wusste Schröder, dass sich für das Publikum gerade im Privaten Identifikationsmöglichkeiten mit einem Politiker ergeben, die jenseits aller Politik angesiedelt sind. Dass er plötzlich auch Familie im deutschen Osten hatte, würde ihm zudem politisch gewiss nicht schaden. Wenn er dennoch nicht das Gefühl hatte, die »family affair« über Gebühr zu vermarkten, dann lag das daran, dass seine Freude über den ungeplanten Familienzuwachs unverstellt war. Doch unweigerlich folgte der Vorwurf, er beute Allerprivatestes für seine Imageproduktion aus. Dass ihm Journalisten hier kaltes politisches Kalkül unterstellt haben, hat ihn getroffen.

Mit dem wiederentdeckten Vater scheint Schröder eine Empfindlichkeit zu entwickeln, die neu an ihm ist. Schröder, der früher stets ausgiebig über sein Inneres Auskunft gegeben hat, ist verschlossener geworden. Er behält einstweilen für sich, ob er sich selbst erklärlicher geworden ist, jetzt, wo er seinen Vater und dessen ostdeutschen Familienzweig vor Augen hat. Hat er gefunden, was er gesucht hat? Spürt er, dass er nun niemandem mehr etwas beweisen muss? »Das geht keinen was an«, sagt er, ungewöhnlich kurz angebunden.

Der Zugewinn an Familie riss an anderer Stelle eine Lücke. Seine Halbschwester Ilse, die bis dahin stets seine Politik unterstützt hatte, fing plötzlich an, den Kanzler, ihren Halbbruder Gerhard, heftig zu kritisieren. Anfang 2002 zog sie zur Demonstration gar vor das Bundesverfassungsgericht in Karlsruhe. Sie fühlte sich als allein erziehende Mutter durch die Steuerpolitik der rot-grünen Regierung benachteiligt. Schröder rief sie erzürnt an: Die Steuerregelung habe nicht er, sondern das Verfassungsgericht zu verantworten. Doch sie ließ sich nicht umstimmen. Tat sich mit dem plötzlichen Wissen um das Schicksal des Vaters und die Verwandtschaft aus dem Osten hier erstmals ein feiner Riss zwischen den Schröder-Kindern und den Vosseler-Kindern seiner Mutter Erika auf? Sollte Eifersucht im Spiel sein? Für Gerhard Schröder wäre das eine neue Erfahrung.

Sein eigenes Familienleben als erwachsener Mensch hat Schröder nach seinen eigenen Regeln gestaltet. Ähnlich wie in der Politik scherten ihn gesellschaftlicher Standard und Konvention nur wenig. Nun gehört er zu den 0,8 Prozent der Deutschen, die in vierter Ehe verheiratet sind. »Dabei soll es jetzt auch bleiben«, sagt Schröder und nimmt schmunzelnd Ehefrau Doris in den Arm, »da ist nun was geschafft.« Geschafft hatte er bis dahin, dass er für jeden neuen Lebensabschnitt eine neue Gefährtin fand. Stets war er es, der sich trennte.

1968 heiratete er seine Jugendfreundin Eva Schubach. Es war diese Ehe wohl eine Wagenburg gegen den Rest der Welt wie viele früh geschlossene Ehen. Zu seiner ersten Frau hat er heute kaum Kontakt. Nach seiner Wahl zum Kanzler allerdings meldete sich ihre Familie, weil Detektive bei ihr aufgekreuzt waren und in der Vergangenheit herumstöberten – offenbar auf der Suche nach pikanten Einzelheiten. Ohne Ergebnis. Von wem die Detektive angesetzt waren, hat die Familie nicht in Erfahrung bringen können. Vom politischen Gegner? Von der Boulevardpresse? Die Ehe wurde 1971 geschieden, nachdem Gerhard Schröder in einem neuen Leben angekommen war. Er studierte nach dem Abitur auf dem zweiten Bildungsweg mittlerweile in Göttingen Jura und engagierte sich bei den Jusos. Zu seinen innerparteilichen Gegnern gehörte die Studentin Anne Taschenmacher, die für das höhere Lehramt studierte. Aus den politischen Kontrahenten wurden 1972 Eheleute – Schröders zweite Ehe.

Das Studentenpaar paßte gut in die Zeit, die unruhig war und hochpolitisch. Die Verbindung überdauerte den Umzug nach Hannover, wo Anne als Lehrerin an die Schule ging und Gerhard als Referendar in die Kanzlei des renommierten Rechtsanwaltes

Werner Holtfort erste Erfahrungen als Rechtsanwalt sammelte. Sie überstand auch die turbulente Juso-Zeit, als Schröder sich an die Spitze des SPD-Jugendverbandes hochboxte und Anne das Familieneinkommen absicherte. Doch Anne blieb zurück, als Schröder zum nächsten Sprung ansetzte. Im Wahlkampf für sein Bundestagsmandat lernte er 1980 die SPD-Genossin Hiltrud Hampel näher kennen. Die hatte ihn schon ein Jahr zuvor heftig kritisiert, weil er in einem Arbeitsgerichtsverfahren den Deutschen Gewerkschaftsbund vertrat. »Hilu« fand, er hätte als linker Anwalt besser den Prozessgegner verteidigen sollen, einen ihrer Meinung nach entrechteten Arbeitnehmer. Schröder heiratete die kämpferische »Hilu« 1984. Die beiden sollten bis 1996 als das Traumpaar der politischen Klasse ein neugieriges Publikum faszinieren.

Das Rollenspiel in dem Duett blieb in all den Jahren so, wie es begonnen hatte: Schröder machte mit Erfolg pragmatische Politik, während »Hilu« mit der Emphase glühender Überzeugungen für ihre weiterreichenden Ideale stritt. Als Ministerpräsident arbeitete Schröder an einem Atomkompromiss, der den Energieunternehmen den weiteren Betrieb ihrer Atomkraftwerke auf Jahre ermöglichen würde. »Hilu«, die am liebsten immer »alles und sofort« wollte – so ein Slogan jener Jahre –, kümmerte sich um die verstrahlten Kinder von Tschernobyl. Schröder ließ sondieren, ob Tiertransporte auf gesetzlichem Wege eingeschränkt werden können. »Hilu« setzte sich in ihren VW-Golf und brauste zur nahe gelegenen Autobahn Hannover-Berlin, wenn die Polizei dort wieder einmal einen Transportlaster mit verendeten Tieren aufgebracht hatte. In das Büro der Staatskanzlei trug sie eines Tages eine Fledermaus mit gebrochenem Flügel. Ihren Ehemann forderte sie auf, endlich ein Gesetz zum Schutz der Fledermäuse auf den Weg zu bringen.

»Hilu«, eine niedersächsische Jeanne d`Arc der gequälten Kreatur, kämpfte gleichzeitig immer auch um ihren eigenen Bestand. Sie verstand sich als emanzipierte Frau. In der Ehe mit dem mächtigen Mann wollte sie sich »nicht unterbuttern lassen«, wie eine Freundin aus jenen Jahren erzählt. Sie habe nicht nur den Respekt verlangt. Sie habe auch den Erfolg ihres Mannes gern als Ergebnis ihres missionierenden Eifers gesehen. Sie platzte schon mal unangemeldet in sein Büro in der Staatskanzlei, wenn ihr die eigenen Angelegenheiten wichtig waren. Dann störte es sie scheinbar wenig, dass ihr Ehemann gerade politische Gespräche mit wichtigen Besuchern führte.

In dieser Rollenverteilung waren die beiden über Jahre heiß begehrte Stargäste in Talk- und Samstagabend-Shows des Fernsehens. Sie trug die Beziehung viele Jahre, weil sie echt war: die schöne Visionärin und der beinharte Pragmatiker. »Hilu« erweckte den Eindruck, sie arbeite stets daran, ihren Ehemann zu einem noch prinzipienfesteren Politiker umzumodeln. Schröder erfreute sich an seiner Frau, die glühend für ihre Überzeugungen focht. Ihretwegen ließ er sich sogar hin und wieder auf vegetarisches Essen ein. Schröder, den Kritik durchaus aufbaut, gestand gelegentlich, dass ihn »Hilu« davor bewahrt habe, »zu verkommen« – er meinte es wohl politisch. Doch eine solche Ehe kostet Kraft.

Freunde können sich nicht erinnern, dass »Hilu« ihren Mann je gelobt hätte. Stattdessen habe sie ihn häufig bedrängt. Häufiger, als ihm lieb gewesen sein konnte, verteidigte er sich gegen ihre Vorwürfe. Gegen Ende der Beziehung kam hinzu, dass Ehefrau Hiltrud zu einer wenig realistischen Einschätzung von ihrer eigenen Rolle gelangte. Zunehmend sah sie sich selbst als Politikerin. Das Zeug zur Ministerin habe sie allemal, erklärte sie. Eigentlich traue sie sich auch die Kanzlerschaft zu, ließ sie 1995 eine erstaunte Öffentlichkeit wissen.

»Hab ich nicht 'ne tolle Frau?«, fragte Schröder Freunde, wenn »Hilu« wieder einmal heftig mit ihm gerechtet hatte. Je länger die Beziehung andauerte, schien diese häufig gestellte Frage immer mehr die Bitte um Ermutigung zu enthalten, den kräftezehrenden Ehebund weiterzuführen. Freunde und Bekannte fühlten sich durch ihr »rigides und schroffes Auftreten verprellt«. Die Ehefrau habe dem Ministerpräsidenten zunehmend vorgeschrieben, mit wem sich das Paar treffen sollte, berichtet eine enge Mitarbeiterin Schröders aus hannoverscher Zeit: »Manche Kontakte hat sie für Gerd unmöglich gemacht.« Irgendwann war die Kraft, die dieser Beziehung innegewohnt hatte, aufgebraucht.

Anfang Januar 1996 traf Gerhard Schröder auf Doris Köpf, die damals für das Nachrichtenmagazin »Focus« schrieb. Die beiden kannten sich schon länger. Aber eine Affäre wurde erst jetzt daraus. Acht Wochen lang dauerte sie an, bevor Gerhard Schröder seiner Frau davon erzählte. Schröder sorgte sich, sein Traum, Kanzlerkandidat der SPD zu werden, könnte platzen. Würde ihm die Trennung von seiner dritten Frau politisch schaden? Besorgt fragte er seinen Hausdemoskopen Manfred Güllner. Der gab Entwarnung. Aber Schröder hätte sich auch ohne das Signal des Demoskopen von Ehefrau Hiltrud getrennt. Unter dem Druck, den ihm die extrem schwierig gewordene Ehe bereitete, hätte er die Belastungen, die vor ihm lagen, kaum verkraftet. Die Trennung war hässlich wie die erste Nacht nach der Beichte. Er verbrachte sie in seinem ungeheizten Büro in der hannoverschen Staatskanzlei, eingehüllt in seinen Wintermantel. Hiltrud Schröder klagte später, Schröder sei egoistisch, opportunistisch und nicht stark genug für sie. Sie bereue vehement, in der Nacht des Auszuges seine Sachen nicht in den Garten getragen, mit Rasenmäherbenzin übergossen und angezündet zu haben.

Der Rosenkrieg der Polit-Stars fesselte die Klatschpresse noch mehr als die Ehe. Die Scheidung gut sechs Monate später war kurz und teuer. Nur 24 Tage nach der Scheidung heiratete Gerhard Schröder Doris Köpf im Standesamt von Hannover.

## Frau Doris mischt sich ein

In Gegenwart Dritter sagt Doris Schröder-Köpf »mein Mann«, wenn sie von Gerhard Schröder spricht. In der Art, wie sie es sagt, erscheint das »mein« tatsächlich als besitzanzeigendes Fürwort. »Mein Mann« – da klingt vor allem Besitzerstolz mit. Aber auch Respekt und jede Menge Fürsorge. »Wie komplex die Arbeit meines Mannes ist, das kann sich kaum jemand vorstellen.«

Doris Schröder-Köpf ist nicht einfach die Ehefrau ihres Mannes. Sie empfindet eine Verantwortung, die weit über sich selbst, ihren Mann und die Familie hinausreicht. Wenn sie sich um ihren Mann sorgt, sorgt sie sich auch um die Partei, um die Regierung und das Land: »Er ist ja nicht nur mein Ehemann, er ist ja auch mein Parteivorsitzender und mein Kanzler.«

Den Traum von einem Familienleben mit Vater, Mutter, Kind hat Doris Schröder-Köpf in die Zukunft verschoben. Ohne Sicherheit, dass er sich jemals erfüllt. Fürs Erste kommt am Freitagabend nicht einfach der Ehemann nach Hause, sondern zugleich der Kanzler. Da geht es anders zu als in gewöhnlichen Familien. An Wochenenden erlebt sie ihn »oft nachdenklich und schweigsam«. Doch dann, auf einmal, treffe er Entscheidungen. Die sitzen dann, »sind unumstößlich«. Stolz vermittelt sie, wenn sie von ihrem Mann erzählt, aber immer auch Sorge. Was sie von dem Druck miterlebt, der auf ihrem Mann, dem Kanzler, lastet, reicht ihr schon: »Wenn am Wochenende in Hannover das Telefon klingelt, weiß man nie: Ruft eine Freundin meiner Tochter an, oder ist irgendwo eine Katastrophe passiert?«

Aber Jammern ist in der Familie verpönt. Schröder findet, dass er nicht gewählt worden ist, um sich anschließend über die Belastung zu beklagen. Hört sich wacker an. Aber hilft der Vorsatz über die Turbulenzen in einem Leben hinweg, in dem es keinen Alltag gibt? In dem der private Umzug in ein neues Haus zum öffentlichen Spektakel wird, an dem die Zeitungsleser und Fernsehzuschauer der ganzen Republik teilnehmen? Das von den Objektiven anonymer Fotoreporter ausgeleuchtet wird und das von Bodygards des Landeskriminalamtes rund um die Uhr geschützt werden muss?

»Für ein paar Jahre mache ich nun dies, das ist auch eine Erfahrung«, sagt Schröder-Köpf. Der vorwurfsvolle Hinweis, sie habe sich an der Seite Schröders eine eher traditionelle Rolle ausgesucht, belastet sie dagegen wenig: »Ich habe vorher 16 Jahre als Journalistin gearbeitet, war lange allein erziehend. Das war nicht immer einfach, aber ich hab's geschafft.« Nun sorgt sie dafür, dass er wenigstens zu Hause seine Ruhe hat. Doch ihr Ehrgeiz reicht weiter. Wie ihre Vorgängerinnen im Kanzleramt engagiert sie sich in einer Reihe von karitativen Organisationen. Im Kanzleramt steht ihr ein Büro in der Chefetage und eine Sekretärin zur Verfügung. »Frau D. S.-K.«, wie sie von den Beamten des Kanzleramtes genannt wird, geht es um weit mehr als nur um ein möglichst harmonisches Familienleben: »Ich will, dass mein Mann und diese Regierung Erfolg haben. Wenn ich dazu etwas beitragen kann, tue ich das gerne.«

Auf dem Nürnberger Parteitag der SPD im Winter 2001 sitzt sie in der ersten Reihe am Ehrentisch gleich neben Hans-Jochen Vogel und Herbert Ehrenberg, zwei Granden der Sozialdemokratie. Soeben hat Schröder seine große Parteitagsrede beendet; Schweiß steht ihm im geröteten Gesicht nach langem Kampf am Mikrofon; er atmet tief, während er den Blickkontakt zu seiner Frau sucht, die so heftig und ausdauernd klatscht wie sonst niemand.

Schröder steigt von der Bühne herab, es öffnet sich die Traube der Pressefotografen zum Spalier: Gerhard Schröder will in die Arme seiner Frau. Bis auf fünfzig Zentimeter rückt die Meute der Fotografen heran, als sich die beiden küssen. Die »Bild«-Zeitung wird ihrem Publikum tags darauf die Zärtlichkeit des Paares als Fotosequenz in Zehntelsekunden-Schritten präsentieren.

Kaum haben die beiden ihre Umarmung gelockert, fragt ein Mann vom Ersten Programm: »Wie haben Sie die Rede Ihres Mannes denn so gefunden?« – »Gut natürlich«, sagt die Kanzlergattin und zupft ihre Kostümjacke zurecht. Nun hat sie auch ihre Rolle wieder im Griff: »Wenn jetzt immer noch nicht klar ist, worum es der Regierung geht, dann werden wir wohl beim nächsten Mal eine zweistündige Rede zu hören bekommen«, schiebt sie als charmante Warnung an die Genossen hinterher. Die Frau zeigt nicht nur Herz für ihren Mann, sondern auch für seine Politik.

Doris kämpft, unübersehbar. Eine zentrale Botschaft will sie unters Volk tragen: »Es gibt keinen in Deutschland, der das so gut macht wie er. Das können andere nicht. Er ist tausend Mal besser.« Der Deutsche Meister der Politik. Und sie ist seine Frau.

Am Tag zuvor, beim Presseabend, wo sich die Parteispitze bei Rotwein und fränkischen Würstchen ungezwungener als üblich den Journalisten zum informellen Gespräch stellen sollte, hatte sie Heribert Prantl in einer Gruppe von Journalisten entdeckt, den Innenpolitik-Chef der »Süddeutschen Zeitung«. Prantl hatte die Regierung Schröder zuvor heftig gerügt, weil er bei der rotgrünen Regierung das Rote und das Grüne vermisste. Jetzt nahm sich die Kanzlergattin den kritischen Journalisten vor, von dem sie mehr Zuspruch erwartet hatte. Die beiden kennen sich schon lange.

Sofort bildete sich eine Traube von Neugierigen um die beiden. Schröder-Köpf kritisierte den Kritiker, Prantl hielt an seinem Standpunkt fest. Das zog sich hin. Ihr Mann, der Bundeskanzler, saß derweil mit einigen Vertrauten an einem Tisch nicht weit entfernt. Er wollte nach allem Geplapper des Parteitages seine Ruhe haben. »Doris, komm. Woll'n bald ins Hotel«, rief er seiner Frau zu, die immer noch mit Prantl rechtete. »Moment noch«, winkte die ab und ließ ihre rechte Hand zu einem neuen Argument in die Luft fahren. Schröder schaute abgekämpft in die Runde und freute sich: »Toll, was? Wie die kämpft!« Hätte er den Namen »Löwe« nicht längst an seine Mutter vergeben – er hätte ihn wohl seiner Frau verliehen.

Wie eine Wildkatze hat sie gefaucht, als die CDU ihren Mann im Januar 2001 auf einem viel umstrittenen Plakat als »Rentenverbrecher« vorführte, mit schwarz-weißen Fahndungsfotos wie aus der Verbrecherkartei. Gerhard Schröder hätte die Schmähung verärgert, aber unkommentiert hingenommen; er hat schon zu viel Gram geschluckt, um sich leicht provozieren zu lassen. Statt seiner empörte sich – ohne vorherige Absprache mit ihrem Mann – Ehefrau Doris öffentlich: »Hier ist eine Grenze klar überschritten. Das Plakat muss weg«, forderte sie in einem Fernsehinterview. Eine politische Intervention? Das Publikum sah eine Ehefrau, die um das Ansehen ihres Mannes kämpfte.

Es ist drei Uhr am Nachmittag. Der Presseauftrieb nach der großen Parteitagsrede von Gerhard Schröder hat sich gelegt. Doris braucht eine Pause, außerdem hat sie Hunger. Seit dem Frühstück im Hotel hat sie nichts mehr gegessen. Die Debatte plätschert belanglos vor sich hin, der Kanzler und Parteivorsitzende ruht sich mäßig interessiert auf seinem Spitzenplatz am Vorstandstisch auf der Bühne von seinem schweißtreibenden Auftritt aus. Doris verlässt die Parteitagshalle in Richtung Raum »Mailand«, wo separat das temporäre Büro des Kanzlers und Parteivorsitzenden untergebracht ist: Ein kleiner Salon, Sekretariat, Arbeitszimmer mit Fernseher.

Doris setzt sich zu Sigrid Krampitz und Thomas Steg an einen kleinen Tisch im Arbeitszimmer. Die Besatzung des Berliner Kanzlerbüros redigiert neue Redetexte des Kanzlers und feilt an Presseerklärungen; das Fax spuckt bereits die ersten Reaktionen auf die Rede des Parteivorsitzenden als Tickermeldung aus. Was drunten im Saal passiert, können Schröders Leute hier live auf einem TV-Bildschirm verfolgen.

Der Raum ist überheizt und überhaupt zu eng und zu laut, um sich darin zu entspannen. Doris könnte sich auch in der weit bequemeren Kanzler-Lounge ausruhen, doch sie bleibt hier, bei den Mitarbeitern ihres Mannes. Bei einem Service-Mann mit Schnauzbart, der die Kanzler-Truppe mit Essen und Getränken versorgt, bestellt sie sich »ein Paar Würst'l mit Kraut, bitte«. Dann schaltet sie ab. Nichts sagen, nichts denken. Ruhepause. Die währt genau so lange, bis die Rostbratwürstel kommen. Mit Heißhunger greift sie zu Messer und Gabel, die ersten Bissen verschwinden im Mund – und bleiben dort sogleich wieder stecken. Am Fernseher sieht sie, wie der Stargast des Parteitages, der englische Premier Tony Blair, soeben den Saal betritt. Warmer Beifall der Delegierten, Kameraschwenk über den Saal. »Das kann doch nicht wahr sein!«, ruft Doris, lässt Messer und Gabel fallen, fährt sich mit der Serviette über den Mund und hastet Richtung Tür. »Da kommt der Tony in den Saal, und die Leut' bleiben sitzen. Das kann doch nicht wahr sein!« Sie pfeffert die Serviette auf einen Stuhl im Flur und eilt hinunter in die Halle. »Zu unhöflich« findet sie, dass sich die Delegierten nicht zu Ehren ihres berühmten Gastes erhoben haben. Unten im Saal pflanzt sie sich sogleich auf ihren Stammplatz in der ersten Reihe.

Tony Blair hat mittlerweile zu reden begonnen. Und in der Art, wie er es tut, verschafft er sich schnell den Respekt des Saales mit eigener Hilfe. So überzeugend tritt er auf, dass sich die Genossen am Ende seiner Rede schließlich ganz von selbst zu »standing ovations« erheben. Niemand musste sie auffordern. Doris strahlt wie die Mutter der Kompanie.

Gerhard Schröder nennt das Kanzleramt gern seinen »Laden« – vielleicht eine Reminiszenz an die Lehrzeit, als er im Einzelhandelsgeschäft von August Brand in Lemgo Porzellan verkaufte. Manchmal, wenn er größere politische Kreise zieht, meint er mit seinem »Laden« auch seine Regierung, auf internationalen Konferenzen sogar die ganze Republik, die er vertritt. Doris passt nach Kräften auf, dass in Schröders Laden wenigstens die Auslage in Ordnung ist.

Im Bankettsaal des neuen Kanzleramtes hat sie die Farben und die Möbel ausgesucht. Bei Staatsempfängen kontrolliert sie, ob die Servietten richtig gefaltet und die Blumen ansehnlich arrangiert sind. Schröder bat sie, einen Blick auf die Neujahrsansprache zu werfen, die er an Silvester 2001 halten wollte. Sie vertiefte sich in das Manuskript und riet ihm: »Du musst mit dem Euro anfangen. Das ist doch ein epochaler Einschnitt« und schrieb den Anfang der Rede um. Er fand die Idee »toll« und trug das Manuskript schließlich in der Version seiner Frau vor.

Vor Staatsbesuchen prägt sie sich Daten aus Dossiers des Kanzleramtes ein, um wenigstens beim Damenprogramm sachkundig zu fragen und Auskunft zu geben. In Peking ließ sie sich von Frau Lao An, der Gattin des chinesischen Ministerpräsidenten Zhu Rongji, durch die Verbotene Stadt führen. Das meiste, was sie hier erfuhr, kannte sie schon aus den Unterlagen, die sie auf dem Flug in den Fernen Osten studiert hatte. Neu war ihr allerdings, dass es die höchste Tugend der chinesischen Kaiserin war, nichts zu tun. »Da leben wir heute in etwas anderen Zeiten«, lacht sie auf. Ob sie die chinesische Kaiserin darum beneidet? Untätig ist sie auch in ihrer selbstgewählten Abwesenheit vom erlernten Beruf nicht. Gelegentlich nimmt sie ihrem Mann sogar in der Politik was ab.

Soll der Kanzler fordern, dass die Kampfhunde verschwinden müssen? Was würden die Tierschützer sagen? Da gerät selbst ein Populärer schnell ins Abseits. Da langt sie, die gelernte Journalistin, selbst hin und schreibt einen Kommentar für die »Bild«-Zeitung: »Freiheit für die Kinder oder für Kampfhunde? Deutschland muss sich entscheiden!« Soll der Kanzler sagen, dass es mit der Erziehung der Kinder so nicht weitergehen kann? Doris Schröder-Köpf findet, dass sie als Mutter eines leiblichen Kindes dazu auch etwas zu sagen hat. Wiederum über die Boulevardpresse fordert sie eine Erziehung zu mehr »Pflichtbewusstsein, Fleiß, Aufrichtigkeit, Hilfsbereitschaft, Verlässlichkeit, Anstand, richtigem Benehmen«. Waren da nicht einige von jenen Tugenden dabei, die Schröders Genosse Oskar Lafontaine unter dem Jubel großer Teile seiner Partei damals als »Sekundartugenden« verspottet hatte, die allein nicht viel taugten, weil man mit ihnen auch ein KZ führen könne? Mutter Doris lässt das nicht gelten. »Das sind keine konservativen Werte. Diese Einteilung ist unvernünftig. Ich meine, ich bin ja auch Mutter. Ich weiß schon, wovon ich spreche.«

Doris Schröder-Köpf mischt sich ein. Sie tut es nicht zufällig über die Boulevardzeitungen: Dort liegt ihre publizistische Heimat. Sie hat für den Kölner »Express« geschrieben und für die »Bild«-Zeitung, bevor sie zum »Focus« ging. »Sie macht vielleicht zu viel mit dem Boulevard«, sagt der Münchner Publizist Herbert Riehl-Heyse, der sie sonst gut leiden kann. Und sie mischt sich bei Themen ein, die zu weich sind für die harten Themen der Politik, um die sich ihr Mann für gewöhnlich zu kümmern hat. Zufall?

Durch ihre Interventionen im populären Milieu hat sie sich den Ruf erworben, über einen gesunden Menschenverstand zu verfügen, mit dem sie sich um Themen kümmere, die eher den einfachen Menschen auf den Nägeln brennen. Politisch hat sie sich rechts von Gerhard Schröder eingerichtet; doch die politische Einordnung würde ihre öffentliche Wirkung nur unzureichend beschreiben. Als »Ministerin für Geborgenheit« hat sie die »taz« verspottet, als »Seelchen fürs Soziale« ihr ehemaliges Blatt »Focus«. Damit fügt sie dem Wesen des Kanzlers eine Farbe hinzu, über die er selbst nicht verfügt.

Ihr Mann, der Kanzler, profitiert noch auf andere Weise von seiner vierten, zwanzig Jahre jüngeren Ehefrau. Sie ist sein Kummerkasten und sein Resonanzboden. Immer mehr wird sie auch zu seiner obersten Imagepflegerin, seine einflussreiche Ratgeberin ist sie schon lange. In all diesen Besetzungen ist sie immer unabkömmlicher geworden für den Mann, dessen Lebensweg und dessen Amt dazu verführen, durch die kruden Gepflogenheiten und Gesetzmäßigkeiten der politischen Kaste den Sinn für den normalen Umgang mit Menschen zu verlieren.

Sie nimmt die Alltagserfahrungen auf, die er nicht mehr machen kann. Sie spricht mit dem Metzger, der Lehrerin, der Nachbarin und der Edeka-Verkäuferin von gegenüber. Sie kennt im Unterschied zu Schröder das Alltagsleben und versucht ihm eine Bodenhaftung zu geben, die er sonst nicht hätte. Sie ist sein Geländer durch den Tag. Mehrmals am Tag telefonieren die beiden miteinander. Schröder-Köpf weiß um ihren eminenten Einfluss, doch sie spielt ihre politische Bedeutung herunter: »Ich sage ihm meine Meinung, er entscheidet.« Keine Kanzlergattin war einflussreicher.

Auf dem Parteitag in Nürnberg hat Schröder seinen britischen Kollegen Tony Blair nach dessen mitreißender Rede auf ein Glas Champagner in seine rot-schwarz gelederte Lounge »Mailand« gebeten. Unter der vielköpfigen Entourage Blairs entbrennt ein erstaunlich erbitterter Fight darum, wer am Privatissimum des

Premiers mit dem Kanzler teilnehmen darf. Viele müssen draußen bleiben. Doris darf – natürlich – mit rein. Mit Tony Blair kann sie sich ohne Übersetzer unterhalten, ihr Englisch ist vorzüglich. Die Schröders und die Blairs kennen sich seit 1999, als sie sich am Rande des Weltwirtschaftsgipfels in Köln mehrmals trafen.

Gut eine Stunde später bricht »Tony« mitsamt der vielköpfigen Begleitung auf. Schröder verbleibt für einen Moment allein in seiner Lounge. Kurze Verschnaufpause. Ein, zwei Telefonate. Viel zu erzählen hat er offenbar nicht. Nach knapp zehn Minuten schaut er in das Arbeitszimmer, in dem außer Ehefrau Doris noch Steg, Krampitz und Schröders persönlicher Referent Guido Schmitz zusammenhocken. »Warum kommst du nicht rüber?«, fragt er seine Frau. »Gern«, sagt die, »wenn ich nicht störe.« Schröder verschlägt es für einen kurzen Moment die Sprache. So viel Rücksichtnahme erstaunt ihn scheinbar selbst nach sechs Ehejahren noch immer. Doris bestellt sich erneut »ein Paar Nürnberger Rostbratwürst'l auf Kraut, bitte«.


## Hannover


Doris Schröder-Köpf hat Tochter Klara mit in die Ehe gebracht, die aus einer früheren Beziehung stammt. Das Mädchen, das 1991 in New York geboren wurde, ist einer der Gründe, warum die Familie sich entschlossen hat, nach der Wahl Schröders zum Kanzler in Hannover zu bleiben, wo er seit 1977 lebt. Klara wird konsequent von der Öffentlichkeit abgeschirmt, kaum ein Journalist bekommt sie zu sehen. Mutter Doris wacht akribisch darüber, dass Einzelheiten aus ihrem Leben nicht an die Öffentlichkeit dringen.

Hier in Hannover kann das Mädchen natürlicher aufwachsen, als es im nervösen, neugierigen Berlin möglich wäre. Hier hat Klara ihre Freundinnen, ihren Reitclub, die gewohnten Wege. An die Bodygards hat sie sich mittlerweile fast gewöhnt. Fotografen und TV-Sender sind der Bitte ihrer Mutter bisher gefolgt, das Mädchen nicht abzulichten. Der Umzug der Schröders in das eigene Haus im Hindenburg-Viertel wurde im Winter 2001 zum Medienspektakel. Seitdem sind die Sicherheitsvorkehrungen noch strammer und das Überwachungsnetz um die Familie Schröder-

Köpf noch dichter. Dennoch: Der Lebensmittelpunkt der Familie bleibt Hannover.

Eine Zeit lang hatten der Kanzler und seine Frau mit dem Gedanken gespielt, nach Berlin zu ziehen. Im Sommer nach dem Regierungsumzug waren sie gelegentlich über den Kurfürstendamm oder durch Berlins neue Mitte geschlendert. Doch das lebhafte, neugierige Berlin hätte wohl selbst die Wochenenden der Kanzlerfamilie zum unablässigen Schaulaufen gemacht. Erste einschlägige Erfahrungen hatte Ehefrau Doris schnell gesammelt. Eine Berliner Boulevardzeitung berichtete, sie hätte in Berlin einen Secondhand-Laden aufgesucht – auf der Suche nach einem Schnäppchen, wie sie es stets getan hätte an ihrem damaligen Wohnort New York. In gespielter Empörung machte sich das Blatt über die »First Lady« her, die sich weit gewöhnlicher benehme, als es ihrer Position angemessen sei. Die gelernte Journalistin Doris Schröder-Köpf, war nicht nur über die Tendenz der Story verärgert: »Der ganze Bericht war frei erfunden«, sagt sie, »nicht ein einziges Wort wahr.«

Berlin machte es den Schröders nicht einfach: Wo immer sie sich in der Öffentlichkeit bewegten – stets waren sie umringt von einer Traube von aufgeregten Menschen, die Hände schütteln, ein Autogramm abgreifen oder den Kanzler mal am Ärmel fassen wollten, darunter viele Touristen. »Es ging nicht«, sagt Doris Schröder-Köpf, »das wäre kein Leben gewesen.«

In Hannover, Expo-Stadt und bespöttelte Leinemetropole (»Nichts ist doofer als Hannover«), können die Schröders weitgehend unbehelligt durch die Stadt schlendern. Kaum jemand dreht sich nach ihnen um – es sei denn, Passanten möchten mal einen Blick auf »seine Neue« werfen. Aber auch diese Blicke werden seltener – denn die Neue ist ja nun auch schon seit einigen Jahren seine Angestammte. Bei Dietmar Althoff im Café Kröpcke nehmen sie Kaffee und Wasser – Klara eine Cola light. Hier, in den Geschäften der Innenstadt rund um den Zentralplatz Kröpcke und an der Marktkirche kauft Schröder seine Anzüge und Krawatten. Beim Bummel durch die Stadt trifft das Paar auf Bekannte. Die halten mit »Gerd und Doris« einen Schwatz, während Klara sich ein wenig langweilt und eigentlich viel lieber reiten würde.

Samstags gegen halb zwei, wenn die Einkäufe erledigt sind,

treffen sich die Schröders mit Bekannten und Freunden in einem Lokal nahe dem Alten Rathaus zu einer Art Stammtisch. Irgendwer ist immer da. Götz von Fromberg beispielsweise, Schröders alter Kumpel, samt Ehefrau Tina. Die Runde klönt über den aktuellen Tabellenstand von Hannover 96 und die Pleite einer alteingesessenen Firma am Orte. Möglichst keine Politik, nicht auch noch am Wochenende. Gerhard Schröder hört zu. Viel sagt er nicht, hier möchte er mal aufschnappen, was im richtigen Leben so läuft. Hier in Hannover, weitab von Politik und Medienrummel, gibt es für den Kanzler Reste von Normalität in seinem Leben.

Im Sommer lassen sich die drei Schröders beim »Schorsenbummel« sehen, dem Straßenfest an der Georgstraße. Beim populären Jazz-Fest im Freien haben sie auch schon zugehört. Im Winter Glühwein auf dem Weihnachtsmarkt an der Marktkirche. Hier in Hannover arrangiert Doris Schröder-Köpf für einige Tage im Jahr die Art Familienleben, die sie sich immer gewünscht hat: Vater, Mutter, Kind und viel Zeit für Nichtstun. Für den Zoo, der unweit vom Wohnhaus der Schröders am Stadtwald Eilenriede liegt, besitzt die Familie eine Jahreskarte.

Dass das unbehelligte Leben hier noch möglich ist, liegt an Hannover und an Gerhard Schröder gleichermaßen. Seit rund dreißig Jahren gehört er zum gewohnten Stadtbild. Jetzt, wo er Kanzler der Bundesrepublik Deutschland ist, ist er in Hannover deswegen noch lange keine Sensation. Nun hat er zwar ein paar Leibwächter mehr in seiner Begleitung. Doch die werden als solche oft gar nicht wahrgenommen, weil sie ihn unauffällig und aus einigem Abstand absichern. Schröder benimmt sich in Hannover wie ein normaler Bürger der Stadt. Er erwartet von seinen Hannoveranern keine Ehrerbietung, mit der kann er ohnehin nur wenig anfangen. Auch auf formelle Bewunderung, steife Beweise öffentlicher Zuneigung und auf Extrawürste kann er als Privatmann verzichten. Das trifft sich gut, denn sonst hätten die Hannoveraner ein Problem. »Der soll mal nicht so dicke tun«, wäre unweigerlich der Kommentar der Hannoveraner, würde Schröder mehr verlangen, als einfach nur in Ruhe gelassen zu werden.

Der Calenberger Menschenschlag, der Hannover bevölkert, ist ausgesprochen sachlich, vernünftig und dröge. In der hannoverschen Volksseele mischen sich norddeutsche Gradlinigkeit, karger

Protestantismus und die gutmenschliche Sozialdemokratie des Nordens zu einer Perfektion der Unaufgeregtheit, die temperamentvolle Menschen gelegentlich verzweifeln lässt. Die ortsübliche Diskretion ist nicht nur auf gute Erziehung zurückzuführen. Hannovers Grundprinzip für alle Fälle und Lebenslagen ist die Bedächtigkeit. Die Stadt schlägt nicht aus, nicht nach links und nicht nach rechts, nicht nach oben und nicht nach unten. Ihr Maß ist die exakte Mitte. Wer sich in Hannover für etwas Besonderes hält, wird abgestraft. Wer den Kopf zu weit aus dem Fenster streckt, muss um ihn fürchten. Wer zu viel Gefühl verströmt oder einfordert, der vereinsamt schnell – denn er macht sich verdächtig.

Hat man Erfolg, führt man ihn besser nicht vor. Kommt man zu Geld, tut man gut daran, es nicht zu zeigen. Folgt man jedoch dem Comment der Stadt oder schätzt man es gar, dann ist Hannover eine Stadt, in der sich leben lässt. Vor allem: Diese Stadt lässt einen vollständig in Ruhe. Man muss nur in Kauf nehmen können, dass sie auch nicht aufregt. In Hannover kann man unbehelligt leben. Genau so machen es die Schröders, genau so wollen sie es – gegenwärtig jedenfalls.

Klara geht hier öffentlich unbeachtet zur Schule. Doris ohne Pressetamtam zu ihrem Stammfriseur. Nur beim Schlachter um die Ecke wird sie beim Schnitzelkauf schon mal gefragt:»Ach, Ihr Mann kommt wohl am Wochenende nach Hause?« Bei Lino im »Roma« an der Goethestraße ist Schröder seit zwanzig Jahren Stammgast. Nicht im Traum würde Lino einfallen, einen Fotografen anzurufen, nur weil der Kanzler gerade bei ihm Lammschulter und Rucola-Salat verzehrt. Schröder spielt gelegentlich Tennis – mal in einem Club in Herrenhausen, mal in Hemmingen, je nachdem, wo gerade eine Halle frei ist. Die Freunde sind unpolitisch, die Bekanntschaften sind es auch.»Das ist ja gerade das Schöne«, sagt Schröders Freund Götz von Fromberg, ein Anwalt.»Politik hat er doch ständig um die Ohren. Hier kriegt er was anderes zu hören. Das braucht er doch auch.« Frombergs Frau Tina erzählt, dass Schröder im vergangenen Oktober eigens voll Mitgefühl aus Neu-Delhi angerufen hat, als Frombergs Schäferhündin Reina im Sterben lag.»Mit der hat er sich prima vertragen in der Zeit, als er bei uns gewohnt hat. Damals, als er bei Hilu ausgezogen ist und bei uns vorübergehend eine Bleibe gefunden hat.«

Doris, die in einem 800-Seelen-Dorf bei Augsburg aufwuchs, kann sich mittlerweile vorstellen, hier im spröden Norden den Rest des Lebens zu verbringen. Ihr bietet die niedersächsische Landeshauptstadt alles, was sie von einer mittleren deutschen Großstadt erwartet – Oper, Theater, Museen, Galerien und vor allem Ruhe. Gerhard Schröder allerdings würde später gern in den Breisgau ziehen, nach Freiburg etwa. Dort sei nicht nur das Wetter besser als in der norddeutschen Tiefebene. Die Menschen seien da »gemütlicher als anderswo«. Das könnte daran liegen, dass die Weine dort »sehr passabel«, das »Essen vorzüglich« und »Frankreich nah« sei – »das alles kann versöhnlich stimmen«, schmunzelt der Genussmensch Schröder.

Doch mittlerweile kann Schröder in seiner politischen Heimat Hannover sogar gelegentlich die Vereinsmeierei ertragen, die das Amt des Parteivorsitzenden der SPD mit sich bringt. Als Egon Kuhn 2001 im hannoverschen »Magazin« seinen siebzigsten Geburtstag feierte, kreuzte er mit Doris auf. Kuhn hatte sich während Schröders rebellischer Juso-Zeit in der »Stamokap«-Fraktion am linken Rand der SPD heimisch gefühlt. Für Kuhn galt Schröder damals als »Schleimer«. Mittlerweile mögen sich die beiden alten Kontrahenten. An Kuhns Geburtstag lagen sie sich tatsächlich in den Armen. Es spielten, wie in alten Zeiten, die linken Liedermacher Hannes Wader und Franz Josef Degenhardt auf. Schröder verzichtete aufs Mitsingen, »aus Ehrfurcht vor der Werktreue. Ich wollte auch den Saal nicht leer singen.«

## Geld

Es gab Situationen, in denen hat Gerhard Schröder darüber nachgedacht, aus der Politik auszusteigen. Wenn er 1990 auch im zweiten Anlauf die Wahl gegen den damaligen niedersächsischen Ministerpräsidenten Ernst Albrecht verloren hätte – er hätte seine politische Karriere beendet. Damals war er 46 Jahre alt. Hätte er 1998 die Kanzlerwahl nicht gewonnen, hätte er der Politik den Rücken gekehrt – behauptet er jedenfalls. Auch zwischendurch, wenn er mal wieder politikverdrossen war, hat er mit dem Gedanken gespielt, alles hinzuschmeißen. In solchen Momenten, so sagt Schröder, habe ihn stets beruhigt, dass er »einen ordentlichen Beruf gelernt« habe. Seit 1976 besitzt er eine Zulassung als Rechtsanwalt. Spektakuläre Auftritte vor Gericht haben seinerzeit erkennen lassen, dass er auch als Anwalt Karriere gemacht hätte. »Mit meinen Kenntnissen, mit meinem Durchsetzungsvermögen, das hätte schon geklappt«, sagt Schröder.

Mehr Reize als selbst die Aussicht auf eine steile Anwaltskarriere bot ihm die Politik. Aufstieg, gesellschaftliches Ansehen, Macht und die Möglichkeit, die Erfolge stets stolz öffentlich vorzeigen können – als Anwalt wäre die Bühne für so viel Lust auf Triumph erheblich bescheidener ausgefallen. Mehr als ein Gedankenspiel in müden Phasen war die Anwaltskarriere nicht. Insofern lebt Gerhard Schröder mit seinem Lebensweg in Frieden. Nur eines fehlte ihm gelegentlich zum Glück: mehr Geld.

»Wenn es mir ums Geld gegangen wäre, dann wäre ich nicht in die Politik gegangen«, sagt Schröder, und niemand widerspricht. Er weiß ja, was seine Gesprächspartner aus der Wirtschaft verdienen. DaimlerChrysler-Chef Jürgen Schrempp trägt rund sechs Millionen Euro im Jahr nach Haus. Rolf E. Breuer, der Chef der Deutschen Bank, verbucht privat rund acht Millionen Euro per anno, und selbst Hartmut Mehdorn, der Chef der hochdefizitären Deutschen Bahn AG, streicht im Jahr mehr als 750 000 Euro ein. Da verdient der Kanzler mit gut 250 000 Euro im Jahr vergleichsweise bescheiden. Das Ausmaß an Verantwortung und Stress in seinem Job wird kaum geringer sein als bei den Wirtschaftslenkern.

Schröder sagt: »Ich bin unfähig zum Neid.« Freunde und Bekannte bestätigen diesen – seltenen – Charakterzug. Doch wenn Schröder seinen hannoverschen Freund Götz von Fromberg mit dem flapsigen Spruch: »Hier kommt der reichste Anwalt von Niedersachsen« begrüßt, dann schimmert durch, dass ihm zumindest die Vorstellung von einem besser gepolsterten Leben gelegentlich durch den Kopf schießt.

Mit seinen privaten Finanzen hatte Gerhard Schröder keine besonders glückliche Hand. Das fiel ihm selbst spätestens bei den Scheidungen schmerzlich auf. Stets sei er mit seinen Ex-Frauen »gut auseinander gekommen«, sagt Schröder. Aber verlustreich waren die Trennungen für ihn gleichwohl. Das private Konto der Schröders war am Ende der 13-jährigen Ehe mit Hiltrud nicht eben prall gefüllt. Neben dem finanziellen Verlust schmerzte den

Kunstfreund Schröder, dass er auch Bilder und Zeichnungen geschätzter Künstler bei seiner Ex-Frau zurücklassen musste. Die Klatschpresse weidete sich an pikanten Details des Rosenkrieges. Die Schröders hätten deutlich über ihre Verhältnisse gelebt, berichteten Freunde. Für Kleidung von »Hilu« und andere Extravaganzen sei das Konto jährlich um einige zehntausend Mark überzogen worden, wollte damals die Presse herausgefunden haben. Als Ministerpräsident verdiente Schröder rund 26 000 Mark brutto im Monat. Gut 4000 Mark davon gingen allein für den Kredit drauf, den sie für ihr Haus in Immensen aufgenommen hatten.

Schröder wollte die Scheidung 1997 möglichst schnell und reibungslos. Der Voyeurismus der Medien strapazierte die Nerven, die mögliche Kanzlerkandidatenkür nahte. Die neue Lebensgefährtin Doris Köpf, die ohnehin nur 45 Kilogramm wog, litt sichtlich. Sie nahm unter dem öffentlichen Kreuzfeuer der Presse noch einmal ein paar Pfund ab. Rund sechs Monate nach der Trennung von Tisch und Bett stand die Scheidungsvereinbarung des einstigen Traumpaares »Gerd und Hilu«. Schröder übernahm die Kosten für den Scheidungsanwalt seiner Ex-Frau – rund 11 000 Mark. Darüber hinaus zahlte er ihr mehr als 100 000 Mark als Ausgleich für verzinstes Erbe. Zudem hat Hiltrud Schröder Anspruch auf die halbe Pension, die in den gemeinsamen rund 13 Ehejahren erworben wurden – rund 5500 Mark im Monat. Das gemeinsame Haus in Immensen bei Hannover gehört jetzt ihr.

Auch zum Unterhalt seiner geschiedenen Frau erklärte sich Schröder bereit. Er wird allerdings nur fällig, wenn sie arbeitsunfähig werden sollte – etwa wegen Krankheit. Hiltrud fand auf der Suche nach einem Einkommen einen Verlag, der ihr Ehebewältigungsbuch »Auf eigenen Füßen« veröffentlichte. Das sechsstellige Honorar wurde nicht als Zugewinn der Ehe berechnet. Für Hiltrud, die keinen Beruf erlernt hatte, war das ein Startgeld in ihr neues Leben.

Nach der Trennung von »Hilu« war Gerhard Schröder froh, als Ministerpräsident über eine Freifahrkarte der Bahn zu verfügen, die ihm als Mitglied des Bundesrates zustand. Für regelmäßige Flüge nach München zu Doris Köpf hätte ihm das Geld gefehlt. Besuchte ihn Doris Köpf in Hannover, löste sie ein Bahnticket zweiter Klasse. Schröder war finanziell klamm, zumal er auch seine Mutter finanziell unterstützt, die nur eine schmale Rente bezieht. Die Lage hat sich entspannt, seit Schröder Kanzler ist.

Doch es war nicht nur der Bescheidenheit geschuldet, dass die Familie Schröder-Köpf bis vor kurzem in Hannover in einer Dreizimmerwohnung wohnte, die Putzfrau nur einmal in der Woche kam und Ehefrau Doris neben allen öffentlichen Verpflichtungen selbst einkaufte, kochte und bügelte. Doppelverdiener sind die Schröders nicht. Doris Schröder-Köpf hat ihren Beruf als Journalistin auch deshalb aufgegeben, weil ihre diversen Engagements in karitativen Organisationen und die offiziellen Aufgaben einer Kanzlergattin sonst nicht zu schaffen wären. »Ich begreife die Bezahlung meines Mannes als Bezahlung für uns beide«, sagt Schröder-Köpf.

Beim privaten Umgang mit öffentlichem Geld hat Schröder offenbar besser aufgepasst. Er kam in Niedersachsen an die Macht, nachdem sich Mitglieder der Regierung Albrecht in diverse Händel und Affären verstrickt hatten. CDU-Innenminister Wilfried Hasselmann trat zurück, nachdem ihm nachgewiesen worden war, dass er von hannoverschen Kasino-Betreibern einen Goldjeton und eine Geldspende angenommen hatte. Auch anderswo endeten Karrieren jäh, weil sich Politiker an öffentlichem oder privatem Geld oder mit allfälligen Annehmlichkeiten unzulässig bereichert hatten. »An so was werde ich nicht scheitern«, sagte Schröder zu Beginn seiner Karriere in Niedersachsen zu sich und seinen Mitarbeitern und wies sie an, sorgsam darauf zu achten, dass er sich im Amt pekuniär nach den Vorschriften verhält. Tatsächlich konnte ihm eine Regelverletzung bisher nie nachgewiesen werden. »Da war nichts, und da ist nichts«, sagt Schröder.

Der politisch tugendhafte Umgang mit der Ausstattung eines privilegierten Politikerlebens macht die Schröders womöglich zufrieden. Glücklich macht er sie nicht immer. Das liegt daran, dass auch die Kanzlerfamilie in einer Falle steckt, die sich die politische Klasse hier zu Lande selbst gestellt hat.

Dass Politiker – auch solche, die hohe Verantwortung tragen – keinerlei Privilegien in Anspruch nehmen, gilt hier zu Lande als Beleg für demokratische Reife. Ist es die berüchtigte deutsche Akkuratesse, ist es der schiere Neid oder das berüchtigte kleine

Karo der Wahrnehmung durch die deutsche Spießerbrille? Unnachsichtig jedenfalls fallen Politiker aller Couleur – im Verein mit einer sich hochmoralisch gebärdenden Presse – über den jeweiligen politischen Gegner her, der Privilegien, die ein politisches Amt zwangsläufig mit sich bringt, für sich in Anspruch nimmt.

So wurden etwa die Flugbereitschaft der Bundeswehr, Dienstwohnungen und Dienstwagen zu Dauerthemen in Presse und Parlament. Am – vorläufigen – Ende der oft scheinheiligen öffentlichen Aufwallung ist dabei in schöner deutscher Regelungswut ein engmaschiges Gitterwerk an Vorschriften entstanden, mit dem sich Politiker selbst das Leben schwer machen. Ihre europäischen Kollegen amüsieren sich bei Gelegenheit über die teutonischen Gewohnheiten.

Sicherheits- und finanzielle Bestimmungen, die nur schwer nachvollziehbar sind, führen dazu, dass die Schröders meist getrennt verreisen. Als Kanzler sollte Schröder bei Flügen – etwa in den Urlaub – kein Linien- oder Charterflugzeug benutzen. Die Begründung der Sicherheitsleute: Er würde als höchst gefährdete Person die normalen Passagiere einer unzumutbaren Gefährdung aussetzen. Schröder muss deshalb für Urlaubsflüge den zweistrahligen Challenger-Jet der Bundeswehr-Flugbereitschaft benutzen. Als die Familie zum Jahreswechsel 1998/99 im spanischen Marbella Urlaub machte, flogen darin auch Ehefrau Doris, Tochter Klara und die Schwiegermutter mit. Zumal sich der Kanzler und sein spanischer Kollege José Aznar treffen wollten – zu einem Abendessen mit Damen.

Vorab war klar, dass das Bundesamt für Wehrverwaltung den Flug der weiblichen Mitglieder der Familie Schröder-Köpf in Rechnung stellen wurde. Doch die Schröders staunten nicht schlecht, als sie die Rechnung in Händen hielten: Für die Ehefrau, Tochter und Schwiegermutter berechnete die Verwaltung rund 8000 Mark Flugkosten. Getränke, Snacks und Kekse mussten extra bezahlt werden.

Die Wehrverwaltung hatte bei der Preisgestaltung die so genannten IATA-Tarife zu Grunde gelegt. Diese internationalen Tarife reichen die Fluggesellschaften normalerweise nicht an ihre Kunden weiter, sondern unterschreiten sie teilweise erheblich. Doch für die Wehrverwaltung bilden sie die Berechnungsgrundlage; multipliziert mit so genannten nautischen Meilen ermittelte sie so den stolzen Preis für den Flug nach Südspanien.

Dass die Schröders dort auch in Regierungsgeschäften unterwegs waren, minderte den Preis nicht. Dass die Flugkosten auch angefallen wären, wenn die Familie nicht mitgereist wäre, spielte für die Bundeswehrverwaltung ebenfalls keine Rolle. Später erfuhr Doris Schröder-Köpf von einem Fotografen, der aus Berlin nach Malaga geflogen war, um das Treffen mit Aznar abzulichten, dass der für seinen Charterflug 235 Mark bezahlt hatte. Eine vorsichtige Anfrage, ob die Preise für die mitreisende Familie des Kanzlers marktgerecht gestaltet werden könnten, verhallte folgenlos in den Amtsstuben der Wehrverwaltung.

Seitdem fliegen die Schröders getrennt, weil sie sich unter den obwaltenden Umständen das gemeinsame Reisen nicht leisten können oder wollen. Der Kanzler sitzt allein im Regierungsflieger, die Familie zuckelt im Linienflugzeug hinterher. Die Staatskasse hat davon keinen Vorteil, im Gegenteil: Ehefrau Doris und Tochter Klara werden auf Linien- oder Charterflügen stets von mehreren Personenschützern begleitet, für die natürlich reguläre Flugtickets gekauft werden müssen. Die Maschine mit dem Kanzler rauscht währenddessen weitgehend leer durch die Lüfte.

Als lästig empfindet die Familie die Getrenntfliegerei obendrein. Im Sommer 2001, als die Familie in Pesaro an der italienischen Adria Urlaub gemacht hatte, flog Schröder mit der Challenger-Maschine direkt nach Hannover zurück. Der Rest der Familie nahm die Linienmaschine, musste zwischendurch umsteigen und samt Bodygards mehrere Stunden lang auf dem Münchener Flughafen auf einen Anschlussflug warten. Das fanden die Schröders auch deswegen unschön, weil die Familie wegen der strammen Arbeitszeiten eines Regierungschefs ohnehin nur wenig Zeit füreinander findet und Ehefrau Doris ausgerechnet an diesem Tag Geburtstag hatte.

Zum NATO-Gipfel in Washington im April 1999 sollten alle Staats- und Regierungschefs ihre Ehefrauen mitbringen. Das war international so ausgemacht, um dem Militärkonvent eine zivile Note beizumischen. Doris Schröder-Köpf hatte wie üblich Mühe, für mehrere Tage Abwesenheit einen Babysitter für Klara zu finden. »Das ist schon nicht einfach. Man mag ja die Mutter dafür auch nicht immer in Anspruch nehmen.« Weil sie keine Zeit vergeuden wollte, fragte sie bei der Flugbereitschaft, die sie und den Kanzler von Berlin nach Washington bringen sollte, an, ob der Regierungsflieger auf dem Weg von seinem Standort Köln-Wahn nach Berlin in Hannover zwischenlanden könne, um sie dort aufzunehmen. Doch die Hüter der Regeln winkten ab – ein Zwischenstopp sei gegen die Vorschriften. Die Kanzlergattin verlor so wertvolle Zeit. »Dass da so wenig Verständnis da ist für die besondere Situation, das verstehe ich manchmal nicht«, klagt die Kanzlergattin.

Auch die Regeln für die Benutzung der gepanzerten Dienstlimousine sorgen für Unmut und Belustigung. Fahrten des Kanzlers im »Panzer«, die als privat gelten, muss der Kanzler aus seiner privaten Kasse zahlen. Dazu gehörten beispielsweise auch die Fahrten vom Kanzleramt zur Dienstvilla in der Pücklerstraße. Um korrekt abrechnen zu können, führt der Kanzler ein Fahrtenbuch. 400 Euro legt Doris Schröder-Köpf deshalb jeden Monat als Fahrtkostenaufwand ihres Kanzler-Gatten zurück. Der Kanzler benutzt die gepanzerte Limousine nicht freiwillig: In Berlin sollte er aus Sicherheitsgründen ebenso wenig öffentliche Verkehrsmittel wie einen privaten Pkw benutzen.

Für Wochenendausflüge ersparen sich die Schröders den teuren Panzer. Deswegen sieht man gelegentlich einen kuriosen Konvoi durch Niedersachsen fahren, etwa in den fernen Landkreis Lüchow-Dannenberg, wo Freunde der Familie wohnen: vorneweg die Schröders in ihrem privaten VW-Golf, hinterher eine gepanzerte Limousine mit Personenschützern.

Öffentlich klagt kein Politiker über die hanebüchenen Regeln, die auch Amts- und Würdenträger der anderen Parteien treffen. Es würde ihm sofort als ein Verlangen nach privilegierter Behandlung ausgelegt. So reisen die Schröders lieber fiskalisch unvorteilhaft, aber politisch korrekt.

Die Dienstvilla in der Dahlemer Pücklerstraße hat Schröder mittlerweile aufgegeben. Er hatte für die 140 Quadratmeter im ersten Stock des Hauses rund 4500 Mark Miete zu zahlen. Das schien den Schröders zu viel, die in Hannover damals in ihrer Dreizimmerwohnung für rund 1000 Mark im Monat wohnten. Als das neue Kanzleramt fertig war, bezog Schröder dort im achten Stock eine kleine Dienstwohnung, die er über zwanzig Stufen eines Geheimganges direkt aus seinem Büro erreichen kann.

Als Wohnung kann man die Räumlichkeiten im Kanzleramt eigentlich kaum bezeichnen: Es handelt sich um ein Schlafzimmer mit Schrankwand und ein angrenzendes fensterloses Bad hinter dem Kopfende des Bettes. Wenn die Familie anreist, wird für Tochter Klara ein Klappbett neben das Ehebett gestellt. Neben dem Schlafzimmer liegt der Salon, den der Kanzler für kleine dienstliche Abendessen nutzt. Am anderen Ende des Flures stehen ein Sessel sowie ein Trimmgerät in einem ansonsten leeren Raum. Zum Verdruss seiner schlanken Frau, die regelmäßig joggt, nutzt der zur Bewegungsträgheit neigende Kanzler das Sportgerät nicht. Eine kleine Einbauküche in einem elf Quadratmeter großen Raum gleich nebenan rundet das karge Ensemble ab. Für die Kleinwohnung zahlen die Schröders knapp 570 Euro Miete im Monat und knapp 500 Euro Zweitwohnungssteuer pro Jahr.

Von Verhältnissen wie in Paris ist das weit entfernt. Dort wohnt Präsident Jacques Chirac in einer großzügigen Dienstwohnung im Élysée-Palast, für die er keine Miete zahlen muss. Auch Frankreichs Premier Lionel Jospin verfügt in seinem Amtssitz, dem Hôtel Matignon, über eine mietfreie Dienstwohnung. Präsident und Premier stehen im Geburtsland der europäischen Aufklärung weit über das Land verstreut noch weitere Residenzen zur Verfügung, die sie für sich und Staatsgäste kostenlos nutzen können. In London logiert Regierungschef Tony Blair wie seine Vorgänger im Regierungssitz Downing Street No. 10 für kaum mehr als eine symbolische Miete. Für die Wochenenden steht ihm der Landsitz in Checkers kostenlos zur Verfügung, nur gut eine Autostunde von der City entfernt. Und auch die Fahrten nach Checkers werden Blair nicht berechnet.

# Auftritt

Auf Peter Glotz, den dozierenden Feinnerv der SPD, wirkt Gerhard Schröder »wie ein junger John Wayne der Politik«. Wie also? Attraktiv, kernig, immer bereit, den Büffel bei den Hörnern zu packen; entschlossen, auch die nächste Schlacht mit den überall lauernden Indianern zu gewinnen. Wie ein Mann, der zu viele Enttäuschungen hinter sich hat, um sich noch den Luxus romantischer Gefühle leisten zu wollen. Einer, der mit sich selbst allein zurechtkommt, der scheinbar keine Nestwärme mehr braucht. Ein Mann der Tat, kernig und entschieden, nur der nächsten Aufgabe verpflichtet. Gewiss nicht unerschütterlich, aber fest. Nicht rabiat, aber robust. Kein Mann aus Stahl – aber eisern.

Gerhard Schröder wird die Charakterisierung von Peter Glotz gefallen haben, denn diesen Eindruck erweckt er gern von sich selbst. Schröder pflegt das Image des coolen Gerd: Hart im Nehmen, hart im Geben. Es ist nicht die einzige Facette, die er vorführt – aber eine wichtige.

Nun gehört das Erwecken von Eindrücken zum Handwerkszeug eines Politikers. Gerhard Schröder ist ein Meister dieser Disziplin. Als Binsenweisheit unter Profis wie ihm gilt, dass wichtiger noch als der Gehalt einer Politik oft der Eindruck ist, den die Menschen davon haben. Für Personen gilt das erst recht. Das wichtigste Transportmittel politischer Botschaften – auch das eine Binse – ist immer noch der Mensch, der sie verkörpert.

Natürlich durchschaut das Publikum die Inszenierung des coolen Gerd. Wäre Schröder wie der Eindruck, den er so von sich erwecken will – es hätte sich wohl längst mit Grausen abgewandt. So cool, so hart, so sehr bereit zur Einsamkeit – er wäre ein Mensch zum Fürchten. Wäre da nicht noch eine andere Seite – Gerhard Schröder würde nicht als »Politiker und Mensch« gelten, wie Umfragen ihm stets attestieren. Edmund Stoiber etwa gilt als »Politiker und Bürokrat«.

Um die Inszenierung des anderen Schröder muss er sich freilich nicht bemühen – sie steht ihm ins Gesicht geschrieben. Weit deutlicher und weit häufiger, als ihm lieb ist. Mimik und Gestik, die Sprache von Gesicht und Händen, sind oft klarer als die Worte, die er preisgibt.

Nur schlecht verbergen kann er Zorn – dann scheinen Kinn und Augenbrauen in Höhe der Nasenspitze zusammenwachsen zu wollen. Das vorgeschobene Kinn, die Mahlbewegung des Unterkiefers – höchste Konzentration! Die Phasen, in denen Gerhard Schröder erheblichen inneren Druck verspürt, scheinen ihn gleichsam physisch zu komprimieren. Während des Kosovo-Krieges etwa schien sein Hals verschwunden, der Kopf schien auf den Schultern aufzusitzen. Lauernd, geduckt, in seinen Bewegungen Franz Josef Strauß ähnlich, stakste er steif und unflexibel durch die politische Landschaft. »Nicht wackeln!« hatte er als Staatsräson ausgegeben, damit an Sinn und Art des Krieges gar nicht erst Zweifel aufkamen. Es war wohl zugleich auch als Mahnung für sich selbst gedacht. Seine Körperhaltung schien dem politischen Gebot physischen Ausdruck verleihen zu wollen.

Natürlich ist ihm anzusehen, wenn ihn bei einer Bundestagsdebatte ein Argument der Opposition getroffen hat. Dann sitzt er in der Regierungsbank auf dem Kanzlerstuhl – erste Reihe ganz rechts – und weiß vor lauter Zerknirschung nicht, wohin mit Augen und Händen. Dann misslingt ihm in aller Regel sein prinzipieller Vorsatz, niemals Schwäche einzugestehen. Joschka Fischer schaut in solch ärgerlichen Situationen gern in die Akten vor sich auf dem Tisch. Mit einem scheinbar konzentrierten Blick ins Papier vermeidet der Außenminister den direkten Augenkontakt mit seinen Kontrahenten. Schröder kommt meist ohne Akten in den Plenarsaal. Wenn er schon ins Parlament geht, dann will er auch innerlich präsent sein.

So bleibt ihm in unangenehmen Situationen nur der unbeholfene Blick über die Schulter nach links, in der Hoffnung, von den Kollegen auf der Regierungsbank einen aufmunternden Blick zu ernten. Dann klopft er auch schon mal gern die Schuppen – ob vorhanden oder nicht – von seiner Schulter. Bohrt sich mit dem kleinen Finger im Ohr oder putzt sich die Brille mit dem Schlips. Gelegentlich wagt er tatsächlich, betreten dreinzuschauen. In solchen Momenten wirkt Schröder alles andere als cool; aber es sind wahrscheinlich diese Momente, in denen er den Menschen an den Fernsehschirmen näher rückt. Ungewollt, vielleicht auch unbewusst. Ganz sicher ohne Vorsatz. Wenn er als cooler Typ gelten möchte, dann vor allem wohl deswegen, weil ihm das Gegenteil davon unheimlich ist. Rührung etwa ist ihm unbehaglich. Im November 2001, auf dem Parteitag in Nürnberg, war jedem Menschen, der sie kannte, klar, dass dies der letzte große Auftritt im Leben von Regine Hildebrandt sein würde. Der Krebs, aus dem sie keinen Hehl gemacht hatte, hielt sie fest im Griff. Schröder schaffte es in Nürnberg nicht, ein Wort an die sterbenskranke Genossin zu richten. Er wusste wohl nicht, was er hätte sagen sollen.

Doch dann auf ihrer Beerdigung, nur gut zwei Wochen nach dem Nürnberger Parteitag, wollte er in der Potsdamer Nikolaikirche unbedingt die Staatsrede auf sie halten. Eigens dafür verschob er wichtige Termine und nahm sich viel Zeit für die Vorbereitung der Rede. Auch Ehefrau Doris war extra aus Hannover angereist. Dass die Teilnahme an der Beerdigung kein Pflichttermin war, war Schröder anzusehen. Gegen Ende seiner Rede übermannte ihn dann doch fast die Trauer. Mehrfach schluckte er trocken die aufkommende Rührung herunter.

»Früher konnte er tagelang traurig, deprimiert und enttäuscht sein. Da konnte er auch weinen«, erzählt sein Schulfreund Ingo Graumann. »Das ist wohl jetzt weg.« Nicht ganz. Zu Hause fällt ihm Weichheit schon leichter, bei ganz und gar unverfänglichen Anlässen. Wenn ein sentimentaler Film in der Glotze läuft, dann heule er Rotz und Wasser, erzählt er seinen Leuten gelegentlich. Weit verhaltener benimmt er sich im politischen Alltag; Schröder ist da keine Ausnahme.

Robustes Dröhnen ist der Grundton der Politik. Die Umgangsformen sind die einer Kadettenanstalt. Die haben auch die wenigen Frauen in politischen Spitzenpositionen bisher nicht geändert. Selten finden politische Männerfreunde eine Ebene, auf der sie gemeinsame Probleme besprechen könnten, in die auch Privates hineinspielt.

Oskar Lafontaines panikartige Flucht aus der Verantwortung hat auch mit der Sprachlosigkeit unter Kumpels zu tun. Mit Rudolf Scharping sprach Gerhard Schröder kein klares Wort über dessen misslungenen Versuch, sich über die ostentativ zur

Schau getragene Liebe zu einer neuen Frau ein anderes Image zu schaffen. Dabei kennen sich die beiden seit bald dreißig Jahren, und die peinliche Sache war alles andere als eine Privatangelegenheit: Das Ansehen der Regierung litt erheblich unter der Eskapade des Verteidigungsministers. Unglaublich schwer tut Schröder sich, einen Mitarbeiter oder gar Minister zu kritisieren, berichten politische Wegbegleiter. »Da wird er fast krank«, sagt einer, »er ist unfähig, sich auf schwierige Situationen mit anderen Menschen einzulassen.« Die notwendige Stärke für ein offenes Wort – in höchst persönlichen Situationen scheint sie ihm zu fehlen.

»Ich bin ja ein umgänglicher Mensch«, sagt Schröder. Wenn man ihm zuschaut, möchte man ihm glauben. Gesellig ist er, keine Frage. Er mag Menschen, und er mag gern mit ihnen zusammen sein. Manchmal mag er auch nur mit ihnen zusammen sein, weil er nicht allein sein mag. Aber immerhin. Und er zeigt den Menschen, dass er sie mag. Dass er sie braucht, zeigt er ihnen lieber nicht. Jedenfalls nicht öffentlich. Also doch John Wayne?

Er ist ganz gewiss kein Mensch der Bussi-Bussi-Gesellschaft. Im Gegenteil – die ist ihm herzlich zuwider. Umarmungen geraten ihm steif, wenn er sich überhaupt einmal dazu hinreißen lässt, wie nicht gewollt. Zu viel körperliche Nähe scheint ihm unbehaglich.

Und dennoch: Er genießt das Bad in der Menge, nicht nur, wenn die Menge zu seiner Partei gehört. Beim Staatsbesuch in Polen geht er beim ungeplanten sonntäglichen Spaziergang durch den historischen Stadtkern von Gnesen auf Menschen zu und schüttelt ihnen die Hände. Will wissen, was sie hier tun, wie es ihnen gefällt und was sie von den Deutschen halten. Dazu hat ihn kein Protokoll gezwungen, kein Fotograf hat ihn dazu gedrängt. Es sind auch zu wenige Journalisten in der Nähe, die er mit dieser Geste beeindrucken könnte. Er geht auf die Menschen zu, weil er ihre Nähe mag. Weil er sie braucht. Von der zynischen Verachtung der Masse, die bei vielen Politikern durchscheint, ist in solchen Momenten keine Spur zu finden. Und die Menschen gehen auf ihn zu, fassen ihn an, erzählen ihm sogleich, was sie bewegt. Dabei adressieren sie oft mehr den Menschen als den Politiker.

Doch eine Distanz bleibt zwischen Gerhard Schröder und dem

Rest der Welt. Keine Kluft, aber eine feine Lücke. Wie ein Puffer aus Zeit und Raum, den er zwischen sich und die Welt schiebt. Herzliche, ungeschützte Offenheit wird man bei Schröder selten finden. Es arbeiten zu viele Reflexe dagegen. Das Lauernde scheint übermächtig.

Die Form von Herzlichkeit, in der er Nähe sicher ausdrückt, ist die unter Männern übliche: Lautes Lachen, Schultern klopfen, dröhnen. Also doch John Wayne?

## Charisma

Gerhard Schröder ist kein Mensch, der die Atmosphäre in einem Raum mit der Sekunde verändert, in der er ihn betritt. Wäre er nicht ständig umgeben von Bodygards, würden die Menschen nicht meistens seinetwegen zusammengekommen, wäre sein Gesicht mittlerweile nicht jedem vertraut – es würde sich wohl kaum jemand nach ihm umdrehen, wenn er einen Raum durchquert.

Es kam vor, dass er zwischen zwei Terminen in Berlin schnell aus der gepanzerten Regierungslimousine in ein Restaurant sprang, nur mit seinem persönlichen Referenten Guido Schmitz zur Seite. Er bestellte ein Schnitzel, ein Glas weißen Wein, aß schweigend. Niemand nahm derweil Notiz von ihm, die anderen Gäste nicht, und auch die Kellnerin behandelte ihn wie jeden anderen Gast. »Bitte zahlen«, die Rechnung kam, er ließ ein wenig Trinkgeld auf dem Tisch. Schon war er draußen. Niemand wollte ein Autogramm, kein Mensch drängte ihm einen Schwatz auf; die meisten Gäste werden nicht einmal gemerkt haben, dass sie soeben mit dem Kanzler zu Mittag gegessen haben.

Das lag auch daran, dass Schröder an diesem Tag nicht auffallen wollte. Er setzte sich mit dem Rücken zum Lokal, und die Bodygards hielten sich unauffällig im Hintergrund. Gerhard Schröder hatte die Aufmerksamkeit der Restaurantbesucher auch nicht erzwungen. Nicht durch Gesten, nicht durch Blicke, nicht durch seinen Auftritt. Er wollte einfach nur in Ruhe essen. Doch er hatte die Blicke seiner Umgebung auch nicht automatisch angezogen.

Der Unterschied zu anderen Politikern seines Formats ist

augenfällig. Jacques Chirac etwa gestaltet noch die banalste Begebenheit zu einem ehrfurchtheischenden Ereignis. Im März 1999 beispielsweise aß der französische Staatspräsident in einer Verhandlungspause des Berliner Agenda-Gipfels im Restaurant Hardtke in der Berliner Meinekestraße zu Mittag. Hier fand der rustikale Franzose die deftige Kost, die er liebt: Rindsbouillon, Eisbein mit Kraut, Salzkartoffeln und viel Senf. Dazu größere Mengen Pils vom Fass, anschließend rote Grütze. Lange bevor Chirac das Lokal betreten hatte, war klar, dass Ungewöhnliches passieren würde. Wie ein Ozeanriese eine Bugwelle vor sich her schiebt, so schwallte dem Franzosen die Selbsteinschätzung seiner Person voraus. Die Gespräche verstummten, die Kellner wendeten nervös ihre Köpfe, Stühlerücken und Hektik ringsum. Mit der Sekunde, in der Chirac das Lokal betrat, drehte sich alles nur noch um ihn. Großer französischer Pomp in gutbürgerlicher deutscher Umgebung. Draußen vor dem Lokal bildete sich derweil eine Traube von Neugierigen.

Ähnliches beim EU-Gipfel im Juni 2001 in Göteborg. Das Konferenzgebäude lag streng abgeschirmt am Rand der Innenstadt. In mehreren Staffeln hatte die schwedische Polizei Gitterwände aufgezogen um die europäischen Staats- und Regierungschefs von den Demonstranten abzuschirmen, die dort gegen die Folgen der Globalisierung demonstrierten. Es war der Tag, an dem ein schwedischer Polizist einen Demonstranten durch einen Pistolenschuss schwer verletzte.

Solche Tagungen, zumal wenn sie mehrere Tage dauern, sind nicht nur für die Verhandlungsführer strapaziös, sondern auch für Journalisten. Stundenlang, oft tagelang müssen sie in meist überheizten Tagungs- oder Messehallen herumlungern, schlechte Luft atmen und mäßiges Essen zu sich nehmen. In den Verhandlungspausen werden sie von Hilfskräften und Sprechern der Regierenden abgespeist. Oft ist der Gehalt der Mitteilungen dünn, ordentlichen Nährwert enthalten sie selten. Sie lassen trotzdem keines dieser informellen Meetings aus zweiter Hand aus, immer in der Hoffnung, unter den Brosamen etwas Verwertbares für den Bericht an die Heimatredaktion zu finden. Umso mehr sind sie beglückt, wenn sich tatsächlich einmal ein regierendes Oberhaupt persönlich blicken lässt.

So warteten vor dem Hoteleingang am Abend Dutzende von

Kamerateams und schreibenden Journalisten auf die Chefs, die bald von einem Arbeitsessen in einem Schlösschen am Rande der Stadt zurückkehren sollten. Zwei Wagenkolonnen fuhren etwa zeitgleich vor. Der ersten entstieg Chirac, groß, mächtig und gebieterisch. Würdigen Schrittes ging er auf den Eingang des Hotels zu. Der zweiten entstieg, nur wenige Sekunden später, Gerhard Schröder. Als habe er einen Magneten angeknipst, zog Chirac die Aufmerksamkeit sämtlicher Kamerateams und Journalisten auf sich, auch die der deutschen. Er pflanzte sich vor die Mikrofone, reckte sein Kinn in die Höhe, legte die Hände vor der Brust ineinander, begann sie abwägend zu reiben – schon war die spontane Pressekonferenz eröffnet.

Schröder ging derweil in wenigen Metern Abstand vorbei, warf einen amüsierten Blick auf die Versammlung um den französischen Kollegen und verschwand im Eingang des Hotels, ohne dass ihm ein Journalist ein Mikrofon entgegengereckt hätte. Es hatte ihn wohl kaum jemand bemerkt. Schröder schien es recht so, er kennt das mittlerweile von internationalen Konferenzen. Da stürzt sich die Meute schnell auf die anderen, die mehr ausstrahlen. Den Zauber, das Flair, den beispielsweise der Magnet Chirac bewirkt oder weit mehr noch der ehemalige US-Präsident Bill Clinton, kann Gerhard Schröder nicht entfalten.

Kann er nicht oder will er nicht? Ist er nicht narzisstisch genug, um selbstverliebte Darstellung zu wollen? Vermutlich könnte er dieser Regung keinen physischen Ausdruck verleihen, selbst wenn er sie spüren sollte. Er beherrscht die herrische Geste charismatischer Führer nicht, die Hinwendung verlangt und freiwillige Unterordnung. Pomp und Positur, die klassischen Instrumente der inszenierten Macht, die Bewunderung provozieren sollen, gehören nicht zu Schröders Repertoire. Das Charisma, das Gnadengeschenk der Götter, lag augenscheinlich nicht auf seinem Gabentisch.

Leidet er darunter? Falls er es tut, gibt er es nicht zu erkennen. Doch er wäre wohl kaum in die Politik gegangen, wenn er den Beifall und das Händeschütteln nicht bräuchte. Er hat vernünftige Erklärungen parat. Der Job sei sehr verführerisch; groß sei die Gefahr, den Insignien der Macht zu verfallen. Einen glamourös inszenierten Parteitag wie den in Leipzig, auf dem die Machttechniker aus der Parteizentrale die Beleuchtung nach Stufen und die Beschallung mit Musik in Sekundenschritten auf den Kanzler abgestimmt hatten, wollte Schröder nicht wiederholen. Er hätte nicht zu ihm gepasst. Er kam auch nicht gut an. Als »Schröder-Show« verspotteten die Zeitungen das amerikanisierte Parteiereignis.

Schröder muss ohne Charisma auskommen. Er will stattdessen »einen guten Job machen«.

# Theorie

Gerhard Schröder fasst das Rednerpult mit beiden Händen, trippelt auf der Stelle und geht leicht in die Knie – als wolle er gleichsam aus seinem Körper herausschleudern, was er seinem Publikum gleich sagen will. »Wir haben den Unternehmern den Rahmen gegeben, den sie haben wollten, finanzpolitisch und bei der Steuer auch. Das kann doch nun keiner bestreiten!« Die Anstrengung treibt eine leichte Röte in sein Gesicht, die rechte Hand fährt in die Höhe: »Nun sind die aber auch mal dran. Ich erwarte, dass man nicht immer nur verlangt, sondern auch mal liefert! Das gehört diesen Herren ins Stammbuch!«

Der Genosse der Bosse greift zum Wasserglas, während unten im Saal Beifall aufbrandet. Hier auf der Parteiveranstaltung bei seinen Genossen im großen Saal des Rathauses von Köln-Porz direkt am Rhein hat Schröder ein Heimspiel. Er spricht frei, nicht einmal einen Merkzettel mit Stichworten hat er dabei. Diesmal will er ohne jede Gedankenstütze herausholen, was gerade in ihm steckt. »Die allmähliche Verfertigung der Gedanken beim Reden« nannte Heinrich von Kleist die Methode des sich vervollkommnenden lauten Nachdenkens.

Schröder hebt zum nächsten Gedanken an. »Wer in der Flaute seine Leute auf die Straße setzt, der sägt nicht nur den Ast ab, auf dem er in besseren Zeiten hervorragend sitzt«, beginnt er die neue Attacke eher verhalten anzusteuern. »Der versündigt sich auch gegen das Gemeinwohl. Man kann doch die Leute, die zum Besitzstand beigetragen haben, nicht einfach wegtun, wenn es mal nicht so gut läuft. Und ich ahne ja schon: Dann kommen die wieder zur Politik, und die Politik soll's richten.« Schon gegen Ende des Satzes kommen die Genossen von ihren Sitzen hoch, um ihren Kanzler im Stehen zu beklatschen. »Bravo«, ruft einer, »richtig, Gerd«, ein anderer.

Reden in der politischen Provinz sind Trainingsläufe. Hier kann Schröder neue Gedanken und Argumente ausprobieren, unbeachtet von der großen Presse. Hier kann er prüfen, ob bei den Menschen ankommt, was in ihm vorgeht. Schröder probt viel in diesen Monaten zu Beginn des Wahlkampfjahres 2002. Er weiß, dass flaue Wirtschaft und die hohe Arbeitslosigkeit zum Dauerthema für ihn werden. Er weiß, dass sich die Leute mit bloßen Schuldzuweisungen an die Arbeitgeber nicht zufrieden geben werden. Es geht ihm in Köln-Porz jedoch um mehr als um ein Strickmuster für künftige Wahlkampfreden. Schröder ist auf der Suche nach einer neuen Auffassung von den Dingen.

Hier in Köln tastet er sich mit vorläufigen Gedanken behutsam an die Menschen heran. Noch steht sein Gedankengerüst nicht; von einer neuen überzeugenden Botschaft, die den Wahlkampf überdauern soll, ist er noch weit entfernt. Aber es muss eine neue her.

Ein Spielertyp war der Politiker Schröder schon immer. Doch diesmal hat er sich verzockt. Wenn ihn die Deutschen beim Wort nehmen, wählen sie ihn im September 2002 nicht erneut zum Kanzler. Er sei die Wiederwahl nicht wert, wenn es ihm als Kanzler nicht gelinge, die Arbeitslosenzahlen unter dreieinhalb Millionen zu drücken, hatte er zu Beginn seiner Kanzlerschaft getönt. Die kesse Ansage hängt mittlerweile in der Luft wie ein Galgenstrick im Wind. Schröder wird sein angepeiltes Ziel nicht erreichen.

Die Sache ist gefährlich. Es geht um seine politische Glaubwürdigkeit, dem womöglich wichtigsten Kapital eines Politikers. Aber es geht um noch mehr. Vielleicht wird es ihm gelingen, verlorenes Vertrauen wiederzugewinnen. Doch verabschieden muss er sich womöglich von einer lieb gewordenen Grundüberzeugung, die sich als Illusion herauszustellen scheint. Mit dem Niedergang der Konjunktur im letzten Drittel der Kanzlerschaft kollabiert auch die lang gehegte Hoffnung, er brauche als Reformkanzler nur neue Rahmenbedingungen für die Ökonomie zu schaffen – für den Aufschwung werde die Wirtschaft mit ihrer Eigendynamik schon von selber sorgen. Er, der Erneuerer, der Modernisierer, die unentwegt tickende Unruh der Politik wollte die Weichen stellen, damit »der Laden wieder läuft«, zuvörderst die Wirtschaft. Der Mann war sein eigenes Programm, und sein

Programm war die Verheißung auf bessere Zustände. Doch mit dem Niedergang der Konjunktur brach Schröder peu à peu auch sein programmatisches Profil weg.

Seit mehr als zehn Jahren steht er in der deutschen Politik für die Überzeugung, dass Politik sinnvollerweise und in erster Linie Wirtschaftspolitik zu sein habe. Die Tatkraft, die Fantasie und das Gewinnstreben der Unternehmer seien die beste Voraussetzung für das Wohlergehen der arbeitenden Bevölkerung – mit solchen Ansichten gewann sich den Titel »Genosse der Bosse«, der mal als Lob und mal als Schmähung verstanden wird. Im Laufe der Jahre gewann der ehedem als links oder gar marxistisch beleumundete Sozialdemokrat im Ansehen der Deutschen eine Kompetenz, die sonst stets bei den Konservativen angesiedelt war: Bei Schröder, so denken viele, ist die Wirtschaft des Landes in guten Händen. Doch nun stellt sich heraus, dass sich die Konjunktur benimmt, wie sie will, und die Politik sieht staunend zu.

Einer Ernüchterung folgt die nächste: Wirtschaftlicher Erfolg allein ist noch lange kein Garant für einen politischen Wahlerfolg. Schröder hat während seiner Kanzlerschaft miterlebt, wie in Dänemark und Norwegen Regierungen abgewählt wurden, obwohl in diesen Ländern die Wirtschaft brummte. Wirtschaft, so wurde dem »Autokanzler«, dem Fan der von korporatistischen Zwängen befreiten Ökonomie allmählich klar – Wirtschaft ist nicht alles. Selbst wenn es gut liefe, so hat es den Anschein, reicht die Wohlfahrtsökonomie allein nicht aus, um Staat zu machen, um Sinn zu stiften – um Wahlen zu gewinnen.

Jetzt, wo ihm sein vormals wichtigster Wahlhelfer – die Verheißung einer wachsenden Wirtschaft – fehlt, wirkt der alte Vorwurf doppelt, dieser Mann habe keine Überzeugungen. Die Klage begleitet Gerhard Schröder, seit er sich in der Politik vorzeigt. Er habe keine Theorie, sei philosophisch gestaltlos und ohne festen Wesenskern – politisch »ein Mann ohne Eigenschaften« (»Die Welt«). Schröder habe »nichts zu sagen, weder Prinzipien noch Programm«, giftete seinerzeit der Kanzler Helmut Kohl. Und Wolfgang Schäuble, lange Zeit der führende Vordenker der Christunion, fordert seine Partei schon lange auf, »die Schröder-Show zu enttarnen, in der außer heißer Luft sowieso nichts geboten« werde.

Die einzige Vision, der er jemals angehangen habe, sei die,

Kanzler zu werden, spotten seine Gegner. Und auch viele seiner sozialdemokratischen Genossen trauen ihm nicht recht über den Weg, weil er politisch oder ideologisch nicht genau zu verorten ist. Stets hat er vermieden, sich einem der nach rechts und links sortierten Parteiflügel zuzuordnen. In den theoretischen Debatten der SPD hat er sich selten klar auf eine Seite geschlagen. Tat er es doch, gesellte er sich bei nächster Gelegenheit ins entgegengesetzte Lager. Ihm kriecht der Vorwurf hinterher, er sei »ein Opportunist«. Unter Sozialdemokraten gilt das als böse Schmähung – nahe an der Verrats-Grenze.

»Es ist in der Tat schwierig, den Kern seiner politischen Überzeugungen herauszuschälen«, sagt Erhard Eppler, der kluge, alte Mann der linken Sozialdemokratie, der Schröder seit Jahrzehnten kennt. Auch Eppler kann außer vagen Prinzipien beim Kanzler kaum etwas erkennen. Es gebe vielleicht »ein paar Dinge, von denen man annehmen könnte, dass er sie nicht tut. Arbeitnehmerrechte abbauen etwa. Er wird seine Forderung nach sozialer Gerechtigkeit nie aufgeben.« Dass er, der prinzipienfeste, hochmoralische, protestantische Sozialdemokrat den theoretischen Bruder Leichtfuß aus Hannover trotzdem schätzt und stützt, hat Gründe, die im außerpolitischen Bereich siedeln. Die Bewunderung des feinsinnigen Eppler gilt der Machtmaschine Schröder. Er hat seiner Partei vor Jahren schon geraten, das »political animal« Schröder als Führer endlich zu akzeptieren. »Ich habe immer Leute in der Partei sehr bewundert«, schmunzelt Erhard Eppler, »die so ganz anders sind als ich. Wenn sie alle wären wie ich, wäre die Partei nie an der Macht.«

Schröder selbst kokettiert gern mit seiner Theorieferne: Für »die Abteilung Wolkenschieberei« seien »andere zuständig«. Den hämischen Vorwurf, er hätte statt der ganzen schlauen Bücher nur deren Klappentexte gelesen, fürchtet er nicht, im Gegenteil. Er kann darauf setzen, dass ihm solcher Spott am Ende Sympathien einbringt bei denen, die ihn wählen sollen: Bei den einfachen Leuten, die ganz sicher keine Bücher über politische Theorie lesen. Dass er weit mehr gelesen hat, als er zugeben will, gehört zu seinem Understatement.

Für Programmdebatten in seiner Partei hat er sich nie sonderlich interessiert. Ihm reicht es, wenn er – halb ironisch – das Programm der SPD im Prinzip auf einen klaren Kern reduziert:

»Sozialdemokratisch ist, was vernünftig ist.« Wie ein in Stein gehauenes Motto seiner Kanzlerschaft steht sein Satz: »Nicht das gut Gemeinte, das gut Gemachte ist mein Maßstab.« Da scheint nicht einmal Platz für den Anflug von theoretischer Fundierung. Nüchterne Kritiker bezeichnen ihn als Pragmatiker. Für glühende Sozialdemokraten deutet schon dieses Prädikat einen Vorwurf. Darüber allerdings kann Schröder sich aufregen: »Das können nur diejenigen für einen Vorwurf halten, die da in Kategorien von Gut und Böse denken: Theorie ist was Gutes, Praxis ist was Perverses. Theorie ist Reinheit, und mit Praxis macht man sich die Finger schmutzig. Das hätten die gerne.« Da blitzt er wieder auf, der neidvolle Zorn des Schmuddelkindes auf die gehätschelten Bürgerkinder mit ihrer gediegenen Kinderstube. Es ist der verärgerte Stolz dessen zu spüren, der für den Erfolg schwer ackern musste und nun auf die feinen Schlaumeier zurückschaut, die er beim Sturm auf den Gipfel hinter sich gelassen hat. Was sind sie mit ihren schlauen Theorien samt dazugehörigem elaboriertem Soziologen-Code geworden? Studienräte? Referenten? Stellvertretende Ausschussvorsitzende? Hat einer von den schlauen Jungs die Partei an die Macht gebracht?

Gerhard Schröder ist ja 1963 nicht als Weltverbesserer in die SPD eingetreten. Er hat Helmut Schmidt bewundert damals, weil der sich mit scharfkantigen Reden den Respekt von Freund und Feind verschaffen konnte. Genau das sehnte sich der junge Gerhard Schröder mehr als alles andere herbei. Es traf sich gut, dass Schmidt Genosse war: Bei den Sozis war einer wie Schröder, der von ganz unten kam, eher gelitten als bei den Bürgerlichen. Die hatten ihn sein ganzes junges Leben lang nur ihre Verachtung spüren lassen. »Wer wie ich weiß, wo er herkommt, der weiß auch, wo er hingehort.« Nein, ein Zufallssozialdemokrat ist Gerhard Schröder wohl nicht – aber eben auch kein von sozialistischen Theorien durchdrungener.

Einen »Zeitgeist-Surfer« haben sie ihn genannt. Kein Wunder. »Ja, ich bin Marxist«, bekannte er Ende der siebziger Jahre. »Das ist die korrekte Bezeichnung für die politische Position der Jusos. Die SPD-Führung hat begriffen, dass marxistische Positionen zum Spektrum der SPD gehören.« Gut zwanzig Jahre später hatte er diese Überzeugung nicht einfach abgelegt; er vertrat ihr genaues Gegenteil. In einem gemeinsamen Papier mit dem britischen Premier Tony Blair feierte er 1999 den entfesselten Kapitalismus, in dem alle Klassengegensätze aufgehoben scheinen und die private Wirtschaft uneigennützig zum Nutz und Frommen aller Bürger segensreich wirkt. In der Zeitspanne dazwischen liegen Kurztrips ins idyllische Reich grüner Ökologie, auf die Flaniermeile des gehobenen Lebensstils und immer wieder lange Strecken theoriefreien Strebens nach der politischen Macht im Land.

Gemeinsam ist allen Phasen des »Philosophen« Schröder, dass er keine der Theorien, für die er sich aussprach, selbst erdachte. »Es gehört zu Schröders Stärken, dass er Konzepte, die ihm einleuchten und deren Sprache ihm passt, brillant umsetzt. Schon bald weiß er selbst nicht mehr, dass er sich anderer Leute Gedanken zu Eigen macht«, hat Jürgen Leinemann für den »Spiegel« beobachtet. »Das ist wohl richtig«, sagt Schröders Freund und langjähriger politischer Weggefährte Reinhard Scheibe in schönster hannoverscher Bedächtigkeit. »Aber muss er denn das? Ist das wirklich seine Aufgabe?«

Schröder bestreitet keineswegs, dass sein Gang durch das Labyrinth der politischen Theorie erratisch war. Damit unterscheidet er sich wohltuend von vielen seiner Kritiker, die auf dem Weg von 1968 bis heute nicht selten vergleichbare Schlangenlinien zurückgelegt haben. Im Gegensatz zu ihnen häutete Schröder sich rasch und ohne große Skrupel, wenn es ihm angebracht schien – und machte keinen Hehl daraus.

Für seine raschen Schwenks gibt er eine nahezu philosophische Begründung ab, die selbst den Dialektiker Marx gefreut hätte: »Ich habe schon versucht, aus Büchern was zu lernen, aber ich habe sie nie vor mir her getragen. Ich habe immer gedacht: Wenn man sich mit einer Theorie permanent an der Wirklichkeit stößt, dann muss man in Erwägung ziehen, dass mit der Theorie etwas nicht stimmt. Dann muss man auch in der Lage sein zu sagen: Donnerwetter, wenn das so quer liegt zur Wirklichkeit, könnte es sein, dass mit der Theorie was falsch ist.« Eine Idee, ein Konzept, ein Programm taugen nichts, »wenn man das nicht durchsetzen kann«. Wie nennt man das: Lernfähigkeit? Pragmatismus? Realismus? Opportunismus?

Seine politisch strenge Ex-Ehefrau Hiltrud gewann in ihrem Buch »Auf eigenen Füßen« der ideologischen Wendigkeit ihres langjährigen Lebensgefährten und Genossen Schröder am Ende wenig Positives ab:»Er hält den Verlust seiner Prinzipien wie viele seiner Kollegen für eine professionelle Qualität und hat das so gerechtfertigt: ›Ein Politiker kann Konflikte in der Regel nicht gegen das Massenbewusstsein entscheiden‹« – und nicht gegen bestehendes Recht, würde Schröder wohl hinzufügen. Das hochpolitische Paar stritt sich oft und heftig über Ziele und vor allem über den Weg und die Gangart auf dem Weg zu politischen Veränderungen. Hiltrud Schröder brach in Tränen aus, weil es ihrem Mann, dem Ministerpräsidenten von Niedersachsen, nicht gelang, einen Bestand ausgewachsener Bäume vor Bauplanern zu schützen. Schröder schritt nicht ein, weil es dafür keine rechtliche Grundlage gab.»Hilus« Tränen waren, wie Freunde berichten, weniger der Trauer um die Bäume geschuldet als vielmehr dem Zorn, der sie überfiel, weil selbst ihr mächtiger Mann sich nicht gegen»diese Gemeinheit« durchsetzen konnte – oder wollte.

»Trial and error« – nach diesem Prinzip suchte Schröder in Theorie und Praxis der Politik seinen Weg nach oben. Es gilt ihm bis heute als die probateste Methode für politischen Erfolg. Schröders jetzige Ehefrau Doris Schröder-Köpf findet genau das »bewundernswert. Wenn ein Weg nicht geht, dann probiert er den zweiten. So musste der Mann sein, den ich heiraten wollte.«

Eines unterscheidet Gerhard Schröder freilich fundamental von vielen seiner theorielastigen Generationsgenossen, mit denen er oft nur gemein hat, dass sie in derselben, rebellischen Zeit in die Politik hineinwuchsen. Viele 68er dachten darüber nach, wie sie die bestehenden Verhältnisse umstürzen könnten. Sie schwammen gegen den Strom. Schröder dachte nicht daran, der Gesellschaft, die ihm den Aufstieg aus dem Armenhaus in die Anwaltskanzlei ermöglichte, ernsthaft Schaden zuzufügen. Er suchte im Leben, das angeblich ein ruhiger, weiter Fluss sein soll, die Strudel und Stellen mit der größten Fließgeschwindigkeit, weil ihm Turbulenz und rasches Tempo wesenseigen sind. Stromlinienförmig kann man seinen Weg nach vorn wohl nicht nennen; dazu hat er mit zu viel Lust die Klippen und Stromschnellen gesucht, an denen er auch hätte scheitern können. Doch stets fand er Mittel und Möglichkeiten, seinen Untergang zu verhindern. Dabei half ihm der Blick auf die Realitäten ringsherum, denen er sich – vernünftig – schließlich stellte.

Gerhard Schröder hat für diese robuste Anpassungsfähigkeit nicht viel Beifall bekommen. Sie führe geradewegs »zum Kern seines Glaubwürdigkeitsproblems«, schrieb etwa Kurt Kister in der »Süddeutschen Zeitung«: »Die Abfolge seines Aufstiegs vom Pullover-Marxisten bis zum Kanzlerparteichef ist auch eine Geschichte der am Rande des Lebensweges liegen gebliebenen Überzeugungen sowie eine Kette der Storys von Menschen, die dem Gerd nicht ganz so rasant folgen konnten.«

Die Kritik an Schröders Theorie- und Programmlosigkeit wurde jedoch in dem Maße verhaltener, in dem die Attraktivität politischer Theorien abnahm. Niemand brachte seit dem Ende des Kalten Krieges, der ja auch ein Krieg der Weltanschauungen war, den Mut und die Fantasie für große gesellschaftliche Entwürfe auf. »Anything goes« – das Motto der Postmoderne – bescherte auch der politischen Theorie allseits Beliebigkeit und Belanglosigkeit.

Es fiel in die Zeit seines Wahlkampfes von 1998, als seine ideologiefreie, theoretisch ungebundene Sicht auf die Welt und die Kräfte, die sie bewegen, geradezu als Muster für das Führungspersonal der politischen Klasse galt. »Der scheinheilige Vorwurf, man wisse nicht, wofür Schröder stehe, geht daneben«, erboste sich seinerzeit Brigitte Seebacher-Brandt, die Witwe des politisch unsterblichen SPD-Führers, der gern »über den Tag hinaus« gedacht hatte. »Wüsste man's, hätte er nicht eine einzige Wahl gewonnen und würde auch künftig keine mehr gewinnen.« Programmdebatten brächten ohnehin nichts, meinte die Brandt-Witwe, denn »die Welt ist nicht mehr von einem Punkt aus zu betrachten, geschweige denn zu entwerfen. Sie treibt keine Vision mehr aus sich heraus und ist so komplex geworden, dass gestalterischer Raum vollends verschwindet. Ein Scharlatan ist, wer vorgibt, die so genannten Reformvorhaben, von der Gesundheit über die Energie zur Rente und zurück, noch auf einen Nenner bringen zu können.«

Der Kanzlerkandidat Schröder wird das nicht ungern gelesen haben. Hier schien endlich eine theoretische Rechtfertigung für eine politische Grundhaltung auf, die seinem Hang zur undogmatischen Theorieferne entgegenkam. Gewiss, es gab auch andere Stimmen. Rudolf Scharping beispielsweise forderte noch kurz nach der Kanzlerwahl, man müsse »Raum für Schröder schaffen, über das Tagesgeschäft hinaus zu denken«. »Sozialdemokratische Visionen« reichten schließlich weiter, als ein Koalitionsvertrag sie bemessen könne, fand der langjährige Parteichef der Sozialdemokraten. Doch da verlangte er vom Kanzler etwas, wozu er selbst nie in der Lage gewesen war. Scharping hat in den Jahren, in denen er in der Programmkommission seiner Partei sitzt, noch keinen Beitrag beigesteuert, der aufhorchen ließ. Seine Forderung nach Kanzler-Visionen verhallte denn auch nahezu ungehört.

Schröder befriedigte mit seinem undogmatischen Denken und einem Verständnis vom Management der Politik, das ohne große Umstände so oder ähnlich auch zur Lenkung großer Unternehmen Anwendung finden konnte, den Bedarf nach Programm durch die Kraft seiner Persönlichkeit. Und so wurde er Kanzler. Erfolg macht erfolgreich. SPD-nahen Parteitheoretikern geraten mittlerweile die Entwürfe für das Bild des idealen Politikers von heute wie Porträts des regierenden Kanzlers. »Zwar charakterisiert die Öffentlichkeit einen guten Politiker als entschlossenen Vorkämpfer, entscheidungsfreudigen Anführer, als Mann mit mitreißenden Visionen, präzisen Strategien und großer sachlicher Kompetenz. Doch von all dem darf ein Politiker, der es hier zu Lande zu etwas bringen will und auch etwas in Bewegung setzen will, nicht allzu viel haben. Er würde sonst brutal scheitern«, schreiben Franz Walter und Tobias Dürr in ihrem Buch »Die Heimatlosigkeit der Macht«, das zwei Jahre nach der Wahl Schröders zum Kanzler erschien. In dieser unüberschaubaren, »fragmentierten Welt« müsse ein guter Politiker »vielmehr ge schmeidig sein, integrativ, flexibel und anpassungsfähig, über einen wachen Instinkt für Stimmungen verfügen und möglichst wenige, dann aber unbeirrbare Grundüberzeugungen haben« – kurz: ein guter Politiker müsse genau so sein wie Schröder. Und »er darf auf keinen Fall hehren Utopien nachjagen«. Vom »Verschwinden des Politischen« war vielerorts jubelnd die Rede.

War es nicht gerade seine programmatische Unschärfe, die Gerhard Schröder auch für viele Wähler attraktiv machte, die nicht zu den Stammwählern der SPD zählen? Er scheint nach allen Seiten offen, man traut ihm nahezu alles zu. So oder so. So wird Gerhard Schröder zur Projektionsfläche für nahezu jedwede Erwartung an Politik. Schröder – ein politisches Passepartout, die Inkarnation der unerhörten Leichtigkeit des politischen Seins.

Nicht wenige hoffen, dass genau diese Haltung die Beschränkung des Denkens beenden möge, der die Politik durch die Gefangenschaft in Parteiprogrammen und die Fessel des Fraktionszwanges zum Leidwesen aller unterliegt. Hatte Schröder endlich die Methode gefunden, mit der die Vernunft wieder ein Zuhause in der Politik findet? Also doch: »Sozialdemokratisch ist, was vernünftig ist«?

Schröder selbst wies den Vorwurf, man müsse ihm misstrauen, weil er seine Überzeugungen gewechselt habe, mit Eleganz und einiger Überzeugungskraft zurück. Skeptisch sei er eher gegenüber »Leuten, die ihre Meinung niemals ändern. Da muss man doch fragen, ob die angemessen auf Situationen reagieren können, die sich nicht in ihrem Parteiprogramm finden. Und davon haben wir im Moment eine ganze Menge, wo viele Dinge passieren, die noch niemand vorausdenken konnte.« Er sagte das vor dem schicksalhaften 11. September 2001, nach dem kaum etwas in der internationalen Politik mehr so war wie noch am Tag zuvor. Doch er fühlte sich durch die unvorhergesehene, gewaltige Zäsur in seiner Auffassung dramatisch bestätigt.

Mit schierer Verzweiflung schauten die Oppositionsparteien zu, wie der unideologische Schröder der erste Kanzler der Republik wurde, den im Ernstfall keine politische Beschränkung daran hindern würde, praktisch mit jeder der im Bundestag vertretenen Parteien zu koalieren – die CDU/CSU eingeschlossen. Ein erheblicher Teil der Kritik an dem angeblich prinzipienlosen Schröder speist sich natürlich aus dem Zorn auf den überaus anpassungsfähigen Sozialdemokraten.

Schröder hatte zudem eine Methode entdeckt und bis zur Perfektion entwickelt, mit der er die Opposition einbinden und nicht selten einwickeln konnte: die Konsenspolitik. Auch diese Methode scheint weltanschauliche Differenzen gleichsam überflüssig zu machen. Er will den Reformstau in der Gesellschaft einvernehmlich auflösen, im Idealfall auch im Einvernehmen mit dem politischen Gegner. Er hatte zuvor die ideologisch fixierte politische Lagerbildung als eine der Hauptursachen für Blockaden ausfindig gemacht und dafür über politische Lagergrenzen hinaus Beifall bekommen.

Der Atomkonsens, an dem er, der Gegner der Atomkraft, seit gut zehn Jahren laborierte, war nur zu schaffen, wenn die daran beteiligten Interessengruppen auf ihr Vetorecht verzichteten. Die überfällige Entschädigung der NS-Zwangsarbeiter empfand er ebenso als Verantwortung aller Deutschen wie die Reform der Bundeswehr, die seit vielen Jahren mehr wie ein staatliches Beschäftigungsprogramm anmutet denn wie ein schlagkräftiges Instrument der Politik für drängende internationale Aufgaben. Die Gestaltung der gesetzlichen Grundlagen für die Nutzung der Gentechnologie überantwortete er einem nationalen Ethikrat. Er mochte sich nicht vorstellen, dass derart epochale Umwälzungen zur politischen Spielmasse nur eines Teils der Gesellschaft würden. Die Debatte um Zuwanderung von Ausländern nach Deutschland sieht er ebenso als nationale Aufgabe wie ein Bündnis aller Interessengruppen, das Ideen und praktische Schritte für die Zukunft der Arbeitswelt entwickeln soll. »Mein Vorhaben« nannte er die Idee, »eine neue Art nationaler Gemeinsamkeit« in zentralen politischen Fragen der Deutschen »herzustellen«. Wie nennt man das? Zentristisch? Unpolitisch? Klug?

Im Konsens sieht Schröder nicht nur eine Möglichkeit, politische Konflikte praktisch zu lösen, die in einer hochkomplexen Gesellschaft wie der deutschen mit verkarsteten Erbhöfen des Interesses und ihrer aufgeregten, nach Dissenspunkten hechelnden Presse mit konventionellen Mitteln kaum mehr zu lösen sind. Er wies dem Kompromiss, den der Soziologe Martin Greiffenhagen, auf den Schröder sich bezieht, als »eine der ältesten sozialen Erfindungen der Menschheit« bezeichnete, nachgerade eine »Zauberkraft« zu. Konsensrunden entfalteten »Sogwirkungen«: »Auch wer einen Kurs der Konfrontation propagiert und gegen Kompromisse polemisiert, kann sich am Ende der übermächtigen Tendenz zur Konsensentscheidung und der gesellschaftlichen Forderung nach Interessenausgleich nicht entziehen.«

Konsens »dient der Einbindung, der Motivation und auch der Konfliktdämpfung«, findet Schröder. »Konsens mit Hilfe toleranter Umarmung« des politischen Gegners nannte Karl-Rudolf Korte die listenreiche schrödersche Methode. Listenreich war sie gewiss, weil Schröder an die Spitze solcher Konsensrunden verdiente Politiker der Opposition stellt, wodurch das Agieren entlang lieb gewonnener Parteischablonen nahezu unmöglich wird: Rita Süssmuth (CDU) präsidierte der Zuwanderungskommission, der ehemalige Bundespräsident Richard von Weizsäcker (CDU) stand der Bundeswehr-Reformkommission vor, und Graf Lambsdorff (FDP) verhandelte zäh und erfolgreich für eine angemessene Entschädigung der NS-Zwangsarbeiter.

Die Konsenspolitik ist freilich mehr Methode als Programm, wenn sie auch in der theorieunwilligen Zeit nach dem unter viel Beifall propagierten »Ende der Geschichte« (Fukuyama) zeitweilig wie ein Programm daherkam. Doch für Schröder ist sie mehr: Sie entspricht seiner Grundhaltung, die bis an die Anfänge seiner politischen Laufbahn zurückzuverfolgen ist.

Bekanntlich hat er 1978 verhindert, dass die Jusos in Flügel zerfielen und sich von der Mutterpartei abwandten oder ausgeschlossen wurden. Schröder nahm damals eine zentristische Position ein: Er schlug sich weder auf den rechten noch auf den linken Flügel, sondern wurde schließlich zum Juso-Vorsitzenden mit einer mittleren Position gewählt. Konsens.

Später als Regierungschef in Niedersachsen versuchte er, wie bereits ausführlicher beschrieben, die Ökologie mit der Ökonomie zu versöhnen – bis dahin schienen die beiden Begriffe unvereinbar: Er ermöglichte den Bau einer Mercedes-Teststrecke im ostfriesischen Flachland. Dafür musste das Unternehmen an anderer Stelle zum Ausgleich ein Naturreservat anlegen. Der Firma Statoil erlaubte er bekanntlich den Bau einer Pipeline durch das ökologisch hoch sensible Wattenmeer vor der norddeutschen Küste. Die musste jedoch beim Verlegen der Rohre eine teure, umweltschonende Technik verwenden. Und selbst beim Atom strebte er jeden scheinbar unmöglichen Konsens an.

So sind die schröderschen Konsensrunden zweierlei: Sie kennzeichnen seinen politischen Stil. Gewiss, doch sie entsprechen gleichzeitig einer Grundüberzeugung, die Schröder im Laufe seiner politischen Karriere mehrfach an der politischen Praxis gemessen hat: Dass es für schwierige politische Probleme eine einvernehmliche Lösung geben kann. Wie nennt man das: Kungelei? Versöhnlertum? Neokorporatismus? Schröderismus?

Doch bei allem Erfolg der Methode: Längst spürt Schröder – als Kanzler und als Parteivorsitzender –, dass sich Politik nicht auf raffiniertes technisches Management, die Einsichtsfähigkeit streitender Interessengruppen und die Zuversicht auf eine stets wachsende Wirtschaft beschränken darf. Er weiß, dass Politik selbst in nachideologischen Zeiten nicht ohne Sinngehalt auskommt.

Er bekommt es ja auch von Intellektuellen, die der rot-grünen Idee politisch nahe stehen, immer wieder zu hören: »Das Fehlen eines intellektuellen Konzeptes der Regierung Schröder, das auf einer vorbehaltlosen Analyse unserer sozialen Wirklichkeit beruht, darf man schon beklagen«, schrieb der Bremer Historiker Paul Nolte im Februar 2002. Die Geisteswissenschaftler an den Universitäten, seit langem eine sichere Bank für linke Politik, fühlen sich in doppelter Hinsicht vernachlässigt: Zunächst lege Schröder kein schlüssiges politisches Konzept vor, und dann bevorzuge er in der Wissenschaftspolitik auch noch einseitig die naturwissenschaftlich-technischen Bereiche. »Lohnt der Appell an die SPD und an die derzeitige Bundesregierung überhaupt noch, die jüngeren Wissenschaftler und Intellektuellen doch noch für sich zu gewinnen?«, fragte Nolte.

Von Hannover aus schaut Schröders alter Ideengeber Oskar Negt besorgt auf den Kanzler, dem er schon Rat erteilte, als er noch Oppositionsführer in Niedersachsen war. Der Soziologieprofessor sieht seinen politischen Freund dem Druck der Tagesaktualität ausgesetzt, den Ereignissen in einer »verdrehten Welt« hinterherhechelnd, »bedrängt von Reizen, denen man sich aussetzen muss«. Da sei der Kanzler beileibe nicht der Einzige; doch ihm dränge sich immer mehr der Eindruck auf, dass diese »Verantwortungsträger« mehr zu Getriebenen als zu Gestaltern geworden seien. Wenn da die Theorie fehle, sagt Negt, gerieten die Akteure »schnell in die Gefahr, zu Spielbällen in einem nicht durchschauten Zusammenhang zu werden«. Oskar Negt fordert seinen Kanzler »zu einem gründlichen Nachdenken über die Aufgaben des Gemeinwesens auf. Nur eine Theorie macht die Verhältnisse durchsichtig.«

Im März 2002 hatte Schröder die »Enkel der Enkel« zu Gast im Kanzleramt – eine bunte Truppe von Intellektuellen, Künstlern und Medienmachern aus der angeblich unpolitischen »Generation Golf« –, die dem Alter nach Schröders Kinder sein könnten. Auch sie vermissen beim Kanzler Visionäres. »Wir haben ihm gesagt, wenn er sich auf den Pragmatismus der minimalen Schritte zurückzieht, bricht ihm eine ganze Generation weg«, berichtet der Filmemacher Andres Veiel.

Es tat sich ein erstaunlicher und bedeutsamer Unterschied in der Wahrnehmung der Gegenwart zwischen dem Kanzler und seinen gutwilligen Kritikern der nachfolgenden Generation auf. Schröder glaubt nach dem Ende der Systemfrage zwischen Kommunismus und Kapitalismus die grundsätzlichen Fragen gelöst. Die Lösung der jetzt anstehenden Fragen hätte bei weitem nicht mehr die historische Dimension wie die ideologischen Schlachten der Vergangenheit. Die heutigen Probleme könnten – vergleichsweise – pragmatisch gelöst werden. Die jungen Widersacher empfinden sich jedoch als staunende und ratlose Zeugen einer Zeitenwende: Globalisierung, der Krieg der Kulturen, die ungelösten Fragen einer internationalen Sicherheitsarchitektur nach dem 11. September – alles ungelöste Probleme, die sie für »durchaus epochal« halten.

Die Intellektuellen verlangen nach Visionen, Schröders Partei sehnt sich nach Grundwerten und Richtlinien, und die Wähler tun es auch.

Bei der Vorbereitung des Berliner Parteitages im Dezember 1999 war Schröder und seinen Vor- und Mitdenkern dieser Umstand erstmals klar geworden. Das Schröder-Blair-Papier war bei Freund und Feind durchgefallen – zu schnell hingepfuscht, zu wenig sozialdemokratisch im Gehalt, zu technokratisch. Oskar Lafontaine, der seinen Genossen mit Anklängen an den Traditionsbestand sozialdemokratischer Theorie wenn schon nicht Feuer, so doch Wärme spenden konnte, war mittlerweile als Parteivorsitzender zurückgetreten. Das Vakuum war mit Händen zu greifen.

»Es muss jetzt etwas Programmatisches kommen«, waren sich Schröder und seine Helfer einig. Schröder hatte sich, die Stimmung aufgreifend, bereits die Parole von der »Rückkehr des Politischen« zu Eigen gemacht. Hinter diesem Motto vereinigen sich diejenigen, die die politische Gestaltung der Zukunft durch den verantwortungsvollen Eingriff theoretisch oder moralisch versierter Politiker fordern.

Auf dem Berliner Parteitag 1999 stellte der Parteivorsitzende dann die »Zivilgesellschaft« als »gesellschaftliches Projekt«, als Philosophie der Regierung Schröder vor. Der Begriff erlebt gerade eine gewisse Konjunktur. Er prägt die Diskussionen um gesellschaftliche Erneuerung, politische Innovation und ökonomische Modernisierung auf nahezu allen Kontinenten. Auch deutsche Intellektuelle beteiligen sich lebhaft daran. Schröder vertiefte sich in die neue Denkschule. Die Redenschreiber Reinhard Hesse und Thomas Steg suchten nach dem geeigneten sprachlichen Ausdruck des Kanzlers für die neue Idee. Bei Schröder klang das bald so: »Wie wollen, wie sollen wir in Zukunft Gerechtigkeit und Beteiligung, Solidarität und Innovation erreichen? Wie gestalten wir eine lebenswerte Gesellschaft, die die Schwachen nicht ausgrenzt und gleichzeitig die Fähigkeiten der Besten zur Entfaltung bringt? Wie können Initiativen gefördert werden, die die Schwachen schützen und die Stärkeren ermutigen, ihren Beitrag zum Gemeinwohl zu leisten?«

In den Reden des Kanzlers taucht nun häufig die Forderung nach der Zivilgesellschaft auf, als »dem wichtigsten Ort der Teilhabe«. Hier müsse ein neues »Bürgerbewusstsein« greifen. Er fordert von den Bürgern »mehr Eigenverantwortung, die zu Gemeinwohl führt«. Die Politik, der Staat sollen dabei »ermuntern und aktivieren, fördern und fordern«. Am Ende steht »ein neues Verhältnis aus staatlicher Absicherung und eigenverantwortlicher Lebensgestaltung jedes einzelnen Bürgers«.

Es ist wieder einmal so, dass Schröder, wie schon häufig in der Vergangenheit, eine Theorie aufnimmt. Es wäre einfach, ihm vorzuwerfen, er surfe wieder mal auf dem Zeitgeist. Doch es verbirgt sich wohl mehr dahinter. Schröder entdeckt in der Idee der Zivilgesellschaft höchstpersönliche Lebenserfahrungen. Hat ihm nicht der – regulierende – Staat die Möglichkeit zur Bildung und damit zum Aufstieg aus der untersten gesellschaftlichen Schicht ermöglicht? Hat er nicht – eigenverantwortlich – seine Entwicklungsmöglichkeiten erkannt und das Beste daraus gemacht?

Schröder sucht und findet in der Idee von der Zivilgesellschaft ein Gerüst, in dem er seine eigenen Erfahrungen gut unterbringen kann. »Ich finde, dass jeder die Pflicht hat, aus sich selbst das zu machen, was drin ist. Das ist nicht nur eine Pflicht, die diese Menschen sich selbst gegenüber haben. Die haben sie auch gegenüber der Gesellschaft. Ich verstehe unter Solidarität, der Gesellschaft auch zurückzugeben, was man von der Gesellschaft empfangen hat. Jeder hat eine ganz natürliche Verantwortung dafür, dass sich eine Gesellschaft entwickeln kann. Das hat mich immer bewegt«, sagt Gerhard Schröder, angekommen auf dem Gipfel der Macht. Er sitzt in einem Sessel des Salons im siebten Stock des Kanzleramtes. Beim Blick aus dem Fenster sucht er nach einem neuen Begriff: »Nenn es Solidarität oder Gemeinsinn oder wie auch immer.«

Wie auch immer? Im neuen weltanschaulichen Patchwork des Gerhard Schröder versammelt sich einiges: Da schimmert neben der Zivilgesellschaft auch Theoretisches aus der katholischen Soziallehre auf. Der Begriff »Gemeinsinn« etwa stammt daher. Und hat nicht seinerzeit John F. Kennedy gesagt: »Frage nicht, was dein Land für dich tun kann, sondern frage, was du für dein Land tun kannst«?

»Ich hab nichts gegen Eliten«, sagt Gerhard Schröder. »Eliten sind notwendig in jeder Gesellschaft. Aber sie müssen demokratisch entstehen oder über Leistung, jedenfalls nicht qua Geburt. Und was ich am meisten verachte, ist die völlig egoistische Lebensweise, die nach dem Motto funktioniert: Hauptsache, mir geht's gut. Jeder muss was an die Gesellschaft zurückgeben«, fährt er fort, steht aus seinem Sessel auf und schaut hinüber zum Hochhausgebirge am Potsdamer Platz. »Das hat übrigens viel mit meiner ganz persönlichen Erfahrung zu tun. Man muss ja nicht gleich in die Politik gehen; man kann sich ja auch auf andere Weise kümmern.«

Es ist noch keine Theorie, zu der sich Schröders Gedanken verdichtet hätten. Noch ist es mehr Biografie als Theorie. So war es bei Schröder immer.

# Partei

Im Flur entsteht Unruhe, Glastüren werden aufgestoßen, das Getrappel eiliger Menschen kommt rasch näher, ein Sprechfunkgerät quakt dazwischen. »Der Chef kommt«, sagt einer. Schon steht Gerhard Schröder in der Tür, streckt seine Hand Rita Lintz entgegen, der Chefsekretärin im Büro des Parteivorsitzenden. Die kennt sich aus. Sie hatte schon im Büro von Willy Brandt gearbeitet, seinerzeit in der Bonner Baracke. »Na, geht's gut?«, fragt er die blonde Genossin, die eher nach Boutique als nach Partei aussieht. »Morgen, Gerd, willst du einen Kaffee?«, lautet ihre Antwort. Schröder nickt und geht die paar Meter weiter an den Schreibtisch seines Büros, das man nur durch das Sekretariat erreichen kann. Die Tür bleibt offen, Schröder mag keine geschlossenen Türen.

Für den Kanzler ist montags Partei-Tag. Zuerst Sitzung des Präsidiums, des höchsten ständigen Gremiums der SPD, danach Sitzung des Parteivorstandes – in Wahljahren sind die Treffen dieser Parteigremien gelegentlich wichtiger als die wöchentlichen Kabinettssitzungen.

Auf Schröders Schreibtisch liegen zwei dicke rote Mappen. Schnell blättert er sie durch: Bittbriefe, ein Personalvorschlag von Hans-Jochen Vogel, Autogrammwunsche. Rainer Sontowski, Schröders Büroleiter in der Parteizentrale, weist noch auf ein Buch hin, in das er eine Widmung eintragen soll: »Sozialdemokratie im Wandel«. Eine neue Chronik des SPD-Bezirkes Westliches Westfalen. »Sozialdemokratie schon wieder im Wandel?«, frotzelt Schröder. »Mach' ich nachher.« Rita Lintz bringt den Kaffee. Schröder überfliegt erst einmal die neuesten Pressemeldungen.

Schröders Büro im fünften Stock der neuen Parteizentrale an der Berliner Wilhelmstraße macht den Eindruck, als hätte die gute alte Tante SPD den Traditionsmief mit dem Umzug nach Berlin in der Bonner Baracke zurückgelassen. Modernität ringsum, Eleganz sogar. Sechs Designer-Stühle um einen ovalen Buchenholztisch, an dem schon Michail Gorbatschow, der Österreicher Alfred Gusenbauer und der polnische Parteichef Leszek Miller gesessen haben – internationale Gäste, die der Kanzler unbedingt empfangen wollte. Wenn so hochrangige Freunde kein Staatsamt innehaben, empfängt sie der Kanzler als Parteivorsitzender im Willy-Brandt-Haus, der funkelnden Kommandozentrale der Sozialdemokratischen Partei Deutschlands.

Das spitz zulaufende Ende des Raumes, vom Boden bis zur Decke aus schusssicherem Glas, öffnet den Blick auf den traditionellen proletarischen Stadtteil Kreuzberg. Unten rumpelt die U-Bahn-Linie 1 Richtung Schlesisches Tor, eine Gegend, die mittlerweile fest in Türkenhand ist. Abends schließt sich automatisch die innen umlaufende Jalousie – aus Sicherheitsgründen. Der Kanzler säße sonst, von außen gut einsehbar und herrlich ausgeleuchtet, wie auf dem Präsentierteller. Atmosphäre und Wohlbehagen schafft sich Gerhard Schröder auch hier mit Gemälden: Ein wie üblich ziemlich ernsthafter Willy Brandt von Johannes Heisig. Zwei mittlere Formate von »Strawalde«, dem ehemaligen DDR-Künstler Jürgen Böttcher, der auch im Kanzlerbüro des Reichstages hängt. Dazu ein Ölbild von Max Uhlig.

Viel anders als das des Vorsitzenden der SPD sehen die Chefbüros deutscher Konzernlenker auch nicht aus. Nur Weniges deutet auf die Besonderheit dieses Arbeitsplatzes. In der linken oberen Ecke des Schreibtisches türmt sich stapelweise »Willy Brandt« – als Fotoband vom Kanzlerfotografen Konrad Müller. Schröder verschenkt den Klassiker gern an Besucher. Von hinten schaut ihm bei der Arbeit die legendäre Zionistin Golda Meïr über die Schulter – ein Stich vom Genossen Günter Grass.

Schröder vertieft sich nun doch in einige Briefe aus der Mappe. Obwohl hier alles ganz neu ist, mutet der Arbeitsplatz des Parteivorsitzenden seltsam museal an. Die Details – drapiert wie von einem Historiker, der Gruppen durchs Haus führt und an dieser Stelle ehrfürchtigen Besuchern erklärt: »Und hier arbeitete der Kanzler Gerhard Schröder, wenn er seine Funktion als Parteivorsitzender wahrnahm.« Ein Stapel Recyclingpapier, oktavheftgroß mit schlichtem Aufdruck »G. Sch.«, die Cohibas/Churchill-Format im Humidor auf der Anrichte sind zu trocken gelagert. Irgendwie lebt dieser Arbeitsplatz nicht. Offenbar handelt es sich nicht um den Stammplatz des Kanzlers.

Oben, ein Stockwerk höher, genau über seinem Büro, sammelt sich jetzt das Parteipräsidium. Unter den eintreffenden Genossen ist kaum jemand, der in den zurückliegenden Jahren nicht versucht hätte, den politischen Erfolg Gerhard Schröders zu verhindern, manche sogar mehrfach. Rudolf Scharping hatte ihm »charakterliche Defizite« attestiert, Heidemarie Wieczorek-Zeul intrigierte gegen Schröder von Bonn und Frankfurt aus, wann immer es ihr nötig schien. Wolfgang Thierse hatte den Genossen Gerd schon mehrfach öffentlich »gründlich satt«. Im Frühjahr 1998 reichte er eigens ein Thesenpapier gegen den Kanzlerkandidaten Schröder zur Unterschrift herum.

Fast alle haben sie ihm schon Knüppel zwischen die Beine geworfen, die sich jetzt dort oben versammeln. Bis zuletzt, bis zum Beginn des Wahljahres 1998 hatten viele inständig gehofft, Gerhard Schröder möge ihnen als Kanzlerkandidat erspart bleiben. »Wenn ich etwas will, dann mobilisiert sich automatisch der Widerstand gegen mich«, stellte Schröder halb zornig, halb ratlos bereits Anfang der neunziger Jahre fest.

Nun ist er nicht nur als Kanzler der Chef seiner ehemaligen Widersacher, sondern auch als Parteivorsitzender ihr politischer Führer. Wartet da oben in dem Zimmer über ihm nicht ein Becken voller Haifische auf den Kanzler? Ist das nicht die politische Hölle? »Ach wo, das mit den Keilereien ist doch Geschichte. Für mich ist die Situation wahrscheinlich noch einfacher als für die anderen«, sagt Schröder. »Das ist doch jetzt alles geklärt. Ich bin's ja nun.« Natürlich, da sitzen ehemalige Widersacher, Konkurrenten. »Das kann ja auch nicht anders sein. Auch in einer Partei geht es ja nicht nur immer um Politik, es geht auch um Karrieren. Ein politisches Amt ist ja nicht nur eine Leistung für die Allgemeinheit, sondern immer auch ein Stück Anerkennung, von eigenem Interesse, auch Befriedigung von Eitelkeit. Es wäre ja Blödsinn, das jetzt zu verneinen«, gibt Schröder sich gelassen und rafft seine Unterlagen zusammen.

Schröders liebster Rivale der Vergangenheit sieht das genauso. Oskar Lafontaine meint gar, dass es beim Kampf um die Hackordnung unter Parteifreunden noch ruppiger zugeht als bei den

Auseinandersetzungen mit dem politischen Gegner: »Die Rivalitäten werden *in* den Parteien stärker ausgetragen. Viel stärker als zwischen den Parteien.« Das ist nicht nur bei der SPD so. Helmut Kohl gibt mittlerweile zu, dass er manche CDU-Karriere vernichtet hat, um seine eigene Macht zu sichern. Schröder sagt: »Man muss nur aufpassen, dass so was nicht ausartet in Feindschaft. Mit dem Rest muss man leben.« Assistent Sontowski schaut auf die Uhr. »Gerd, ich glaub', wir müssen langsam.« Abgang durchs Sekretariat. Der Kaffee bleibt ungetrunken.

Nun, wo angeblich alles geklärt ist, versucht Gerhard Schröder einiges von dem wieder geradezurücken, was kreuz und quer lag in den vergangenen Jahren. Er gibt zu, dass er an dem Dauerchaos in der Kommandoebene der SPD nicht unschuldig war. »Es ist ja nicht nur so, dass die mir in den Hintern getreten haben. Ich denen doch auch. Das will hier keiner verdrängen.« Nun, wo alles entschieden ist – zu seinen Gunsten –, bietet er Versöhnung an: »In dem Moment, wo du das bist, hast du denen gegenüber eine Bringschuld. Als Vorsitzender musst du ihnen zeigen, ihr gehört dazu, und du musst das meinen. Die haben sogar einen Anspruch auf Fürsorgepflicht«, sagt Schröder. Er meint, die schon gezeigt zu haben.

Vielfach ist er intern aufgefordert worden, Oskar Lafontaine »wegen parteischädigenden Verhaltens« aus der Partei auszuschließen. Er weigerte sich. Schützend stellte er sich vor seinen ehemals größten Konkurrenten Rudolf Scharping, als der wegen seiner Badefotos mit seiner Geliebten wochenlang zum Gespött der Presse wurde. Und hat er nicht Heidi Wieczorek-Zeul mehrfach öffentlich gelobt? Je ein böses Wort über Wolfgang Thierse verloren, seit der Bundestagspräsident ist? Hat er etwa Johannes Rau und dessen matte Amtsführung als Bundespräsident kritisiert? Dabei ist Johannes Rau – jenseits von Konkurrenz und politischem Dissens – über Jahrzehnte der wohl hartnäckigste innerparteiliche Widersacher Schröders gewesen. Der Konsens-Kanzler als Parteichef der Versöhnung. Schluss mit Zoff; wo Schröder ist, ist die Mitte. Ist das nun schrödersche Polit-Taktik oder doch ein Zeichen von menschlicher Reife?

Parteitag in Nürnberg, November 2001. Am Abend des ersten Tages, gegen 19 Uhr, stürmt Schröder in den Raum »Mailand«, sein Kanzlerrefugium im ersten Stock des Kongresszentrums.

»Komm, lass uns mal 'n Schluck trinken«, wirft er seinen Mitarbeitern aus dem Kanzleramt zu. Unten läuft der Parteitag weiter. Schröder muss Ärger loswerden. Soeben waren Wolfgang Clement und Franz Müntefering von den Delegierten abgestraft worden. Dass Scharping bei der Wahl zum stellvertretenden Parteivorsitzenden diesmal nur 58,8 Prozent der Stimmen bekommen hatte, mochte noch angehen – die Badeaffäre. Aber nur 68,9 Prozent für Clement und nur 80,8 Prozent für Müntefering als Generalsekretär – das findet Schröder »unmöglich«. So zornig war der Parteivorsitzende über die »Kurzsichtigen da unten«, dass er kaum mehr Lust verspürte, wieder in den Saal zurückzukehren. Am liebsten wäre er sogleich wieder nach Berlin zurückgeflogen, um weiter zu regieren. Unzweifelhaft: Schröder will den Erfolg seiner ehemaligen Widersacher.

Sicher, ihr Erfolg würde auch ihm zugute kommen. Seit dem 13. April 1999 ist Gerhard Schröder Vorsitzender der SPD. Auf den Regionalkonferenzen der Partei nach dem ersten, verunglückten Regierungsjahr war Schröder näher an seine Genossen herangerückt. Sehr spät hat der ehemalige »Parteirüpel« anerkannt, dass er ohne seine Partei auch als Kanzler nicht erfolgreich sein kann. Er braucht ihre Unterstützung beim Regieren, und er braucht sie, wenn er im September 2002 wieder zum Kanzler gewählt werden will. Er braucht auch die halben Profis und Funktionäre seiner Partei. Irgendwie muss es gehen. Es bleibt ja keine andere Wahl. Weder für den einen noch für die anderen. Doch es spielt in das, was er Fürsorge nennt, ein abgeklärtes, souveränes Verständnis von Zusammenhalt hinein. Ein fürsorglicher Schröder war bis dahin kaum vorstellbar. Nur: haben die anderen die Veränderung auch mitbekommen?

»Es wird der Tag kommen, da sie ihm von hinten in die Knie schlagen«, prophezeit ihm düster sein alter Mentor Peter von Oertzen in Hannover. »Die Partei wird ihn abschlachten.« »Ach, der Peter«, schmunzelt Schröder leicht wehmütig, »der neigte ja schon immer zu besonders drastischen Formulierungen.« Altgenosse von Oertzen scheint seinen ehemaligen politischen Zögling immer noch nicht recht zu kennen. »So ein Moment wird gar nicht eintreten. Ich würde es spüren, wenn es so weit kommen würde. So einer Situation würde ich mich gar nicht aussetzen«, sagt Schröder, »und die Situation ist ja auch nicht so.« Aber auch einer seiner Vertrauten sagt: »Wehe, der Gerd hat keinen Erfolg. Dann werden sie über ihn herfallen. Und Gerd ist das glasklar.« Oben im Sitzungssaal ist das Präsidium nun komplett. Schröder klopft Scharping auf die Schulter, winkt rüber zu Wolfgang Clement. Wolfgang Thierse nuschelt »Hallo« durch seinen roten Bart. Schröder sagt: »So, dann fangen wir mal an.«

Dass ausgerechnet Gerhard Schröder Vorsitzender der SPD geworden ist, kommt dem sehr nahe, was man einen Treppenwitz der Geschichte nennt. Es ist in der Geschichte dieser großen Partei kein zweiter Genosse bekannt, der sich derart häufig und rabiat in die offene politische Feldschlacht mit dem Partei-Establishment begeben hätte, ohne schließlich mit der Partei zu brechen. Sein halbes politisches Leben habe dieser Mann »damit zugebracht, *gegen* die eigene Partei politisches Profil zu gewinnen«, schreiben die Parteitheoretiker Tobias Dürr und Franz Walter – und haben damit noch sehr milde umschrieben, wie erbittert sich Gerhard Schröder und seine führenden Parteifreunde in den vergangenen 25 Jahren befehdet haben.

Als er im Oktober 1983 als Spitzenkandidat für die Landtagswahl in Niedersachsen antreten wollte, versuchte nahezu das gesamte Bonner Partei-Establishment, seine Kandidatur in Hannover zu verhindern. Nur Willy Brandt hielt sich zurück. Aber der Alte machte auch keinen Finger krumm für den aufsteigenden Niedersachsen. Zehn Jahre später, im Juni 1993, setzten die SPD-Mächtigen in Bonn und Düsseldorf eigens eine Befragung der Parteimitglieder an, um den Kanzlerkandidaten der SPD für die Wahlen 1994 zu ermitteln. Hinterher stellte sich heraus, dass sie die Basisbefragung als taktisches Instrument eingesetzt hatten, um die Nominierung Gerhard Schröders zu verhindern.

»Ich bin ja kein Zufallssozialdemokrat«, sagt Gerhard Schröder. Und dennoch haben sie ihn über all die Jahre behandelt, als gehöre er irgendwie nicht dazu. Zu undurchsichtig erschien ihnen dieser Aufsteiger: politisch nicht zu verorten, taktisch unberechenbar. Sie vermissten den typischen sozialdemokratischen »Stallgeruch« und fürchteten seinen politischen Opportunismus. Der Mann sei ein »politisches Risiko«, als »Führungsfigur ungeeignet«, ließ der SPD-Patriarch Johannes Rau seinen damaligen Umweltminister Klaus Matthiesen sagen. Da war niemand, der Schröder zu Hilfe eilte.

Stets sah sich Schröder in der Partei von Gegnern und Feinden umzingelt. Selbst die Gleichaltrigen aus den rebellischen Jahrgängen stießen sich an seinem unkonventionellen Auftreten. Sie mokierten sich über den »prolligen« Schröder, der sich in Sesseln herumfläzte und zynisch dazwischenredete. Sie beobachteten missmutig, wie er sich durch das betuliche Bonn rüpelte – und damit auch noch Erfolg hatte. Sie haben ihn geschnitten in Bonn, haben ihn ausgegrenzt und beleidigt. »Schröder hatte in Bonn keinen Freund, nur die Presse«, sagt sein alter Juso-Kumpel Wolfgang Roth. Sie haben auf Fehler von ihm gehofft und gegen ihn intrigiert. Haben ihn gemobbt, indem sie ihn als Ministerpräsidenten von Niedersachsen in wichtigen Bundestagsdebatten nicht reden ließen.

Als »machtgeil« haben sie ihn gerügt, »unsolidarisch«, »flegelhaft«, »heimtückisch«, »maßlos« und »durchgeknallt«. Sie hielten das nicht für Vorurteile, sondern für gesicherte Erkenntnisse. Wie schlecht muss es den Granden der Partei gegangen sein, dass sie ausgerechnet diesen Genossen im März 1998 zu ihrem Kanzlerkandidaten kürten?

Es war die pure Verzweiflung. Alle, die sonst in Frage kamen, hatten sie schon auf den Schild gehoben, um Helmut Kohl endlich von seinem Thron zu stürzen. Den wackeren Hans-Jochen Vogel, den gütigen »Bruder Johannes« Rau, den soften Feingeist Björn Engholm, den linkscharismatischen Oskar Lafontaine, den biederen Rudolf Scharping. Allesamt hätten sie wohl das Zeug gehabt, die Republik nicht schlechter zu regieren als Helmut Kohl. Doch allesamt waren sie gescheitert: an der Machtmaschine Kohl, an der eigenen Partei – oder an sich selbst. Die SPD drohte nach 16 Jahren Kohl wieder im Verlies einer 30-Prozent-Partei zu landen. Gerhard Schröder war der letzte Versuch der altgedienten Funktionäre, in absehbarer Zeit doch noch einmal an die Macht zu kommen.

Und noch immer halten viele führende Genossen das Bündnis mit Gerhard Schröder höchstens für eine Vernunftehe. Bis heute ertragen ihn viele eher, als dass sie ihn trügen. Sie haben ihn das immer spüren lassen.

Bei den Vorstandswahlen auf dem Mannheimer Parteitag im November 1995 fiel er im ersten Wahlgang durch. Mit seinen polemischen Spitzen gegen Scharping hatte er die Partei bis aufs

Blut gereizt. Noch bei seiner Vorstellungsrede erntete er ein gellendes Pfeifkonzert, weil er seinen robusten politischen Stil auch noch verteidigte:»Bei den Fehlern, die gemacht worden sind, kann Besserung versprochen werden. In Bezug auf die Art und Weise, politisch zu arbeiten – es tut mit Leid: Ich werde das nicht schaffen.« Als er im zweiten Wahlgang schließlich doch noch gewählt wird, fällt ihm zum Dank wiederum nur Pampiges ein:»Wenn man gelegentlich für das Reich der Notwendigkeit zuständig ist und weniger für das der Wolken, muss man damit rechnen, vom Parteitag einen Denkzettel zu bekommen. Das ist eben so.« Kein Wort der Selbstkritik, von Demut weit und breit keine Spur. Nur nicht klein beigeben.

Auf dem Sonderparteitag in Bonn im April 1999 wählten sie ihn mit nur 76 Prozent zum neuen Vorsitzenden – das zweitschlechteste Ergebnis, das ein SPD-Parteivorsitzender seit 1946 bekam. Selbst der Kanzlerbonus nützte Schröder nichts. Es klang wie eine Bitte um Nachsicht, wenn er sagte:»Ich hab das Amt ja nicht angestrebt. Ich hab ja nie am Zaun vom Erich-Ollenhauer-Haus gerüttelt.« So hieß die alte SPD-Parteizentrale.

Tatsächlich war ihm das Amt zugefallen wie eine ungewollte Erbschaft. Wie alle anderen war Gerhard Schröder geschockt, als der Parteiliebling Oskar Lafontaine am 11. März 1999, ein halbes Jahr nach der Machtübernahme durch Rot-Grün in Bonn, seinen Ministerposten und den Parteivorsitz hinschmiss. Die Lichtgestalt der deutschen Sozialdemokratie, der Lieblingsenkel Willy Brandts, die Hoffnung der Parteilinken verschwand Knall auf Fall, ohne die Geschäfte geordnet zu haben.

Dem saarländischen Charismatiker hatte das Partei-Establishment zugetraut, den unberechenbaren Kanzler Schröder politisch auszutarieren, ihn womöglich sogar zu beherrschen. Lafontaine hatte der SPD in einer Zeit, in der niemand recht wusste, wofür sie steht und wogegen, noch stets das Gefühl vermitteln können, sie sei der legitime Erbwalter der herzblutroten linken Tradition. »Putschartig« sei er zurückgetreten, schrieben einige Blätter. Und in der Tat wirkte Lafontaines abruptes politisches Harakiri auch wie ein raffinierter Putsch – gegen Schröder. Der beleidigte Überflieger Lafontaine hatte Schröder schon die Kanzlerschaft nicht zugetraut. Sollte sein alter Kumpel und Konkurrent nun gefälligst auch als Parteivorsitzender scheitern? Nach Lage der Dinge nämlich konnte nur einer seine Nachfolge als Parteivorsitzender antreten: Der Kanzler. Gerhard Schröder. Ausgerechnet Gerhard Schröder. »Dass der Oskar das einfach so weggab wie einen Mantel, den man an die Garderobe hängt, das darf man doch nicht«, entsetzt sich Schröder noch heute. »Wenn man krank ist, darf man aufhören. Man darf auch gezielt aufhören, wenn man für eine solide Nachfolge gesorgt hat, so, wie man einen Hof übergibt. Aber sagen, man geht einfach Zigaretten holen, und kommt nicht wieder – das geht nicht. Nicht bei der SPD.«

Jetzt als Parteivorsitzender hat Gerhard Schröder vielleicht zum ersten Mal in seinem politischen Leben richtig verstanden, dass diese Partei mit ihren knapp 720 000 Mitgliedern mehr ist als ein Zusammenschluss von streitlustigen Individuen zum Durchsetzen von Interessen. Gelegentlich spürt er, welche Verantwortung er da nicht nur für sich selbst, sondern auch für solche Mitglieder übernommen hat, denen Politik mehr bedeutet als Karriere, Erfolg und Macht. In München hatte er die Laudatio auf Hans-Jochen Vogel gehalten, der den 50. Jahrestag seines Eintritts in die SPD feierte. Schröder war berührt von der politischen Lebensleistung dieses »Parteisoldaten«, der uneitel die Partei durch schwierige Oppositionszeiten geführt hatte. Im Flugzeug zurück nach Berlin trank Schröder einen Weißwein und schaute dabei versonnen aus dem Fenster auf das nachtdunkle Deutschland. »Kanzler sein, das ist schon was. Aber Parteivorsitzender – das ist was Heiliges.« Erstaunlich pathetische Worte für den sonst so ausgebufften Machtmenschen.

Natürlich weiß Schröder, dass er bei seinen Sturmläufen gegen das Establishment in der Partei viel verbrannte Erde hinterlassen hat. Besonders die dramatischen Keilereien mit Rudolf Scharping haben nicht nur bei dem Pfälzer, sondern in der ganzen Partei Wunden hinterlassen. Gelegentlich beschäftigten ihn schon früher Anflüge von Selbstkritik: »Vielleicht hatte die SPD ja Recht, dass sie so einen wie mich als Kanzler verhindern wollte«, bekannte Schröder niedergeschlagen 1993, als er die Mitgliederwahl verloren hatte. Zu unkonventionell hat er sich im innerparteilichen Kräftemessen verhalten, um allseits als guter Sozialdemokrat zu gelten: »Da kam ja oft Unwillen bei denen auf, weil ich mich geweigert habe, Seilschaften zu bilden oder mich in eine einzuklinken. Das ist nicht meine Art. Wenn ich von der Partei was wollte, habe ich mich direkt oder über die Medien ans Parteivolk gewandt. Das ist sicher manchem quer gegangen, der gemeint hat: Mensch, der könnte doch den Dienstweg einhalten.«

»Als Ergebnis langer Suche« war Schröder 1963 der SPD beigetreten. Zuvor war er in Westfalen durch Versammlungen anderer Parteien getingelt –»von links bis rechts«. Der SPD-Abgeordnete Helmut Schmidt, den sie damals »Schmidt-Schnauze« nannten, gab schließlich den Ausschlag. »Der konnte so gut reden, hat ordentlich ausgeteilt. Und dann ist der im Fernsehen immer bei ›Meet the Press‹ mit einem brillanten Englisch aufgetreten. Den habe ich bewundert.« Vom heftigen Richtungsstreit um rechts und links, der damals die Partei schüttelte, hat Schröder seinerzeit wenig verstanden. Auch seine ersten politischen Ämter waren eher praktisch als politisch. Die Jusos in Göttingen wählten ihn 1970 als eines von drei Mitgliedern in einen Kollektivorstand. Die beiden anderen kümmerten sich um Marxismus-Schulung und Bildungsarbeit – Schröder, der damals als gemäßigter Rechter galt, war »zuständig für Kontakte zur Partei, Kasse und Öffentlichkeitsarbeit«, wie er heute schmunzelnd erzählt: »Ich war ja damals theoretisch unbedarft. Aber die Aufgabe, die sie mir übertrugen, das waren praktisch die eines Generalsekretärs.«

Nach dem plötzlichen Verschwinden Lafontaines war die Parteizentrale paralysiert. Das Haus hatte keinen Kopf, kein Herz, keine Seele; nicht einmal einen politischen Büttel, der sich um das Notwendigste kümmerte. Ottmar Schreiner, als Geschäftsführer der Bundespartei ein Vertrauter Oskar Lafontaines, war ein Mann auf Abruf. Schreiner und Schröder kennen sich seit 1978, als sie um das Amt des Juso-Chefs konkurrierten und Schröder gewann. Seitdem waren die beiden immer wieder aneinander gerasselt. Zuletzt hatte sich Schreiner im Frühjahr 1998 zusammen mit Thierse gegen die Kanzlerkandidatur Schröders ausgesprochen.

Schröder beließ ihn dennoch auf seinem Posten als Bundesgeschäftsführer. Er wollte den Eindruck vermeiden, als neuer Parteivorsitzender sogleich mit dem lafontaineschen Erbe in der Partei aufzuräumen. Doch im Sommer 1999, inmitten des verpfuschten ersten Regierungsjahres der Kanzlerschaft Schröders, griff Schröder durch. Schreiner hatte den Regierungschef öffentlich kritisiert. Schröder warf ihm Illoyalität vor und kündigte ihm den Posten auf. Als Kompensation bot er seinem alten Widersacher Schreiner den Posten eines Parlamentarischen Staatssekretärs in einem SPD-regierten Ministerium an. Doch der lehnte ab. Als politisch gescheiterter Postenjäger wollte der Saarländer denn doch nicht erscheinen. Schreiner ging als Abgeordneter zurück ins Parlament.

Als einen »reinen Glücksfall« sieht Schröder immer noch, dass er Franz Müntefering überzeugen konnte, seinen Posten als Verkehrsminister aufzugeben, um die Partei zu lenken. Gemeinsam mit seiner rechten Hand Frank-Walter Steinmeier hatte sich Schröder 1999 im hannoverschen Restaurant »Wiechmann« mit Müntefering getroffen, um ihn zu fragen, ob und wie er sich die Zusammenarbeit mit Schröder vorstellen könnte. Müntefering sagte zu und ist seitdem einer der wenigen Vertrauten Schröders, die nicht seinem hannoverschen Dunstkreis entstammen. Müntefering stellte allerdings Bedingungen: So wollte er seine rechte Hand Matthias Machnig und seinen Pressesprecher Michael Donnermeyer mit in die Parteizentrale nehmen. Die beiden hatten zum Kern der legendären »Kampa«, der Kreativwerkstatt des Wahlkampfes von 1998, gehört. Schröder stimmte zu, doch es fiel ihm nicht leicht.

Zwischen Kampa-Chef Machnig und der hannoverschen Umgebung Schröders hatte es im Wahlkampf 1998 nie recht funktioniert. Der Technokrat Machnig hatte einen Wahlkampf konzipiert, bei der der Spitzenkandidat, wenn überhaupt, nur eine Nebenrolle spielte. In Machnigs Vorstellung war der Star die Partei. Schröders Mannschaft konnte sich mit ihrer in Niedersachsen erfolgreich erprobten Methode, den Wahlkampf punktgenau auf den Kandidaten zuzuschneiden, nicht durchsetzen.

Schröder und seine Leute hatten 1998 nur wenig Einfluss auf die Kampa-Kampagne. Er betrieb den Wahlkampf teils ohne, teils gegen die Kampa. Umgekehrt war es nicht viel anders. Der Dissens ging so weit, dass Schröders Büroleiterin Sigrid Krampitz sich schließlich weigerte, mit Machnig zu telefonieren. Die Kampa-Chefs nahmen umgekehrt die Weisungen aus Hannover nicht mehr ernst. Machnig kommentierte den Wahlsieg Schröders mit den Worten: »Mit Lafontaine hätten wir auch gesiegt.«

Nachdem die SPD im ersten Regierungsjahr Schröders sechs
Landtagswahlen in Serie verloren hatte, fühlte Machnig sich
bestätigt: Daran könne man deutlich ablesen, welche Schwierigkeiten Schröder habe, die Partei zu mobilisieren. Müntefering
machte Machnig zum Bundesgeschäftsführer, während er selbst
zum ersten Generalsekretär der SPD in der Geschichte der Partei
avancierte. »Kein böses Wort gegen Machnig«, gab Schröder als
Parole an seine Mitarbeiter aus. Schröder selbst pflegte lange ein
»Nichtverhältnis« zu seinem Bundesgeschäftsführer.

Das begann sich erst zu Anfang des Wahljahres 2002 zu
ändern. Machnig hat akzeptiert, dass es bei der Wahl auf den
»Führungsspieler« ankommt – er meint damit Schröder. »Heute
spielen wir ein neues Spiel«, sagt er und verweist auf »eine neue
Kultur des Zusammenarbeitens«: Auf täglichen Telefonkonferen-
zen und gelegentlichen Treffen – auch im Kanzleramt – würde die
Truppe um den Chef nun zu einem schlagkräftigen Team zusammenwachsen. Auch Sigrid Krampitz und Machnig reden wieder
miteinander.

Entscheidend für den Parteivorsitzenden Schröder ist sein
gutes Verhältnis zu Müntefering. »Wenn der Münte nicht da
wäre …«, seufzt schon mal einer der Schröder-Mitarbeiter im
Kanzleramt, wenn eine heikle Situation wieder einmal durch
besonnenes Verhalten »vom Franz« bereinigt werden konnte.
Formal rangiert der Sauerländer zwar unterhalb der Ebene der
stellvertretenden Parteivorsitzenden, doch faktisch überragt er sie
an Einfluss und Wirksamkeit. Vor allem wegen seiner Nähe zum
Kanzler, mit dem er gut kann. »Der ist im Grunde geschäftsfüh-
render Vorsitzender, ohne dass er sich aufspielt. Das kann auch
gar nicht anders sein, wenn der Parteivorsitzende Kanzler ist«,
sagt Schröder. Er ist heilfroh, dass Müntefering mit seiner kombi-
nierten Erfahrung als Ex-Minister und langgedienter Parteisoldat
die ganze Breite der Aufgaben abdecken kann, die auf den Kanzler als Parteivorsitzenden zukommt. Das könnte kaum einer der
Stellvertreter so gut: »Insofern ist das 'ne Konstellation, über die
ich, na, möchte fast sagen, glücklich bin«, sagt Schröder.

Trotz des Versöhnungskurses mit seinen ehemaligen Widersa-
chern und der geglückten Funktionsteilung mit Müntefering sind
die Schwierigkeiten Schröders mit seiner Partei nicht ausgeräumt.
Es bleibt ein Abstand zwischen ihm und der Partei. Er ist prinzi-

pieller Natur – und noch weiß Schröder keinen Rat, wie er ihn überwinden soll.

Als Mensch mag er den Parteiapparat nicht, wie er ohnehin kein Freund von Apparaten, Bürokratien und formalisierten Abläufen ist. Als ehrgeiziger Politiker, als Kanzler findet er ihn nicht selten hinderlich, lästig, nervig. Schröder ist ein untypischer Sozialdemokrat seiner Generation. Er brauchte die Hinterzimmer nie, in denen sich die Genossen beim Absingen von »Brüder, zur Sonne zur Freiheit« das Leben schönsingen. Die weihnachtlichen Skatrunden, die Jubiläumsfeiern, die Traditionsfahnen – alles nicht seine Kragenweite. Schröder verglich die Partei schon spöttisch mit einem Ziegenstall: »Wenn man von draußen reinkommt, riecht es etwas streng. Aber drinnen ist es schön warm.« Wo andere in der Partei ein Nest finden – er hat es dort nie gesucht. Nester sind ohnehin nicht sein Fall.

Die Partei mit ihren Kaskaden der Kommunikation und ihrer komplizierten Verantwortungsstruktur ist ihm viel zu umständlich, zu wenig direkt, zu langsam. Als Politiker will er täglich etwas bewegen. Im Kanzleramt kann er das. Da trommelt er seine Mitstreiter zusammen, diskutiert die Sache durch, bis sie für ihn stimmt – und dann wird gehandelt. In Parteisitzungen verbringt er die Zeit damit, Bedenkenträger umzustimmen, während die Ereignisse draußen sich längst weiterentwickeln. »Wer das Sparpaket nicht begreift, ist blöd«, blaffte er seine Genossen an, als sie Vorbehalte gegen seinen restriktiven Haushaltskurs anmeldeten. »Die Partei hinkt ewig hinterher, das ist immer wie ein Blick nach rückwärts«, stöhnt ein Mitarbeiter. Schröder ist auch kein Team-Typ. Er hört zwar gern zu, doch nur solchen Menschen, von denen er etwas lernt. Den Eindruck hat er bei Sitzungen mit Genossen nicht immer.

Er bestreitet, dass er Probleme mit der Partei hat. »Ich habe keinen Grund, mich zu beschweren. Man muss nur sehr genau sagen, was man unter Partei versteht. Partei wird ja gerne verwechselt mit den Delegierten auf dem Parteitag. Doch Partei ist mehr. Bei den Mitgliedern fühle ich mich gut aufgehoben. Schwierigkeiten gibt es schon mal mit denen, die halbe Profis sind in dem Geschäft, mit der mittleren und gehobenen Schicht der Funktionäre.«

Unter den Parteifunktionären findet er lauter Bedenkenträger, skrupulöse Schlaumeier und Besserwisser. Viele von ihnen aus dem öffentlichen Dienst, wo man sich die intensive Beschäftigung mit der Politik folgenlos leisten kann. Skeptiker von Beruf mit eingebautem kritischem Bewusstsein. Für den Selfmademan Schröder ein Graus. Diese Sorte Genossen seien die »Repräsentanten eines abständigen Lebens, wo das Leben in Nischen wohl organisiert und ohne jedes Risiko ist«, heißt es in der Umgebung Schröders.

Schon als Ministerpräsident von Niedersachsen hatte er über »Genossen« gewettert, die aus der Warte ihrer gesicherten Pensionsbezüge Politik machten: »Die Probleme der Kämmerer sind andere Probleme als die der Menschen, die wir vertreten wollen.« Mit einiger Hartnäckigkeit ließ er diesen Typus Parteifreund wissen, dass er ihn nicht sonderlich schätzt: »Auf zwei Berufsgruppen kannst du öffentlich einprügeln, ohne dass das Volk rebelliert: auf Hauptverwaltungsbeamte und auf Lehrer.« Er sagte aus vollem Herzen zu Schülerzeitungsredakteuren: »Lehrer sind faule Säcke« – wohl wissend, dass sich unter Parteitagsdelegierten viele Lehrer befinden.

Auf dem Parteitag in Nürnberg im Herbst 2001, der sich unter dem Vorsitz von Schröder eher lustlos hinzog, fiel einem seiner Mitarbeiter ein alter Spruch von Herbert Wehner über Parteitage ein: »Die sind entweder voller oder sie sind leerer. Aber sie sind immer voller Lehrer.« In der SPD empfinden sich bis zu 25 Prozent der Mitglieder als links. Doch auf Parteitagen stellen sie rund 70 Prozent der Delegierten. Schröder erreiche diesen Typus Genossen nicht – ganz anders als noch Oskar Lafontaine, der gerade dieses Spektrum seiner Partei vorzüglich bedienen konnte. Die Parteilinke, geprägt von den 68er Standards, war sein politisches Biotop. Schröder war nie ein typischer 68er.

Schröders Hausdemoskop Manfred Güllner bestärkt seinen Auftraggeber in dieser Haltung. Zu sehr hätte sich die Partei auf einen bestimmten Typus Politik und einen dazugehörigen Typ Funktionär verständigt, der beim Wahlvolk nicht besonders ankomme. Mit solchen Leuten sei »heute kein Staat mehr zu machen. Deswegen hat die SPD vielerorts die Verankerung vor Ort verloren.« Schröder habe sich »mit seiner Persönlichkeit und seinem Politikstil deutlich davon abgehoben«.

Schröder fehlen in der Partei die Selbstständigen. Leute, die ihr

Schicksal in die eigene Hand nehmen, Macher wie er selbst. Modernisierer, Neuerer, Leute mit Ideen, Anpacker, denen die Tat wichtiger ist als die Theorie. Ihm fehlen auch die Arbeiter in der Partei, die nüchtern nach eigenen Interessen urteilen und ihre Kritik nicht aus schlauen Büchern beziehen. »Für die einfachen Leute ist er die Hoffnung«, sagt Schröders Büroleiterin Sigrid Krampitz, die ihn auf fast jeder Parteiveranstaltung in die Provinz begleitet: »Die einfachen Parteimitglieder ohne Abitur, die bewundern ihn.« Hier höre er den Satz: »Gerd, wir finden das toll, was du machst«, den er von seinen gelehrten Genossen nie zu hören bekommen würde. Hier und von diesen Menschen kann er das Lob unverstellt annehmen.

Der Augenschein spricht dafür. »Gerhard, Gerhard«, skandieren die 800 Besucher in der Parkhalle von Iserlohn, als Schröder wie ein Matador den Saal betritt. Schröder ist im Vorwahlkampf unterwegs, er will sich zeigen, und er will die Witterung aufnehmen im Land. Hier hat er ein Heimspiel, der Wahlkreis ging das letzte Mal direkt an die SPD. »Das Radio MK hat Kanzlerwetter angekündigt«, begrüßt ihn der Moderator der Parteiversammlung, »das gehört zu einem Volkskanzler auch dazu.« Mädchen überreichen ihm selbst gemalte Bilder. Ein Gehörloser umarmt ihn, nachdem seine Gebärdendolmetscherin seine kleine tonlose Ansprache übersetzt hat. Unten im Saal strecken die Mitglieder der Gehörlosengruppe ihre Hände zum Zeichen des Beifalls in die Höhe und drehen sie im Handgelenk. Als auch noch die drei alten Fußballrecken Schmidt, Emmerich und Paul von Borussia Dortmund als Überraschungsgäste auf die Bühne kommen und der Kanzler alle drei umarmt, skandieren die Leute: »Lang lebe der Kanzler.« »Was soll ich dazu sagen?«, sagt der Kanzler und ist tatsächlich gerührt.

»Wie hält man das denn aus, diesen Druck und so und immer rund um die Uhr und auch im Ausland?«, fragt der Moderator. »Vierzehn Stunden arbeite ich am Tag«, sagt Schröder, »das ist ein langer Tag. Dabei bin ich ein richtiger Morgenmuffel. Aber wenn man Freude an der Arbeit hat, dann geht das.« »Schröder, Schröder«, skandieren die Leute. Anschließend steigt er in einen Hubschrauber des Bundesgrenzschutzes. Von oben schaut er sich die sauerländische Landschaft an und sagt: »Sind schon dolle Leute hier.«

»Fahr' einen Bus vor das Kanzleramt voll mit einfachen Menschen«, sagt Uwe-Karsten Heye, »da kannst du sehen, wo seine Basis steckt.« Dann gehe Schröder mit ausgestreckten Armen auf die Menschen zu, drückt Hände, herze auch schon mal eine Bewunderin und fühle sich wohl. »Solche Begegnungen sind wahre Jungbrunnen für Schröder«, sagt Heye, »dann geht der Mann wieder an seinen Schreibtisch, und die Arbeit geht ihm flott von der Hand.«

Im Sitzungszimmer des Parteipräsidiums sind mittlerweile die weißen Schalen mit den belegten Brötchen fast leer. Nur hier und da schwitzt Wasser aus einem Käsebrötchen, und ein Lachsschnittchen will partout keinen Abnehmer finden. Die Sitzung lief problemlos, kein Krach, keine lauten Worte. Arbeitsatmosphäre.

Schröder geht zurück in sein Büro im fünften Stock und steckt sich erst einmal eine Zigarre an. Die neue Rolle des versöhnenden, integrierenden, ausgleichenden und moderierenden Konsens-Parteichefs kostet ihn mehr Kraft, als ihm lieb ist.

## Zoff mit dem kahlen Peter

Die 293 Mitglieder der SPD–Bundestagsfraktion wussten ja, was sie erwartet. Gerhard Schröder pflegte SPD-Funktionsträger als ein »Kartell der Mittelmäßigkeit« zu bezeichnen. Dem Ruf wurde er als Kanzler gerecht. So wenig, wie er versuchte, den Erwartungen seiner Parteifunktionäre zu entsprechen, so wenig bemühte sich Gerhard Schröder anfangs um die Zustimmung der SPD-Fraktion zu seiner Regierungspolitik. Es behagt ihm schon aus Prinzip nicht, sich anzubiedern oder um Gefolgschaft zu buhlen. Er muss dabei mehr politische Bedürftigkeit zeigen, als ihm lieb ist.

Sichtlich schlecht gelaunt und offenbar ohne große Bereitschaft zum Dialog redete er in Fraktionssitzungen auf die Genossen ein: Er stellte nüchtern seine Politik vor und erwartete Gefolgschaft. Von Werben um Zustimmung keine Spur. Er habe »die Gefühle der Fraktion oft verletzt, indem er uns zu verstehen gab, dass aller Protest der Fraktion gegen seine Politik nicht helfe. Gemacht würde am Ende doch, was machbar und was nötig sei; und davon verstünde er mehr als alle anderen«, sagt ein Mitglied der Fraktion, das Schröder seit vielen Jahren gut kennt. Schröder habe von Anfang an keinen Zweifel daran aufkommen lassen, dass er der Auffassung war, dass die Genossen ihm den Erfolg zu verdanken hätten – und nicht umgekehrt.

Vorzugsweise Vertreter der Parlamentarischen Linken rasselten mit ihrem Kanzler bald aneinander. Andrea Nahles, Detlev von Larcher und Ottmar Schreiner, der Vertreter des Arbeitnehmerflügels der Partei, wurden »abgekanzlert«, aber auch die rechten Genossen des »Seeheimer Kreises« stießen sich an seinem Politikstil. Wie ein Alternativprogramm zu Schröder empfanden viele Genossen die Auftritte von Oskar Lafontaine. Der fand zu Beginn der Regierungszeit in seinen Reden vor der Fraktion stets Worte, die in der zerstrittenen Gemeinschaft der SPD-Abgeordneten das Gefühl von Solidargemeinschaft gegen den Rest der Welt aufkommen ließ. Lafontaine, der damals Finanzminister und Vorsitzender der SPD war, fand in der Fraktion den Ton, nach dem die Genossen lechzten, um bei allem ernüchternden Pragmatismus der Regierungpolitik nicht zu vergessen, dass sie als »Brüder zur Sonne, zur Freiheit« strebten.

So verwundert es nicht, dass sich der Zorn der Abgeordneten auf Schröder ablud, als im Laufe des Jahres 1999 eine Wahl nach der anderen für die SPD verloren ging. Da Schröder im April auch den Vorsitz der Partei übernommen hatte, wollten sie ihren schlecht vor sich hin regierenden Kanzler jetzt doppelt kräftig anpacken.

Mitte April 1999 gab es, wieder einmal, eine hitzige Diskussion um Scheinselbstständigkeit und 630-Mark-Jobs. Arbeitsminister Walter Riester erhielt nach seinem Redebeitrag den warmen Applaus seiner Fraktion – er hatte für die Beibehaltung der gerade erst verabschiedeten, aber in der Öffentlichkeit heftig kritisierten Gesetze geworben. Schröder bemerkte anschließend kühl, er sei »eigentlich anderer Meinung«. Einige Abgeordnete konnten daraufhin kaum an sich halten. »Ihr solltet im Kanzleramt mal die Gesetze lesen!«, rief einer dazwischen. »Vielleicht macht ihr erst mal 'ne Kabinettssitzung«, rief höhnisch ein anderer. Mehr noch als vom Inhalt der Kritik war Schröder von der Respektlosigkeit überrascht, mit der er hier attackiert wurde.

Im September 1999, kurz vor der Kommunalwahl in Nord-

rhein-Westfalen, die wiederum katastrophal für die SPD auszuge-
hen drohte, musste Schröder mit ansehen, wie seine Reputation
in der Partei auch außerhalb des Parlamentes mehr und mehr ero-
dierte. »Die Kanzlerfrage wird gestellt«, wisperten die Genossen.
»Es ist Zeit, Alarm zu schlagen«, tönte der SPD-Oberbürgermeis-
ter von Oberhausen. »Konsequenzen wegen Schröders schlechter
Parteiführung« forderte der Vorsitzende des SPD-Bezirks Ost-
westfalen. Es werde ein Zeitpunkt kommen, »an dem wir alle
wissen, dass Schröder nicht mehr zu halten ist. Dann muss er
weg«, ließ sich eine NRW-Politikerin zitieren. Sie alle machten die
schwache Führung in Berlin für die drohende Wahlniederlage verantwortlich.

Die Fraktion muckte weiter auf. Schröders Sparpolitik und die
geplante Rentenreform brachten Linke und Gewerkschafter
gegen den Kanzler auf. Im April 2000 unterzeichneten 45 linke
Abgeordnete einen offenen Brief, in dem Schröder aufgefordert
wurde, die Wirtschaft endlich auf ihre Zusage zu verpflichten,
mehr Lehrstellen zu schaffen. Dreißig weitere Abgeordnete des
linken Fraktionsflügels griffen den Kanzler im August erneut an:
Bei seiner Wirtschafts- und Sozialpolitik entstehe der Eindruck,
er reduziere »den Staat zu einem bloßen Erfüllungsgehilfen des
Kapitals«. 77 Unterschriften hatte ein Abgeordneter in seiner
Fraktion im September gesammelt, um Schröder aufzufordern,
endlich seinen Widerstand gegen eine höhere Besteuerung von
Vermögen aufzugeben. Die Stimmung kippte immer bedrohlicher
gegen Schröder. Ihm selbst dämmerte: »Ich weiß, ich kann immer
noch an der Wand landen.«

Längst hatte Schröder gemerkt, dass sich die politischen Kraft-
proben mit der eigenen Fraktion in ihrer Summe zu einer Macht-
frage hochgeschaukelt hatten. Wie häufig, wenn er mit dem
Rücken an der Wand steht, gab er auch diesmal nicht nach, sondern trieb den Konflikt auf eine dramatische Lösung zu. Will-
kommenen Anlass bot ihm im August eine Ungeschicklichkeit des
SPD-Fraktionsvorsitzenden Peter Struck. Im Parteivorstand hatte
Schröder unter massivem Einsatz seiner Autorität die Renten-
pläne seines Arbeitsministers Walter Riester durchgeboxt: »Jetzt
ist keine Zeit mehr für weitere Diskussionen.« Im Sommerurlaub
im italienischen Positano hatte er, statt sich mit Doris und Tochter Klara zu entspannen, bis zu hundert Mal am Tag mit Berlin

telefoniert, um endlich zu einer Politik »mit einer Stimme« zu kommen. »Mehr Kommunikationsdisziplin« hatte er in Interviews eingefordert. Da platzte Peter Struck in einem Sommerinterview mit ganz eigenen Vorstellungen von Steuer- und Rentenreform in den gerade mühsam hergestellten Burgfrieden: »Kein Gesetz verlässt den Bundestag so, wie es hineingekommen ist«, ließ der Fraktionschef cool verlauten.

Das war der Moment, in dem Schröder die Zügel in der Fraktion fester anzog. Ende August, kaum aus dem Urlaub zurück, griff er Struck vor den Mitgliedern des Bundeskabinetts an. Was der Fraktionschef da angerichtet habe, sei »eine Katastrophe«. Durch Strucks Äußerungen sei in der Öffentlichkeit wieder einmal der Eindruck entstanden, dass »die Regierung was beschließt, was wir hinterher nicht einhalten«. Dem zornigen Ausbruch Schröders folgten umgehend Spekulationen, der Kanzler denke darüber nach, Struck ablösen zu lassen.

»Schröder faltet Struck zusammen«, titelte die »Bild«-Zeitung. Daneben war ein zusammengeknautschtes Foto des »kahlen Peter« gestellt, wie der kahlköpfige Niedersache spöttisch genannt wird. Das Signal war angekommen. Doch Schröder merkte schnell, dass er mit seiner Wutattacke dem Vorwurf der heillosen Konfusion an der Spitze genau entsprochen hatte – und korrigierte sich. Nachdem er Struck und der Fraktion einmal die Folterwerkzeuge vorgezeigt hatte, bemühte er sich nun um Besänftigung der Situation.

Strucks Führungsstil, das wusste Schröder, war in der Fraktion flügelübergreifend umstritten. Bei seinem Vorsatz, die Regierung »zu tragen, notfalls aber auch zu treiben«, fand sich Struck unvermittelt zwischen den Stühlen, die ihm die Linken wie die Rechten angeboten hatten. Als Fraktionsgeschäftsführer hatte sich Struck in der vorangegangenen Legislaturperiode einen gewissen Ruf als »Strippenzieher« erarbeiten können, nun schien er als Vorsitzender eine krasse Fehlbesetzung.

Jetzt steuerte Schröder um. Demonstrativ stellte er sich in einer Pressekonferenz vor seinen Fraktionsvorsitzenden. Vokabeln wie »Machtwort« seien ihm »ganz und gar fremd«, auch von »Zusammenfalten« verstünde er nichts. So stand der Kanzler als der Retter Strucks und als Wächter der Würde der Fraktion da. Fortan band er Struck und dessen Geschäftsführer Wilhelm

Schmidt mehr in die Regierungsgeschäfte ein. Schröder hatte sich in das Fraktionsleben eingefädelt.

Schröder wurde konzilianter – zumindest im Ton. Nun ist er auch bei zwei Dritteln aller Fraktionssitzungen im Reichstag persönlich anwesend – wesentlich häufiger als früher. Dabei erhält er stets die uneingeschränkte Aufmerksamkeit. Bei allen anderen Redebeiträgen tuscheln Abgeordnete oder rufen gar dazwischen, auch wenn Struck oder der stellvertretende Parteivorsitzende und Verteidigungsminister Scharping am Mikrofon stehen. Schröder hat mittlerweile den Respekt seiner Genossen – aber ihre Zuneigung besitzt er deswegen noch lange nicht. Jedenfalls nicht unbedingt.

Dazu sind die Auffassungsunterschiede über die Rolle einer Regierungsfraktion immer noch zu groß. Schröder nehme die Fraktion nicht für voll, lautet einer der oft gehörten Vorwürfe. »Wir dürfen als Partei und Fraktion nicht völlig im Schatten der Regierung verschwinden«, forderte Ottmar Schreiner. Schröder dürfe die Partei »nicht von oben herab regieren, sondern er muss den Mitgliedern das Gefühl geben, dass sie ernst genommen werden«, erwartet Carsten Schneider, der jüngste SPD-Abgeordnete.

Da würde Schröder noch zustimmen. Ernst nimmt er die Abgeordneten schon. Allein deswegen, weil er gelegentlich auf ihre Unterstützung angewiesen ist. Nur wird er deswegen noch lange nicht bereit sein, ihren Anregungen oder Maßgaben stets zu folgen. Zu häufig stößt er bei seinen Versuchen, den »Reformstau« der Republik aufzulösen, auf Traditionsbestände sozialdemokratischer Politik, wie er sie auch in der Partei bekämpft. »Der Kanzler hat da Argumentationsbarrieren in den Köpfen zu durchbrechen«, nennt Regierungssprecher Heye das. Die sind oft von grundsätzlicher Art. Deswegen schlägt der Meinungsstreit schnell ins Prinzipielle um.

Eine Regierungsfraktion ist nach Schröders Verständnis in erster Linie dazu da, die Regierung zu stützen – nicht jedoch, sie zu stürzen. Dazu wäre es am 16. November 2001 fast gekommen. Vor der Abstimmung über den Einsatz von Bundeswehrsoldaten in Afghanistan hatten sich Schröder, Struck und Parteigeneralsekretär Franz Müntefering vorgenommen, diesmal anders zu agieren als bei der Abstimmung zum Mazedonien-Einsatz. Damals hatte Schröder zwar Verständnis für solche Genossen gezeigt, die wegen moralischer Skrupel gegen ein militärisches Engagement stimmen wollten. Doch dann reichte der Regierung ihre eigene Mehrheit nicht. 19 SPD-Mitglieder hatten gegen ihre eigene Regierung gestimmt. Schröder konnte die Bundeswehrsoldaten nur entsenden, weil die Opposition dafür gestimmt hatte. SPD-Generalsekretär Müntefering verlor die Geduld. Man müsse überprüfen, ob die Abweichler einen Wiedereinzug in das Parlament verdient hätten, polterte der Sauerländer. Natürlich hagelte es anschließend Proteste: Münteferings Drohung sei »eine strafbare Nötigung« und der SPD »unwürdig«, schimpften die Liberalen Burkhard Hirsch und Gerhard Baum. Ein SPD-Generalsekretär sei schließlich kein kommandierender General, »und eine Fraktion ist keine Kompanie von Parteisoldaten«.

Den Vorwurf wollten sich Schröder und Co bei der Afghanistan-Abstimmung nicht noch einmal einfangen. Deshalb wollten sie die Abstimmung für ihre Fraktionsmitglieder diesmal wieder freigeben. Am Wochenende vor der Abstimmung »habe ich mit meinen Pappenheimern telefoniert«, erinnert sich Schröder. Rezzo Schlauch gab ihm aus seiner Fraktion 15 mögliche Abweichler durch. Die »Wasserstandsmeldung« vom Genossen Struck war noch bedrückender: »Das werden 25, können aber auch leicht 40 werden«, signalisierte ihm sein Fraktionsvorsitzender. Schröder zog »die Reißleine«. Am darauf folgenden Montagmorgen im Präsidium seiner Partei sei er sich schon »sicher gewesen«, auch wenn er nur Andeutungen gemacht habe.

Er wollte die Disziplin seiner Genossen, andernfalls sei die Regierung am Ende: »Wenn man die Verantwortung, die man hat, nicht wahrnehmen kann, dann muss man sie abgeben«, ließ der Kanzler verlauten – und beantragte eine Vertrauensabstimmung im Parlament. Wieder einmal hatte Schröder einen Konflikt zugespitzt, um ihn zu seinen Gunsten zu entscheiden.

Fälschlicherweise bezogen die Grünen diesen Vorwurf auf sich und fühlten sich gemaßregelt. Schröder war sich jedoch sicher, daß sich die Grünen in der Diskussion um die Notbremse Vertrauensfrage öffentlich profilieren könnten. Gezielt war der Vorstoß jedoch eindeutig auf seine eigene Fraktion, die er immer noch im vorpolitischen Traumzustand wähnte: »Einige SPD-Mitglieder sind wohl noch in der Oppositionszeit haften geblieben«, zürnte Schröder. »Eine Regierungsfraktion ist aber keine Selbsterfahrungsgruppe.« Ihm leuchtete auch die Diskussion nicht ein, die einzelne Genossen über die viel beschworene Freiheit des Gewissens begannen, der ausschließlich der Parlamentarier verpflichtet sei. »Was ist das Gewissen?«, fragte Schröder noch nachträglich. »Ist es das, was man in seinem stillen Kämmerlein abmacht, oder etwas, was man nach Abwägung aller Fakten, auch der öffentlichen Verantwortung, schließlich entwickelt?« Ein individuelles Gewissen, das die Staatsräson ausblendet, bewegt sich für Schröder außerhalb seines Verständnisses von Politik.

77 Genossen gaben in der Vertrauensabstimmung zwar ihre Bedenken zum Bundeswehreinsatz in Zentralasien zu Protokoll. Doch der »eiserne Kanzler«, wie er anschließend in Kommentaren bezeichnet wurde, hatte sich durchgesetzt. Er fühlte sich in einer Erfahrung bestätigt, die sich in ihm im Laufe der Jahre immer mehr verfestigt hat: »Das Einzige, was in solchen Fällen hilft, ist: ›Spitz oder Knopf‹ – in aller Härte. Wenn man das so zuspitzt, das hilft.«

# Redner

Eine große politische Rede sollte es werden. Eine richtig gute Rede diesmal auf dem Parteitag in Nürnberg, das hatten sie sich alle vorgenommen. Rainer Sontowski, Schröders damaliger Büroleiter in der Parteizentrale im Berliner Willy-Brandt-Haus, hatte bereits im Sommer einige »Frogs« um Mithilfe bei der Erarbeitung der großen Rede des Parteivorsitzenden und Bundeskanzlers gebeten. Zu den »Friends of Gerd« zählten diesmal der Generationenforscher Heinz Bude, die Parteiveteranen Erhard Eppler und Peter Glotz, der Bochumer Parteitheoretiker Rolf Heinze sowie Oskar Negt, der altlinke Inspirator aus Hannover. Acht Wochen vor dem Parteitag, der Mitte November 2001 stattfand, lagen erste Entwürfe im Kanzleramt vor.

Ursprünglich sollte das Motto des Parteitages »Sicherheit im Wandel« lauten. »Erneuerung. Verantwortung. Zusammenhalt.« prangte schließlich wuchtig und mit einem Punkt hinter jedem Wort über der Bühne der Nürnberger Frankenhalle. »Das sind die Grundbegriffe eines modernen Sozialstaates«, erläuterte der Parteivorsitzende den Delegierten das gewaltige Wortgebirge in seiner Grundsatzrede. Wie das Motto, so änderte sich auch der Gehalt der Redeentwürfe im Laufe der Monate. Fast alles war hinfällig geworden nach dem 11. September 2001. Der Tag des Terrors wendete den innen- und außenpolitischen Kurs der Bundesregierung. Schröder wusste, dass es nun darauf ankam, seine Partei von den völlig neuen Anforderungen an Außen- und Sicherheitspolitik der sozialdemokratisch geführten Regierung zu überzeugen. Entsprechend hielt er seine Leute an, die Rede vollständig darauf auszurichten.

Gut zwei Wochen vor dem Parteitag ließ sich Schröder erste Entwürfe zeigen, nahm sie übers Wochenende mit nach Hause und reichte seine Anmerkungen an Thomas Steg und Reinhard

Hesse weiter, die fast alle Reden für den Kanzler schreiben und redigieren. Ganz gegen seine Gewohnheit schrieb Schröder diesmal einzelne Passagen seiner Rede selbst. Die handschriftlichen Entwürfe wanderten sogleich ins Archiv, zum späteren Studium durch Historiker.

Schröder wollte der Partei die Gründe für seine »bedingungslose Solidarität« mit den USA im Kampf gegen den Terror und die Taliban in Afghanistan erläutern. Er wollte seinen Genossen dasselbe Verantwortungsgefühl abverlangen, das er als Kanzler empfand. »Diese Partei muss endlich in der Wirklichkeit ankommen«, hatte Schröder in den Vorgesprächen gefordert. Mit der Kultivierung sozialromantischer Träume, die man sich in Oppositionszeiten vielleicht erlauben könne, solle nun Schluss sein. »Das wird 'ne Kanzlerrede«, lautete der Auftrag an die Redenschreiber. Letzte Änderungen fügte Schröder noch kurz vor Beginn der Rede handschriftlich in das 58 Seiten starke Manuskript. Geplante Redezeit: rund sechzig Minuten.

Auch die gut 500 Genossen in der nüchternen Frankenhalle des Nürnberger Congress-Centrums erwarteten am 19. November um 13 Uhr eine große, überzeugende Rede ihres Parteivorsitzenden. Schließlich mutete der ihnen in diesem politisch düsteren November des Jahres 2001 einiges zu: Neben der umstrittenen »uneingeschränkten Solidarität« Deutschlands mit den wenig geliebten USA noch den so genannten »Otto-Katalog« – die in der Partei höchst umstrittene Aufrüstung der inneren Sicherheit. Dazu kam das Werben für den strammen Sparkurs von Hans Eichel. Die Partei verlangte dagegen nach staatlichen Konjunkturprogrammen.

83 Minuten lang rang Schröder um die Zustimmung der Delegierten. Nach zwei Dritteln hatte er sein Redemanuskript beiseite gelegt und frei gesprochen. Zum Schluss war ihm gar heiß geworden; auf der Riesenleinwand hinter ihm perlte sichtbar Schweiß auf der Stirn des Redners – sehr ungewöhnlich bei Schröder. Am Bühnenrand stand derweil Rainer Sontowski wie ein Box-Coach am Ringpfosten – am liebsten wäre er durch die Seile gestiegen, um seinem Chef zu helfen. Reinhard Hesse tigerte mit hochrotem Kopf durch die Messehalle, in der einen Hand das zusammengerollte Manuskript der Rede, in der anderen stets eine neue Zigarette. Ein hartes Stück Arbeit für alle Beteiligten.

Nach dem Ende der Rede brauchten die Delegierten einige Zeit, um von ihren Sitzen hochzukommen. Eine Ovation konnte man den anschließenden, knapp zwei Minuten langen warmen Beifall nicht nennen. Die Genossen strahlten beim Klatschen nicht, sondern schauten sich vergewissernd um, ob sie mit ihrem Gefühl richtig liegen, dass sie soeben Zeugen einer ganz ordentlichen, jedoch keineswegs begeisternden Rede geworden waren. Schröder hatte gekämpft, gewiss. Lang war die Rede, ja. Aber sie war nicht groß.

»Schröder lobt den Kanzler«, spottete tags darauf freundlich die »tageszeitung«. An seiner Rede lag es nicht, dass er am Ende des Parteitages eine überraschend breite Zustimmung für seine Politik erhielt. Die war wohl mehr einer geschickten Parteitagsregie und dem Vorsatz der Delegierten geschuldet, ihren Kanzler hier nicht auflaufen zu lassen. Die so sorgfältig vorbereitete Rede allein hätte die Delegierten kaum überzeugt.

Der Redetext war in Ordnung. Schröder hatte wieder einmal das, was er »die Kraft der Ehrlichkeit« nennt, genutzt: Schonungslos alle Probleme benennen, nicht um Heikles herumreden, sich der Kritik stellen. Er hatte schlüssig argumentiert, hatte es ernst gemeint, wollte überzeugen – keine Frage. Und doch. Begeistern konnte er damit nicht.

Das lag vor allem an der Verpackung der Botschaft: Die Rede war nicht gut gehalten. Schröder begann sichtlich nervös. Erst nach einigen Minuten hatte er eine Position hinter dem Pult gefunden, in der er sich etwas sicherer fühlte: Hatte seine Brille von der Nase genommen und zusammengeklappt in die rechte Hand gelegt. Das Signal war klar: Hier wollte jemand nicht steif ein vorgefertigtes Manuskript vorlesen, sondern sich unbewehrt in den Kampf um die Köpfe begeben. Doch was anfangs wie ein Angebot zur Nähe aussah, gerann im Laufe der Rede zur statischen Pose: In der rechten Hand ruhend, folgte die Brille dann fast eineinhalb Stunden lang dem Auf und Ab der rhetorischen Führhand des Kanzlers. Seine Linke steckte derweil in der Hosentasche – auch das ein Angebot zum lässigen, unverkrampften Umgang miteinander. Doch die Gesten gerieten ihm gravitätisch. Sein Ton war schwerfällig.

Schröder wollte Druck auf seine Stimme bringen, doch es gelang ihm kein Brustton. Stattdessen knödelten die zentralen

Sätze seiner Rede durch eine angestrengte Kehle. Warum folgte er seinen wichtigen Worten nicht einen Moment lang mit einem weiten Blick durch den Saal? Warum senkte er stattdessen am Ende von Kernsätzen stets den Kopf zum Blick aufs Manuskript? Musste er den nächsten Gedanken vom Manuskript aufnehmen, statt zunächst den Beifall offenen Auges anzunehmen? Und ausgerechnet bei den kernigsten Sätzen versprach er sich, so dass der Redefluss ständig ins Stocken geriet und die Wirkung der Worte zerrann. Nach einem verhaspelten Satz kann auch der geneigteste Zuhörer nicht vollen Herzens klatschen.

Was brachte ihn ständig ins Stottern? War Schröder nicht bei der Sache? Stand er selbst nicht zu seinem Text? War es die emotionale Distanz zu seiner Partei, die ihn verklemmt erscheinen ließ? Oder überanstrengte ihn der Spagat zwischen zwei sehr unterschiedlichen Rollen, die er gleichzeitig zu spielen hatte? Als Parteivorsitzender versuchte er, Gefühl und Mitgefühl zu zeigen. Als Kanzler verlangte er Gefolgschaft.

Er hatte auch Neues ausprobiert: Noch nie zuvor hatte er öffentlich derart persönlich über sich und seine Partei gesprochen: »Ich bin 1963 im neunzehnten Lebensjahr in die SPD eingetreten. Ich bin in die SPD eingetreten, weil sie auch ein Versprechen ist.« Das war mehr als ein Angebot Schröders zum Frieden mit seiner Partei. Das war eine verbale Umarmung. Er bekundete sogar Rührung: »Ich habe in den vergangenen Jahren nie so intensiv wie in den letzten Tagen gespürt, wie wichtig zur Erreichung dieser Ziele der Zusammenhalt unserer Partei ist.« Das war für schrödersche Verhältnisse fast schon eine Anmache. Doch auch darauf sprangen die Genossen nicht an. Vielleicht lag es daran, dass er zwar Rührung bekundete, sie jedoch nicht zeigte.

Seine Worte blieben ohne Nachhall, weil allein schon Schröders Stimme zu eng war, um zu hallen. Die klemmte irgendwo zwischen Brustraum und Mundhöhle fest. Da öffnete sich keiner. Da ließ keiner los und gab sich hin. Die Differenz zwischen den Worten und der Art, wie sie der Redner vortrug, war unüberhörbar. »Weil wir das Richtige getan haben, sind einige gegangen. Das tut mir weh«, schob er nach. Doch die Mitleidsbezeugung wog so leicht wie das Papier, auf dem sie stand. Sie war durch keinen Ausdruck von Gefühl beschwert.

Dann wieder herrschte der Vorsitzende seine Partei an, ganz der Chef: »Ich will«, sagte Schröder, »ich will, dass wir selbstbewusst über unsere Erfolge reden. Und ich will, dass wir stolz sind auf das, was wir erreicht haben.« Doch der kühne Imperativ riss niemanden mit. Die herrische Sequenz klang auch ein wenig zu gespielt, um wirklich Respekt einzujagen.

Die Erweckung von Furcht und Mitleid beim Publikum waren die dramaturgischen Bausteine für die klassische griechische Tragödie. Schröder hat in Nürnberg mit beiden Elementen gespielt – doch die erhoffte Wirkung blieb aus.

Als sie sich an die Arbeit machten, wussten die Redenschreiber des Kanzlers, was sie ihrem Chef abverlangen und was sie ihm zutrauen konnten. Pathos wäre grundverkehrt gewesen, der passt nicht zu Schröder. Er ist auch nicht sentimental oder pompös. Schröder ist lakonisch. Der schöne Ausdruck leitet sich bekanntlich von der griechischen Landschaft Lakonien auf dem Peloponnes ab. Dort sollen die Menschen wortkarg und einsilbig sein, jedoch im Ausdruck kurz und treffend. Die Hauptstadt des altertümlichen Lakonien war Sparta, das auch in anderer Hinsicht für Kargheit steht, aber auch für Kraft und Klarheit. So mag das Adjektiv lakonisch auf den amtierenden Kanzler und Parteivorsitzenden zutreffen: Gerhard Schröder, der Spartaner des Wortes.

Beim Vortrag vom Blatt fehlt ihm die Hingabe. Er gibt sich beim Reden nicht wirklich preis; er stellt etwas vor, und er stellt etwas dar. Doch so gut wie nie sich selbst. Statt sich beim verbalen Angebot an seine Genossen auch im eigenen Ausdruck zu zeigen, verfällt er in eine Art landesväterliche Leichenstarre. Da versteckt er sich eher, als dass er sich zeigt. Dann presst er seine Stimme noch stärker als sonst durch den Kehlkopf.

Gelegentlich ist zu sehen, dass er Willy Brandt als Redner bewundert hat. Der Knicks in die Knie bei leicht zurückgelehntem Körper mit anschließendem Aufwärtsfedern; der erhobene, doch zum Redner weisende Zeigefinger; das Trippeln auf der Stelle bei gleichzeitiger Schaukelbewegung der Schultern vor besonders bedeutenden Passagen – das kommt vertraut vor. Der Wechsel der Blickrichtung, wobei nicht der Kopf sich bewegt, sondern gleich der ganze Körper – das war doch ... wie weiland bei Willy. Doch fehlt Schröder die Fähigkeit zur Modulation der Stimme, wie Brandt sie beherrschte. Da war kein Zagen der

Stimme, da blieb kein Ton fragend in der Luft hängen. Auch wechselt Schröder das Tempo nicht häufig genug, um sein – wahrscheinlich unbewusstes – rhetorisches Vorbild zu erreichen. Er lässt auch seine Zuhörer kaum an der Entstehung seiner Gedanken teilhaben. Zu statuarisch klingt seine Rede bei solchen Gelegenheiten selbst dann, wenn er frei spricht. Schröder beklagt gelegentlich, dass ihn seine Genossen am legendären Willy messen. Bei Gelegenheiten wie diesen legt er selbst Fährten in diese Richtung.

Im Unterschied zu Brandt jedoch scheut Schröder das »Gefühlige«. Eine Gänsehaut möchte er bei Zuhörern durch Reden nicht hervorrufen, selbst wenn er es könnte. Aber er kann es auch nicht. Seine Sache sind die nüchternen Notwendigkeiten, sein kräftigstes Argument ist die Faktizität. Für ihn ist Politik tatsächlich die Kunst des Machbaren, nicht die lichte Projektion von Sehnsüchten auf seine Politik oder gar seine Person. Zu solch karger innerer politischer Verfassung passt keine sprachliche Überhöhung.

So folgen Schröders Reden auch nicht einer inneren Dramaturgie – mit Spannungsbögen und rhetorischen Figuren. Schröder reiht lieber ein Faktum an das andere. So können – aus rein formalen Gründen – kaum funkelnde Meisterwerke der Rhetorik entstehen.

Statt an Schröder haben sich die deutschen Sozialdemokraten in Nürnberg an dem Gastredner Tony Blair berauscht. Wie an einem Lagerfeuer konnten sich die vor lauter Verantwortung, Geschichte und Entscheidungsdruck fröstelnden Genossen an den Visionen des britischen Premiers wärmen. »Ich bin ein Sozialdemokrat – und ich bin stolz darauf«, rief der Brite in den Saal. Genial einfach, einfach genial – vor allem die Art, wie er es tat. »Ich erinnere mich – ich war ein kleiner Junge damals –, wie Willy Brandt Schulter an Schulter mit John F. Kennedy in Berlin stand.« Bei einem anderen würde schwülstig klingen, was Blair mit dem Charme eines beseelten Charismatikers da vortrug. So sakral wirkte sein Vortrag, dass die nüchterne Nürnberger Messehalle zur sozialdemokratischen Kathedrale wuchs. Blair buhlte um die Gunst des deutschen Publikums – und er bekam sie. Die von Schröder und seinem praktisch-quadratischen Vortrag zuvor ernüchterten Genossen dankten es ihrem britischen »comrade« mit minutenlangem, enthusiastischem Beifall.

Da zeigte sich für einen Moment auch die Kluft in der politischen Kultur zwischen der britischen und der vergleichsweise jungen deutschen Demokratie. Seit Oliver Cromwells Zeiten streiten sich die politischen Kontrahenten im Unterhaus, um ihre Gegner zu erledigen. In der britischen Politik besteht keiner, der nicht in den rhetorisch hoch aufgeladenen Redeschlachten im Unterhaus gewinnen kann. Der britische Botschafter in Deutschland, Sir Paul Lever, der selbst zu den feinsinnigsten Rednern in der deutschen Hauptstadt gehört, freute sich nach dem Auftritt seines Regierungschefs beim Abgang aus der Nürnberger Halle: »Es war nett vom Kanzler, unserem Premier nicht die Show zu stehlen.« Zwei zu null für Blair.

Den begabten Redner Schröder haben die Delegierten in Nürnberg nicht erlebt. Doch es gibt ihn. Der zeigt sich allerdings so gut wie nie bei bedeutenden Auftritten vor großem Publikum. Vor allem dann nicht, wenn er aus einem Manuskript vorlesen muss. Und erst recht nicht, wenn er den Staatsmann verkörpern möchte.

Schröder braucht Freiheit im Kopf und Freiheit in der Form, um Funken zu schlagen, die das Publikum erreichen. Als Oppositionsführer im niedersächsischen Landtag konnte er als Debattenredner brillieren. Am meisten überzeugte er, wenn er spontan und unvorbereitet intervenierte. Die unvorhergesehene Situation fordert ihm an verbaler Schlagkraft, Wissen und Witz das Optimum ab. Nach solchen Redeschlachten ging er feixend durch die Lobby des Landtages: »Denen habe ich ordentlich welche verpult.« Noch heute »bettelt er geradezu darum, wieder einmal spontan zu einer Attacke in die Bütt zu steigen«, weiß seine Umgebung. Doch die Gelegenheiten sind selten. Selbst bei Attacken auf die Opposition muss er an sich halten, die Form wahren und auf Polemik verzichten – alles andere wäre einem Kanzler unangemessen.

Die hoch entwickelte Redekunst von Helmut Schmidt-»Schnauze« war einer der Gründe, warum Schröder der SPD beitrat. Da konnte sich einer allein mit dem Wort Respekt verschaffen. Der schüchterte die Gegner ein und schaffte sich eine Anhängerschar – mit nichts mehr als dem klugen, geschliffenen Wort. Gerhard Schröder hatte als Kind und Jugendlicher hinreichend darunter gelitten, dass er nichts zu sagen hatte.

Auf einen wie ihn wollten die Leute nicht hören, und sie brauchten es auch nicht. Jedenfalls die nicht, die etwas zu sagen hatten. Wenn er gefragt wurde, was er denn nach seiner Lehre als Einzelhandelskaufmann machen wolle, sagte er:»Ich will mal einen Beruf haben, in dem ich viel reden und reisen kann.« Das fanden Schröders Biografen Béla Anda und Rolf Kleine heraus. Hier könnten sie ein frühes Motiv für den Lebensweg des Gerhard Schröder offen gelegt haben. Reisen und reden: Da scheint die Sehnsucht durch, aus den engen häuslichen Verhältnissen zu fliehen und sich Geltung zu verschaffen. Damals ahnte freilich noch niemand, dass der junge Schröder in die Politik gehen könnte, er selbst wohl auch nicht. Vertreter, reisender Verkäufer – das schien für einen Jungen aus randständigem Milieu schon eine ordentliche Karriere.

Als Jugendlicher habe er häufig politische Veranstaltungen besucht und sich eingemischt, erinnert sich Schröder. Durchsetzen konnte er sich noch nicht: Damals habe er »ordentlich auf die Fresse gekriegt«. In den Redeschlachten der Göttinger SPD, wo er 1969 zum Juso-Vorsitzenden gewählt wurde, hat er sein Mundwerk erlernt. Da hatte er es mit den schlauen Genossen vom Sozialistischen Hochschulbund (SHB) zu tun. Die nahmen den politischen Kleinkrämer Schröder, der lieber Kommunalpolitik statt Revolution machte und weder Marx noch Marcuse herunterbeten konnte, anfangs nicht ernst. Im parteiinternen Gerangel unterlag Schröder oft – doch nie auf Dauer.

Detlev von Larcher, damals einer der gewieftesten Funktionäre des Göttinger SHB, führte schließlich 1970 einen erfolgreichen Putsch gegen den minderbemittelt erscheinenden Rechtsabweichler Schröder an. Schröder musste danach seine gerade erworbene Macht im Juso-Vorstand vorübergehend mit zwei anderen Vorsitzenden teilen. Und auch bei der anschließenden Wahl zum Vorsitzenden der Göttinger SPD scheiterte Schröder. Es ist derselbe Detlev von Larcher, der später häufig gegen Schröder votierte – zuletzt als Bundestagsabgeordneter gegen die »uneingeschränkte Solidarität« des Bundeskanzlers mit dem Terrorkampf der USA gegen Bin Laden und die Taliban.

Seitdem hat Schröder freilich sein rhetorisches Repertoire erheblich ausgebaut. Seine Lieblingskulisse für Auftritte ist mittlerweile der überschaubare Saal. Binnen Sekunden kann er intuitiv erfassen, wie ein Publikum gewirkt ist. Er nimmt Stimmungen auf und erahnt die Befindlichkeit seiner Zuhörer. Kennt er sein Publikum – umso besser. Weiß er um Konflikte zwischen seinen Zuhörern und ihm – dann blüht Schröder auf. Dann spielt er mit den Möglichkeiten der Sprache und überschreitet locker formale Grenzen. Dann kann er einnehmend und überzeugend wirken.

Die Intuition will freilich durch gezielte Vorbereitung unterfüttert sein. Um Wirkung erzielen zu können, braucht er vorab eine Orientierung. Er muss wissen, wie der Rahmen für seinen Auftritt beschaffen ist und auf welche Zuhörer er treffen wird. Seine Mitarbeiter müssen ihm auch Nebensächliches mitteilen, um beispielsweise mit einer geistreichen oder ironischen Pointe eine Rede eröffnen zu können. Haben ihn seine Helfer auf Schwierigkeiten mit einem Publikum nicht hinreichend vorbereitet, kann er zornig werden.

Wie kaum ein zweiter deutscher Politiker beherrscht er die Kunst des »ice breaking«, der kessen Ouvertüre zum Vortrag. Dann reißt er mit flapsigen Bemerkungen die Fremdel-Sperren nieder, die den Beginn eines Auftritts oft behindern. Humor signalisiert gute Laune. Wer gut aufgelegt ist, wirkt souverän. Schröder weiß das, und er spielt damit.

Rund 200 größere und große Reden hält Schröder pro Jahr. Dazu kommen ungezählte Statements in der Partei, bei Firmenbesuchen, kleine Ansprachen als Gastgeber, Toasts bei Mittag- oder Abendessen. Das Bundespresseamt zählt seine kleineren Interviews nicht mehr. Es werden kaum weniger als zwei pro Wochentag im Durchschnitt sein, gut 500 pro Jahr.

Als Ministerpräsident in Niedersachsen ist er häufig ohne Redemanuskript zu einem Auftritt gefahren. Bei den Vorabsprachen teilte er seinen Mitarbeitern dann knapp mit: »Das mach ich so.« Die Situationen waren meist unverfänglich, weil ihn auf seinen Exkursionen zumeist nur die Regionalpresse begleitete. Da passierten nur gelegentlich kleine Patzer, etwa als er den Redakteuren einer Schülerzeitung in Buxtehude ein Interview gab. Seinen hingeschnodderten, bereits erwähnten Satz »Lehrer sind faule Säcke« fanden findige Lokaljournalisten dann schließlich in der gedruckten Version des Pennäler-Blättchens – und trugen ihn in die Welt. Für eine breitere Verwendung war die Reverenz an die gequälte Schülerseele nie gedacht – auch wenn sie die Meinung Schröders durchaus zutreffend wiedergab.

Tritt der Kanzlers heute auf, führen die Ton-Leute die Mikrofone an langen Angeln möglichst dicht an ihn heran. Kanzler-Worte kommen schnell auf die Goldwaage, und gelegentlich schafft es sogar ein Schröder-Satz in die Hitparade. »Hol' mir mal 'ne Flasche Bier« – in aufgeräumter Runde an einem heißen Sommertag während einer Reise in die neuen Bundesländer vor Kameras und Mikrofonen einfach so hingesagt – wurde im Sommer 2000 als vertonter Schlagertext weit populärer als der Kanzler selbst. Der Trash-Komödiant Stefan Raab hatte den Schröder-Spruch beim Sichten von TV-Archiv-Material entdeckt und mit Musik unterlegt. Über 250 000 Exemplare seiner Schallplatte verkaufte der Blödel-Kölner an Menschen, die ihren Spaß mit dem Kanzler haben wollten. Der nahm es schließlich gelassen, kassierte Tantiemen für seinen unfreiwilligen Textbeitrag an dem vorgezogenen Karnevalslied und spendete sie einem Kinder-Sorgentelefon. Anfang März 2002 wartete er freilich noch auf die Überweisung von rund 160 000 Euro.

Der unverhoffte Ausflug des Kanzlerwortes ins Musikgeschäft verdeutlichte Schröder und seinen Leuten noch einmal, wie sehr das Amt den Menschen und alles, was er von sich gibt, überhöht. Das Banale wird zum Besonderen, die Geste erwächst zum Symbol, das Signal transformiert zum Fanal. Die Abbildung des Realen durch die Medien, vor allem durch das Bild, wird mehr als nur die Doppelung dessen, was tatsächlich geschehen ist: Es bekommt eine ganz eigene Gestalt, über deren Aufnahme beim Publikum der Absender nur spekulieren kann. Das muss ein Promi wie der Kanzler wissen, wenn er auftritt. Schröder weiß es längst.

Heute geht Gerhard Schröder vorsichtshalber stets mit einem Manuskript auf Reisen, das »von Vorlesequalität« sein muss. Darauf kann er zurückgreifen, wenn er keine Energie oder Lust hat, die Rede frei zu halten – was er immer noch am liebsten tut. Hat er ein Redemanuskript in der Tasche, kann er am Pult immer noch entscheiden, ob er es vorträgt, ob er mit der Textvorlage spielt – oder ob er sie ganz beiseite legt.

Bei öffentlichen Auftritten spricht Schröder nach der Begrüßung durch den Gastgeber meist als zweiter Redner. Dann geht er häufig auf das vorher Gesagte ein, benutzt es vorzugsweise als

Steilvorlage für einen »ice breaker«. Die Umarmung des Publikums hat begonnen. Gelegentlich kommt es vor, dass vor Schröder der – ranghöhere – Bundespräsident spricht. Dann geschieht es nicht selten, dass Johannes Rau vorwegnimmt, was bei Schröder im Manuskript steht. »Ich danke Johannes, dass er mir die Arbeit abgenommen hat«, sagt er dann zumeist und redet frei – erheblich kürzer, als geplant. Es käme ihm nicht in den Sinn, an seinem Manuskript festzuhalten.

Die meisten Reden des Kanzlers sind so genannte »Standard-Reden«. Sie werden den Redenschreibern im Kanzlerbüro von Beamten in den Fachabteilungen des Kanzleramtes vorgelegt. Nur selten ist ein Manuskript so gut, dass es die Redenschreiber Hesse und Steg unverändert übernehmen. Die redigierte Fassung geht dann noch einmal in die Fachabteilung zurück. Ist ein Inhalt strittig oder verändert sich die inhaltliche Aussage einer Rede im Kern, landet die Rede zur Oberaufsicht auf dem Schreibtisch von Kanzleramtschef Steinmeier. Den letzten Schliff besorgt Sigrid Krampitz: Die beste Kennerin des Kanzlers überprüft dann, ob Wortwahl und Satzbau zu Schröder passen.

Vorbesprechungen für solche Reden finden, wenn überhaupt, nur in aller Kürze statt. Zwei, drei Gedanken – der Rest versteht sich dann irgendwie von selbst. »Dann formuliert mal schön«, muntert der Kanzler seine Leute auf.

Längst haben Schröders Mitarbeiter sich abgewöhnt zu bangen, wenn »der Chef« wieder einmal keine Zeit gefunden hat, das Redemanuskript vor einem Auftritt zu studieren. Ein einmaliges Durchlesen während der Anfahrt zum Termin reicht aus. Schröder merkt sich die Gliederung der Rede, verinnerlicht die Kernaussagen und behält sogar – erstaunlich präzise – Zahlen und Prozentwerte. Seine Mitarbeiter loben, dass er auch kleine Redeanlässe ernst nimmt. Einen kurzen »Sachstandsvermerk« will er auch für weniger bedeutende Auftritte haben. Die kommen dann meist von den Beamten.

Eine Spezialität Schröders sind die kurzen Vermerke, die er, auf kleine Kärtchen notiert, zu Gesprächen mit Staatsgästen einsteckt. Diese so genannten »Turbos« beinhalten Zahlenwerte, wichtige Fakten und Argumente. Sie dienen ihm als Gedächtnisstütze im Westentaschenformat. »Turbos« sind selbst für einen Gedächtniskünstler wie Schröder ein unverzichtbares Arbeitsmittel.

Das rhetorische Schwarzbrot jedoch sind die Reden, bei denen er am Manuskript kleben bleiben muß. Regierungserklärungen etwa oder Festvorträge, bei denen es auf jedes einzelne Wort ankommt. Für Schröder eher eine lästige Pflicht, fast eine Zeitverschwendung. Dann fühlt er sich wie ein großhubiges Automobil, das seine PS nicht auf die Straße bringen darf. »Macht's mal nicht so lang«, weist er dann seine Mitarbeiter an. Bei mehr als dreißig Seiten Manuskript baue er innerliche Blockaden auf. Reden, die länger als eine Stunde dauern – intern »Ceauşescu-Format« oder »Castro« genannt –, sind ihm ein Gräuel.

Schröder weiß, dass seine Mittel beim nüchternen Vortrag des Manuskriptes beschränkt sind. Ihm fehlt die innere Bereitschaft und die Fähigkeit zum Schauspielern. Dozieren mag er nicht – er ist kein akademischer Mensch. Rhetorische Höhenflüge wie die von Walter Jens oder intellektuelle Exkursionen sind seine Sache auch nicht. Basteln ihm seine Redenschreiber blumenreiche Bilder, Metaphern oder kenntnisreiche Zitate in den Text, streicht er sie meist heraus: »Das glaubt mir doch keiner.«

Die nüchterne Exaktheit soll ihn unangreifbar machen. Dann wird das unpersönlich vorgetragene Wort zum Mittel, seine Positionen in die erhabene Sphäre der allgemeinen Gültigkeit zu heben. Così fan tutte – so tun es alle, selbst der begabte Redner Schröder. Das gelingt ihm mittlerweile gelegentlich sogar so ordentlich, dass ihm selbst politische Gegner Respekt zollen. Seine Regierungserklärung am 11. Oktober 2001 etwa, in der er »das Ende der deutschen Nachkriegspolitik« feststellte und sich selbst zum Gestalter des neuen Deutschland in einer dramatisch veränderten Welt erhob, fand den Beifall der meisten Oppositionspolitiker. Die Rede war nach Form und Inhalt nahezu perfekt – obwohl es früh am Morgen war. Der Morgen ist Schröders Zeit nicht, schon gar nicht als Redner. »Wie ein Kaltstart bei zwanzig Grad minus« seien frühe Auftritte für Schröder, wissen seine Mitarbeiter.

Dass Schröder trotz des konzentrierten Vortrages am 11. Oktober nicht voll gefordert war, erkannten seine Mitarbeiter daran, dass er sein Redemanuskript »bügelte«. So nennen es seine Leute, wenn er mit den Fingerspitzen mit beiden Hände an den Außenrändern des Manuskriptes entlang fährt. Ist er wirklich gefordert, braucht er die Hände zum Gestikulieren.

# Wirtschaft

Großer Bahnhof für die Delegation aus Niedersachsen, die im japanischen Tahara eines der modernsten Autowerke der Welt besucht. Ansprachen, kleine Gastgeschenke; ein nagelneues Firmen-Video wird vorgeführt. Anschließend erlauben die Toyota-Manager ihren hochrangigen Besuchern sogar einen Blick in die geheimnisvollen Fertigungsstätten, die sonst vor neugierigen Blicken sorgsam geschützt werden.

Doch plötzlich sehen die japanischen Gastgeber mit Schrecken, dass sich zwei Herren mittleren Alters aus der deutschen Besuchergruppe lösen und zwischen den Autorohlingen herumturnen, die da am laufenden Band produziert werden. Eine Schweißnaht hat es einem von beiden besonders angetan: »Das können wir noch nicht so gut wie die«, sagt der eine und kriecht in den halb fertigen Pkw, der an vorbeigleitenden Haken hängt. »Hier, schauen Sie, das ist schon enorm, was die machen.« Der andere kletterte hinterher und staunt. Von Schweißnähten versteht er nichts. Er hatte bis dahin nicht einmal eine Ahnung davon, dass Automobilteile an dieser Stelle des Hecks zusammengeschweißt werden. Doch das mindert seine Neugierde nicht.

Nervös treten zwei japanische Manager an die neugierigen Autoforscher heran und bedeuten ihnen vorsichtig, man müsse nun weitergehen. Die Zeit dränge. Die Asiaten haben offenbar Sorge, die Europäer könnten ihnen hinter das Geheimnis ihres Erfolges kommen. Der Trupp marschiert weiter.

Bei dem sachkundigen Kletterer handelte es sich um Ferdinand Piëch, den Enkel des mythenumrankten Autobauers Ferdinand Porsche. Gemeinsam mit ihm hatte sich lernbegierig Gerhard Schröder, der Ministerpräsident von Niedersachsen, in den halbfertigen Toyota gebeugt. Die beiden waren, man schrieb den Sommer 1992, gerade einen Pakt auf Gegenseitigkeit eingegangen.

Als politischer Verwalter des größten Aktienpakets von VW – das Land Niedersachsen hält rund zwanzig Prozent der Anteile – hatte Schröder Piëch kurz zuvor den Aufstieg an die Spitze des Konzerns ermöglicht. Dafür sollte der Ingenieur und erfolgreiche Audi-Manager den Volkswagenkonzern fit machen für die Konkurrenz gegen die damals schier übermächtigen Japaner – und so Arbeitsplätze für Niedersachsen retten. Auf einer zehntägigen Reise durch Japan, das unwiderstehlich zur ökonomischen Weltmacht aufzusteigen schien, lernten sich die beiden besser kennen. Die Legende vom »Autokanzler« – hier hat sie ihren Ursprung.

Schröder ließ sich damals von dem fanatischen Erfolgswillen Piëchs anstecken. Der leidenschaftliche Autofahrer und Ingenieur wähnte die deutsche Autoindustrie in einem globalen »Krieg« mit den äußerst erfolgreichen Japanern. Piëch fühlte sich für die kommenden Schlachten gut gerüstet. Er hätte seinen Gegner »gewissermassen inhaliert«, versicherte einer seiner Mitarbeiter bedeutungsvoll den mitreisenden Niedersachsen.

Mehr als zwanzig Mal hatte Piëch Japan bereist, viele Wochen dort verbracht und dabei die neue und die alte Philosophie des fernöstlichen Konkurrenten gleichermaßen ausgiebig studiert. In einem Zen-Kloster führte der Abt der deutschen Reisegruppe die angeblich wertvollsten Samurai-Schwerter seines Ordens vor. Doch Piëch wusste es besser: Er wies den Abt darauf hin, dass einige der Schwerter zwei statt eines Bohrloches im Griff aufwiesen – sie waren offenbar nachgeschliffen worden. Einen zweiten Schliff jedoch würden die besten Schwerter nicht bekommen. In seinem Privathaus im heimischen Ingolstadt hatte Piëch sich damals ein japanisches Zimmer mit Reismatten und Papierwänden eingerichtet – zur japanischen Meditation.

Für Schröder tat sich eine neue Welt auf, nicht nur, weil er erstmals japanischen Boden betrat. Er war gerade dabei zu verstehen, wie Wirtschaft wirklich funktioniert. Bis dahin war er als Wirtschaftspolitiker nicht eben aufgefallen. Wie die anderen Jusos hatte er Ende der siebziger Jahre – weitgehend ahnungslos – die Debatte noch durch Forderungen nach »Vergesellschaftung« und »Beseitigung dieses Wirtschaftssystems« bereichert. Nun, wo er zwei Jahre im Amt war, setzte er vor den staunenden Augen des Publikums zu einem »salto capitale« an.

Schon die Auswahl Piëchs zum Vorstandsvorsitzenden des niedersächsischen Weltkonzerns deutete an, dass Schröder gewillt war, in der Wirtschaft eigene Akzente zu setzen. Sie war zugleich ein erster Hinweis darauf, dass er sein Verhältnis zur Wirtschaft als Element seiner Machtausübung verstand.

Die mächtige IG Metall und die SPD-Funktionäre hatten erwartet, dass Schröder Daniel Goeudevert in den Chefsessel von VW hieven würde. Der eloquente französische Manager erregte seinerzeit mit Visionen einer menschlicheren Industriegesellschaft, die man bei einem Automann nicht vermutete, viel Aufsehen. Er brachte viel Verständnis für die Einwände von Ökologen gegen die automobile Gesellschaft auf. Doch statt des unkonventionellen Goeudevert, der das Image von VW sicherlich zeitgerecht aufgemöbelt hätte, entschied sich Schröder für den knallharten Sanierer und Technikfreak Ferdinand Piëch. Politisch galt der Österreicher als konservativ.

Schröder kalkulierte, dass Piëch bei der damals dringend notwendigen Sanierung von VW erfolgreicher sein würde als der Schöngeist Goeudevert. Sollte Piëch jedoch scheitern, würde ihm niemand vorwerfen können, er habe sich aus politischen Gründen für den falschen Kandidaten entschieden. Sollte Piëch Erfolg haben, würde Schröder vorzeigen können, dass er die Wirtschaft nach ihren eigenen Gesetzen funktionieren lassen will und nicht nach denen der Politik. »Das Unternehmen ist eigentlich Sache des Kapitals. Das ist der Comment«, begründete er seine Entscheidung für Piëch. Viele seiner Genossen und auch maßgebliche Gewerkschafter nahmen ihm seinerzeit die Entscheidung übel. Doch zehn Jahre später ist die Kritik längst verstummt. Piëch hat den Konzern saniert, die Produktionszahlen drastisch verbessert und den Gewinn des Unternehmens in ungeahnte Höhen getrieben.

Als Ministerpräsident von Niedersachsen saß Schröder nicht nur bei VW, sondern auch bei der Norddeutschen Landesbank und bei der hannoverschen Messe AG in den Aufsichtsräten. Statt um Rapsölverordnungen und Kreisverwaltungsreform kümmerte sich er sich nun vermehrt um »share holder value« und kühne Entwürfe von der »atmenden Fabrik«, die Automobilteile und Arbeitskräfte »just in time« anfordern sollte. Außer mit störrischen Landräten im Oldenburgischen hatte er es nun auch mit Managern des Weltkonzerns General Motors zu tun. Die drohten

VW mit Schadenersatzforderungen in Milliardenhöhe, weil der ungestüme Sanierer Piëch ihnen José Ignaçio López weggeschnappt hatte, den derzeitigen »Weltmeister« (Piëch) in der Disziplin Organisierung von Automobilproduktion. »Dagegen ist eine Sturmflut an der Kugelbake von Cuxhaven 'ne laue Luft«, staunte Schröder damals.

»Gibt Gott ein Amt, gibt er Verstand«, frohlockten die einen, »das Sein bestimmt das Bewusstsein«, stöhnten andere – der als links geltende Sozialdemokrat Schröder jedenfalls vollzog einen dramatischen Positionswandel, wie selbst langjährige Begleiter ihn kaum für möglich gehalten hatten. Er führte ihn geradewegs in eine ganz neue Arena, in der er schon bald als »Genosse der Bosse« galt. Ging es um Probleme der Wirtschaft, orientierte Schröder seine Auffassungen nun nicht automatisch am SPD-Programm und an den Interessen der Gewerkschaftsfunktionäre. Ihm leuchteten jetzt auch die Probleme von Managern und Millionären ein. Schon bald forderte Schröder fröhlich: »Der Schornstein muss rauchen.«

Alfred Tacke begleitete als Staatssekretär im hannoverschen Wirtschaftsministerium maßgeblich den unverhofften Aufstieg Schröders zum bestaunten Liebling der Wirtschaft. Tacke hatte zuvor beim Deutschen Gewerkschaftsbund in Hannover über Wirtschafts- und Umweltpolitik nachgedacht. Wie Schröder klebte auch Tacke nicht an altbackenen Wirtschaftskonzepten von SPD oder DGB. Und wie sein Regierungschef sah er, dass Wirtschaftspolitik immer mehr in das Zentrum von Politikgestaltung rückte. Für Tacke liegt das Motiv für Schröders aufsehenerregenden politischen Stellungswechsel auf der Hand: Schröder habe »in der ihm eigenen blitzschnellen Art verstanden, dass man in Deutschland nicht gegen die Wirtschaft« regieren kann. Schröder verblüffte damals mit Sätzen, die heute unverfänglich und banal wirken: »Der Wirtschaft muss es gut gehen.« Damals jaulte die SPD-Linke auf.

Schröder kam immer mehr zu der Überzeugung, dass er in der Wirtschaft Erfolge vorweisen muss, wenn er Wahlen gewinnen will. Doch diese Erkenntnis war es nicht allein, die ihn zu der Hartnäckigkeit trieb, mit der er sich fortan dem neuen Metier verschrieb: Der Einblick in den inneren Mechanismus der Wirtschaft und seine Dynamik rief in dem politischen Aufsteiger eine Faszination hervor, die er bis dahin nicht gekannt hatte.

In den Aufsichtsräten und Vorständen der Unternehmen sah Schröder Leute am Werk, die über andere Fertigkeiten und Möglichkeiten verfügten als er selbst. Er entwickelte Respekt vor Wirtschaftsführern, die gestalten oder vernichten konnten – je nach Wirtschaftslage, Gutdünken und Stellung im Unternehmen. Hier sah er eine Machtfülle konzentriert, gegen die sich seine politische Macht im Lande Niedersachsen gelegentlich sehr bescheiden ausnahm. Hier wirkte eine Magie der Macht, wie er sie auf seinem politischen Weg nach oben noch nicht kennen gelernt hatte. Hier wartete eine neue Herausforderung auf Gerhard Schröder.

Schröder merkte schnell, dass er im Kreis der Manager und Magnaten nur bestehen konnte, wenn er nicht nur die Fakten, sondern auch die Regeln kannte, nach denen in der Wirtschaft gespielt wird. Der Sitz im Aufsichtsrat von VW war seine ökonomische Grundschule. Dem VW-Aufsichtsratsvorsitzenden Klaus Liesen, einem erfahrenen Industriemanager, schaute Schröder neugierig beim Gebrauch seiner Machtwerkzeuge zu. Hier fand er eine Nervenstärke vor, wie er sie im politischen Geschäft noch nicht gesehen hatte. Schröder gibt heute zu, dass Piëch, Liesen und er sehr hoch pokerten, als sie an dem umstrittenen VW-Sanierer López festhielten, obwohl die Staatsanwaltschaft gegen ihn ermittelte. Bei Liesen schaute er sich auch eine weitere Fertigkeit ab: das feine Fingerspitzengefühl.

1991 lernte er den Unternehmensberater Roland Berger kennen. Schröder hatte sich damals mit dem von der CDU beherrschten niedersächsischen Sparkassen- und Giroverband nicht auf einen neuen Vorstandsvorsitzenden für die NordLB einigen können. Berger präsentierte schließlich Manfred Bodin als neuen Chef der Landesbank. Von dem Münchener Unternehmensberater ließ sich Schröder in den folgenden Jahren immer wieder einen Rat geben.

1992 bereits trat Schröder erstmals als »player« in Erscheinung. Er schuf einen Pool aus finanzstarken niedersächsischen Unternehmen, der die feindliche Übernahme des hannoverschen Traditionsunternehmens »Continental« durch den italienischen Reifenhersteller Leopoldo Pirelli verhinderte. Auch dies ein prägendes Ereignis: Das Problem der Übernahme deutscher Traditionsunternehmen durch ausländische Konkurrenten sollte ihn über die Jahre immer wieder beschäftigen. Und stets verhält er sich wie beim ersten Mal. Jenseits von ökonomischen Gepflogenheiten und internationalen Regeln, so fand Schröder im Fall »Continental«, habe sich ein Politiker auch um die Arbeitsplätze der Menschen vor Ort zu kümmern. Notfalls müsse sich eine Regierung wie ein Bollwerk gegen die Zumutungen des globalen Marktes stemmen – wenn sie die Arbeitnehmer zu hart treffen.

Wenn er so handelt, hat er dabei den nächsten Wahltag im Hinterkopf, gewiss. Doch er empfindet in einem altmodischen Sinn auch Verantwortung für die Menschen, die sich von der Politik einen Schutz vor den kühlen Rechnern in der Wirtschaft erhoffen.

So erwies er sich 1998 als Lokalmatador, als er die niedersächsische Preussag Stahl AG vor dem Zugriff des österreichischen Stahlkonzerns Voest bewahrte. Es ging um 12 000 Arbeitsplätze. Die Niedersachsen dankten es ihm mit ihrer Unterstützung bei der darauf folgenden Landtagswahl, die er glanzvoll gewann.

Als »Retter in der Not« trat er als Kanzler Ende 1999 wieder spektakulär in Erscheinung, als er nach dramatischen Verhandlungen mit Gläubigerbanken durch eine Subvention von 250 Millionen Mark aus öffentlichen Mitteln die Zahlungsunfähigkeit des Frankfurter Holzmann-Konzerns abwendete. Es hatten mehrere zehntausend Arbeitsplätze auf dem Spiel gestanden. In Siegerpose trat Schröder nach dem gelungenen Coup vor die wartende Belegschaft: »Liebe Freunde, wir haben es geschafft!« Die Arbeiter feierten ihren Cohiba-Kanzler mit »Gerhard, Gerhard«-Chören, Beschäftigte stimmten das Deutschlandlied an. Schröder war zum Helden der Holzmänner geworden. Seine Popularitätskurve stieg steil nach oben.

Politisch sei Holzmann »die Rettung« gewesen, sagen seine Helfer heute. Eine derart gute Gelegenheit, Handlungsfähigkeit und guten Willen zu demonstrieren, könne »man nicht mit dem Planungsstab herbeiführen«. Schröder hatte instinktiv erkannt, wie vielfältig die Konfliktlage seinerzeit war, und »legte volle Pulle los« (Tacke): Die rot-grüne Regierung hatte die tiefe Krise ihres ersten Regierungsjahres noch nicht überwunden. Zu Schröders Opponenten in der SPD-Fraktion gehörte auch der Vorsitzende der Baugewerkschaft Klaus Wiesehügel, der für rund 600 000 IG Bau-Mitglieder sprach. Und hier waren – bei drohender Massenentlassung – Traditionsbestände der Sozialdemokratie berührt. Schließlich hatte Schröder versprochen, sich um die Arbeitsplätze zu kümmern. »Natürlich musste man retten. Das war gar nicht anders zu machen«, sagt Alfred Tacke, obwohl der Erfolg der Aktion keineswegs sicher gewesen sei – im Gegenteil: »Das hätte auch schief gehen können. Eine negative Entscheidung der Banken war durchaus möglich. Uns allen stand damals der Schweiß auf der Stirn.«

Trotz des damaligen Erfolges – Holzmann konnte einstweilen gerettet werden – war die Kanzler-Aktion wirtschaftspolitisch höchst umstritten. Der reinen Lehre, wonach sich der Staat bei der Selbstregulierung der Wirtschaft herauszuhalten habe, entsprächen solche Interventionen des Staates nicht – so lautete der Vorwurf. »Ordnungspolitisch war die Intervention bei Holzmann schwer zu begründen«, sagt Schröder heute selbst. »Aber was hätten mir die Leute wohl gesagt, wenn ich mich nicht um die zehntausende von Arbeitsplätzen gekümmert hätte?«

Schröder selbst ist – prinzipiell – ebenfalls der Ansicht, dass die Politiker sich heraushalten sollten, wenn Unternehmen um ihre Positionen auf dem Markt ringen. Diese grundsätzliche Regel hatte er bei seiner teilnehmenden Beobachtung in den Aufsichtsräten und beim Umgang mit Mächtigen der Wirtschaft wohl verstanden. Doch es ist dieses Prinzip nur eine seiner Grundüberzeugungen. Eine andere ist, dass die Menschen einen Anspruch auf Arbeit haben und gelegentlich den politischen Schutz vor der gnadenlosen Exekution vor Marktgesetzen benötigen. Diese Überzeugung ist Schröder vertrauter, und sie sitzt womöglich tiefer als das angelernte Wissen über die Grundgesetze der Ökonomie.

Armut hat er in seiner eigenen Familie kennen gelernt. Auch in seiner Zeit als Kanzler reichte die Arbeitslosigkeit immer wieder in seinen Alltag hinein: Halbgeschwister und Cousinen mussten zum Arbeitsamt gehen, weil sie ihren Job verloren hatten. Der Halbbruder Lothar Vosseler belieferte die Boulevardpresse mit immer neuen Berichten aus dem Leben eines Arbeitslosen.

Die Theorie ist die eine Prämisse, die Lebenswirklichkeit die andere – Schröder hat sich mit seinen politischen Entscheidungen, unterm Strich, ziemlich genau in der Mitte zwischen beiden Anforderungen festgesetzt: Er will »so viel Markt wie möglich, so viel Staat wie nötig«. Zum Anfang des Wahljahres 2002 interve-

nierte er, um das Werk des Waggon-Bauers Bombardier in Halle-
Ammendorf zu retten, wo 900 Mitarbeiter um ihren Arbeitsplatz
bangten. Schröder gab sich pragmatisch:»Wenn man vor Ort
Verantwortung trägt, dann kann man nicht nach abstrakten
Lehrbuchweisheiten handeln, auch wenn es den neoliberalen Helden missfällt.« Der Holzmann-Konzern geriet ein halbes Jahr vor
der Wahl 2002 wieder in die Krise – die Manager hatten den
Spielraum, den sie durch die staatliche Finanzspritze erhalten hatten, nicht für eine Sanierung des Unternehmens nutzen können.
Auch das Bombardier-Werk in Halle scheint nicht wirklich gesichert. Doch das erschüttert Schröders Auffassungen nicht.

Ihn hat die eigene Lebenserfahrung zu seinen Überzeugungen
geführt, die Kritiker prinzipienlos, Wohlmeinende pragmatisch
nennen.»Flexibilisierung des Arbeitsmarktes, das hört sich gut
und modern an«, sagt Schröder zu Beginn des Wahljahres 2002.
»Aber im Kern ist es nur eine andere Vokabel für leichteres Raus-
schmeißen. Das können halt Leute leicht fordern, die mit ihren
Leitartikeln 20 000 bis 25 000 Mark im Monat verdienen. Aber
ich verfüge noch über Kontakte, über die ich erfahre, was wirt-
schaftliche Sicherheit für Menschen ganz konkret bedeutet. Wenn
ich beispielsweise die Verwandtschaft und Bekanntschaft in dem
Dorf anschaue, aus dem meine Frau stammt. Da hat jeder ordentlich gearbeitet. Wenn einer seinen Hof aufgeben musste, hat er
sich eine Arbeit gesucht. Er hat seine Kinder mit Würde und
Anstand großgezogen, und die haben auch was Ordentliches
gelernt. Diese Menschen haben respektable Biografien, in schwe-
rer Zeit erarbeitet. Die haben nie den Staat behumst, nie versucht,
sich eine Leistung zu erschleichen – an diese Menschen denke ich
auch. Ohne solche Menschen kann keine Gesellschaft existieren.
Ohne andere schon.«

Wohl deswegen hat er während seiner Kanzlerschaft die
Rechte für Arbeitnehmer verbessert. In seiner Regierungsbilanz
stehen ein neues Betriebsverfassungsgesetz und verbesserte Lohn-
fortzahlung im Krankheitsfall. Auch der Schutz vor Kündigung
ist größer geworden. Die Gewerkschaften, die er eigentlich für
Bremsklötze bei der Modernisierung hält, waren zufrieden. Bei
Unternehmern hat Schröder dadurch jedoch einiges an Sympathie
eingebüßt. Dabei hatten gerade die ihn schon ganz auf ihrer Seite
gewähnt.

Mit dem so genannten »Schröder-Blair«-Papier, das sein damaliger Staatsminister Bodo Hombach mit seinem britischen Gegenüber Peter Mandelson erarbeitet hatte, hatte er dieser Hoffnung zu Beginn seiner Kanzlerschaft noch Nahrung gegeben. Es enthielt reihenweise Standpunkte der Neoliberalen Schule. Die SPD-Linke warnte prompt, mit diesem Papier würde Schröder »dem Zeitgeist nachlaufen, der auf Anpassung an die ungestümen Kräfte des global entfesselten Kapitalismus ausgerichtet ist«. Und selbst Hans-Jochen Vogel, der nicht in dem Ruf steht, die Gesellschaft von links aufrollen zu wollen, fragte besorgt: »Ist der Markt nicht dabei, sich zum Herrscher der Gesellschaft aufzuschwingen und die demokratisch legitimierten Institutionen beiseite zu schieben?«

An dem Eindruck, er denke wie ein Wirtschaftsführer, hatte Schröder die Jahre zuvor hart gearbeitet. »Ich muss wissen, wie die ticken«, hatte er sich vorgenommen – und er sagte es bald auch öffentlich. Unternehmer und ihre Manager merkten schnell, dass da einer war, der zuhören konnte und die Informationen und Sorgen aufnahm, die die Wirtschaft umtrieben. Das unterschied ihn deutlich von seinen beiden Vorgängern – Helmut Kohl in Bonn und Ernst Albrecht in Niedersachsen.

In den ersten Jahren als Ministerpräsident hatte Schröder sich vorzugsweise noch für einen neuen Typus Unternehmer interessiert, den er in der jüngeren Generation fand: den »aufgeklärten Unternehmer«. Er erwärmte sich für junge Manager und Firmeneigner, die »sich sozial und auch ökologisch verantwortlich benehmen. Da gibt es viele, die haben da was kapiert«, sagte Schröder, »mit denen kann man wirklich rationale Politik machen.« Alexander Erdmann von der DG-Bank war darunter, Fritz Hahne vom Möbelhersteller Wilkhahn in Bad Münder oder auch der Juniorchef des niedersächsischen Schnapsbrenners Berentzen. Doch ob aufgeklärt oder nicht – ihm gefielen als Typen vor allem die Mittelständler, die die Ärmel hochkrempeln und etwas bewegen. Wie etwa der Niedersachse Günter Papenburg, der mit einem Kies-Laster begann und dreißig Jahre später in der Baubranche eine DM-Milliardenbilanz vorlegen konnte.

In kurzer Zeit fühlte Schröder sich in dem unbekannten Revier heimisch und hatte bereits – wie bei »Continental« in Hannover – erste Duftmarken gesetzt. 1993 stellte er zu seiner tiefen

Beruhigung fest: »Die kochen ja auch nur mit Wasser.« Diese tief befriedigende Erkenntnis ließ seine Neugier auf die Unternehmer jedoch nicht erlahmen – im Gegenteil. Er fand zunehmend Spaß daran, sich mit den Platzhirschen zu messen. Mit dem Daimler-Chrysler-Chef Jürgen Schrempp zog er in München um die Häuser und spielte mit dem Siemens-Chef Heinrich von Pierer Tennis. Die bedeutendsten Vorstandsvorsitzenden rief er direkt von seinem Schreibtisch aus an.

1997 reiste Gerhard Schröder mit großer Entourage in die USA und traf nun bei Weltfirmen wie Boeing, Microsoft und Hewlett-Packard auch auf die »big shots« des globalen Dorfes. Zur Bundestagswahl 1998 galt er als der Kandidat, dem man zutraute, die »Deutschland AG« flott zu kriegen – jener typisch deutsche Klüngel der Volkswirtschaft, der an seinen Regeln und Gewohnheiten zu ersticken schien. Die Unternehmer machten sich vor allem auch Hoffnung, dass der Sozialdemokrat Schröder die Gewerkschaften domestizieren würde.

Zu seinem Image als Modernisierer der Wirtschaft hatte auch Schröders persönlicher Stil im Umgang mit Unternehmern wesentlich beigetragen, an dem er auch als Kanzler festhielt. Unternehmer staunen, dass sie bei Schröder meist zügig einen Termin bekommen und am Telefon schnell direkt mit ihm verbunden werden. Es sprach sich herum, dass das persönliche Gespräch mit ihm zwanglos und unkompliziert sei – weit entfernt von den Steifheiten, die zwischen Wirtschaft und Politik häufig sind. Schröder kommt den Wirtschaftsmächtigen gern bei einem guten Abendessen mit sehr gutem Rotwein näher, durchaus mit Lustgewinn. Der gehobene Lebensstil der Unternehmer hat ihn von Beginn an ebenso beeindruckt wie deren Machtfülle.

Dabei hat es Schröder wohl nicht immer gemerkt, wenn er Nähe mit Zustimmung verwechselte. Die Großwesire der deutschen Unternehmen nahmen den kumpelhaften Ton, den Schröder bei geselligen Treffen anschlug, manchmal, je nach Temperament, erfreut zur Kenntnis, verwundert – oder auch leicht amüsiert. So nah schien ihm der Unternehmensberater Roland Berger, dass er sich den alerten Manager schon als Minister seines rot-grünen Bundeskabinetts gut vorstellen konnte. Bei aller Nähe hatte Schröder übersehen, dass Berger der CSU zuneigt.

Schröder galt bereits vor seiner Wahl zum Kanzler als der Politiker mit den besten Kontakten zur Wirtschaft. Die nutzte er reichlich, um sein Wissen zu mehren und um Einfluss zu nehmen. Das persönliche Gespräch ist seine wichtigste politische Waffe, sein alle anderen Mittel überragendes Herrschaftsinstrument. Wirtschaftsführer berichten, sie hätten stets den Eindruck, eine Unterhaltung mit Schröder sei nicht nur angenehm, sondern auch sinnvoll; denn selten bleiben solche Treffen ohne praktische Folgen. Schröder nimmt Anregungen nicht nur gern auf, er setzt sie auch rasch um – falls möglich. Nur weil er alle Beteiligten gut kannte, konnte er die Manager und die Gewerkschafter von VW im August 2001 schließlich zu einem Kompromiss über die Schaffung von 5000 neuen Arbeitsplätzen zum Gehalt von 5000 Mark bringen, um den monatelang vergeblich gerungen worden war. Konsenskanzler Schröder fädelte den Deal auf typische Weise ein: In kleiner Runde am Rande des sechzigsten Geburtstages von VW-Personalvorstand Peter Hartz, zu dem alle entscheidenden Figuren ohnehin erschienen waren.

Mit Schröders Kanzlerschaft schien vielen die Rangfolge des politischen Denkens geändert: Statt des Primats der Politik schien nun der Primat der Ökonomie in der Führungetage der deutschen Demokratie zu herrschen. Es war klar, dass nun, wo Schröder an der Macht war, immer häufiger die Unternehmer von sich aus den kurzen Draht zu dem Sozi im Kanzleramt suchten. Mit ihm auf einem Foto zu erscheinen, auf einer Auslandsreise in der »Kanzlermaschine« mitzufliegen, wurde unverzichtbar für das Prestige eines deutschen Unternehmers, der etwas auf sich hält.

Bei allem Verständnis für die Belange der Wirtschaft hat sich im Laufe der Zeit bei Schröder auch Enttäuschung eingeschlichen. Das Bündnis für Arbeit tritt auf der Stelle. Gerade in diesem Bereich der Politik, den er für den wichtigsten hält, will der Konsens nicht gelingen. Freimütig gibt er zu, dass er »das allein selig machende Programm« zur Arbeitsmarktreform nicht kennt. »Aber die Richtung, die kennen wir: Das Verbandsgeschrei nicht ganz so ernst nehmen, sich an betrieblichen Wirklichkeiten und Möglichkeiten orientieren, in die Köpfe der Menschen investieren und ihnen flexible Gestaltungschancen geben, ohne ihnen jede Art von Sicherheit zu nehmen.«

Schröder glaubt, durch Gesetzgebung und praktische Hilfe zur Modernisierung beigetragen zu haben. Doch bei den wirtschaftlichen Eliten vermisst er eine »Verantwortung für das Gemein-wohl«. Da strebten Manager und Unternehmer zu oft danach, nur ihre eigene Situation und die ihrer Unternehmen zu verbessern. Doch das dürfe nicht der einzige Maßstab sein. »Ich erwarte, dass die Wirtschaft nicht nur immer verlangt, sondern auch mal liefert«, rief Schröder im März seinem Publikum in Halle zu.

Je näher der Wahlkampf rückte, desto leichter schienen ihm solche Sätze zu fallen.

# Außenpolitik

Staatsbesuch in Indien, Anfang November 2001. Der Tag hatte sich lang hingezogen. Für Gerhard Schröder hatte er – nach einer reichlich kurzen Nacht – mit einem Pressefrühstück in Neu-Delhi begonnen. Danach ein Treffen mit Oppositionsführerin Sonia Gandhi, anschließend Flug in den Süden Indiens nach Bangalore. Hier, in der Hauptstadt des Unionsstaates Karnataka, wollte der Kanzler das Wunder des indischen High-Tech-Booms mit eigenen Augen schauen. An Menschen wie jene in Bangalore, hoch qualifizierte Computer-Spezialisten, hatte Schröder gedacht, als er im Frühling des Jahres 2000 seine Green–Card–Initiative vorschlug, mit der er Arbeitskräfte aus den Entwicklungsländern für Aufbauarbeiten in Deutschland werben wollte. »Ihr Inderlein, kommet«, frotzelten die mitreisenden deutschen Journalisten, als sie bei herrlichen Spätherbsttemperaturen in Kleinbussen durch das pittoreske Bangalore kutschiert wurden.

Als Schröder um 19 Uhr 20 Ortszeit an das Rednerpult des »Taj West End«-Hotels von Bangalore trat, um vor rund 300 Gästen das 45-jährige Bestehen der deutsch-indischen Handelskammer zu würdigen, hatte er bereits drei Gespräche mit indischen Politikern absolviert, vier ortsansässige Computer-Firmen besucht, fünf Reden und Ansprachen gehalten, mindestens 300 Hände geschüttelt und unzählige Male für Fotografen gelächelt. Entsprechend matt fiel der Beginn seiner Rede aus.

Brav las Schröder den Text ab, den ihm seine Leute daheim aufgeschrieben hatten. »... hat die Handelskammer in den 45 Jahren ihres Bestehens einen ganz wichtigen Beitrag zur Förderung der deutsch-indischen Wirtschaftsbeziehungen geleistet, aber nicht nur das. Sie hat auch einen ganz wichtigen Beitrag zum Verständnis der Menschen untereinander geleistet ...« Schröder merkte schnell, dass ihm an diesem Abend die Energie fehlte, um das Publikum mit seiner Rede zu begeistern. Vergeblich versuchte er, mehr Ausdruck in den Vortrag zu bringen. Sein Akku war erkennbar leer.

Langsam machte sich im Publikum Enttäuschung breit über die matte Vorstellung des angereisten Regierungschefs. Die deutschen Herren in den grauen Anzügen begannen, auf ihren Stühlen hin und her zu rutschen. Ihre indischen Kollegen blickten etwas ratlos. Dabei hatte sich die Handelskammer erhebliche Mühe gegeben, die Feier würdig zu gestalten. Ein indischer Elefant in Feiertagsputz und ein Kathakali-Tänzer in traditionellem Kostüm und Bemalung hatten die Festgäste vor dem Hotel begrüßt, der Weg in den Bankettsaal hatte über einen fantastischen Teppich von Blütenblättern geführt. Großer südindischer Pomp. Doch die Rede des Kanzlers schleppte sich zäh von Absatz zu Absatz: »... gibt es eine lange Tradition der Zusammenarbeit zwischen Indien und Deutschland, und es gibt ein entwickeltes Verständnis für die großen und großartigen Kulturen und kulturellen Leistungen ...«

Plötzlich lief durch die Stuhlreihen, in denen überwiegend deutsche Geschäftsleute saßen, ein amüsiertes Raunen, das schließlich in ein offenes kollektives Gelächter umschlug. Die Heiterkeit hatte nicht etwa der Kanzler mit seinem müden Auftritt geweckt, sondern seine Dolmetscherin Lena Hassinger-Lees. Die stets gut gelaunt wirkende Frau mit ihren wachen, runden Augen übersetzt Schröder nun schon seit Jahren ins Englische. Sie fehlt auf keiner seiner Auslandsreisen ins englischsprachige Ausland. So wurde sie gleichsam zu Schröders englischem Schatten, zu einem vertrauten Gesicht an seiner Seite.

Hassinger-Lees war nicht entgangen, wie matt dem Chef seine Rede diesmal geriet. Daran konnte sie nichts ändern. Sie konnte ihm zwar ihren englischen Wortschatz leihen, nicht jedoch ihre Energie. Sie versuchte es dennoch – auf ihre Weise.

Sie unterlegte ihrer englischen Übersetzung durch Wortwahl, Gestik und Modulation der Stimme die Emphase, die hier jeder vom Kanzler erwartete. Zu diesem Trick greift sie gelegentlich, wenn sie meint, ihren Chef gut verkaufen zu sollen. In Bangalore gelang ihr das an diesem Abend über alle Maßen gut.

So begeistert klang die Dolmetscherin, um so viel geschliffener als die deutsche Vorlage war die englische Übersetzung, dass selbst die deutschen Zuhörer lieber der Übersetzung als dem Original lauschten. Als Schröder auch noch vergaß, in seinen Vortrag die notwendigen Pausen zur Übersetzung einzubauen, und die Dolmetscherin daraufhin einige Minuten am Stück zu sprechen hatte, geriet ihr Englisch so glanzvoll und der Vortrag so emphatisch, dass sie damit unübersehbar zur Hauptrednerin avancierte. Sie überstrahlte ihren Chef. Das war keineswegs peinlich, weil ihrerseits frei von Eitelkeit: Offensichtlich wollte Lena Hassinger-Lees lediglich ihrem müden Chef aus der Patsche helfen. Aber komisch war es schon, wie sie sich gleichsam über ihren Chef hinausschraubte. Kein Wunder, dass der Saal in fröhliches Gelächter ausbrach.

So groggy war der Kanzler nicht, dass er nicht bemerkte, dass ihm die Dolmetscherin die Show gestohlen hatte. Doch geistesgegenwärtig brachte er die Lacher schnell wieder auf seine Seite: Er schnappte sich sein Manuskript, ging auf die Hassinger-Lees zu, die einige Meter entfernt von ihm an einem Mikrofon am Rande der Bühne stand, reichte ihr den Packen Papier mit einem schief ins Gesicht geklebten Lächeln und sagte: »Am besten hältst du jetzt die Rede zu Ende.« Der Saal tobte.

Natürlich nahm Hassinger-Lees die Offerte nicht an. Schröder arbeitete seine Rede höchstselbst ab, etwas munterer als zuvor. Die Dolmetscherin, die leicht errötet war und sich in den nachfolgenden Minuten ganz gegen ihre sonstige Gewohnheit zwei-, dreimal verhaspelte, nahm den Fuß vom Gas und übersetzte den Schluss der Rede des Kanzlers mehr solide als luzide. So hatte der Abend, der so glanzlos begonnen hatte, zur Freude des Publikums doch noch sein Highlight gehabt – ganz anders allerdings, als erwartet.

Schröder war noch Ministerpräsident in Niedersachsen, als er 1996 eine Dolmetscherin suchte, die ihn auf seinen Reisen ins Ausland begleiten sollte. Er gehört zu der Mehrzahl der Deutschen, die mit einem leicht in Vergessenheit geratenen Schulenglisch durch ihr Erwachsenenleben kommen müssen. Wenn ihn auch seine ausländischen Kollegen mittlerweile auffordern, von seinem immer besser werdenden Englisch Gebrauch zu machen, so hatte er doch realistisch eingeschätzt, dass sein Sprachschatz nicht ausreichen würde, um damit komplizierte Gespräche mit anderen Staatenlenkern zu bestreiten. Bodo Hombach hatte ihm Hassinger-Lees vorgeschlagen, die für ihn unter anderem seine

Gespräche mit Nelson Mandela in Südafrika übersetzt hatte. Auch für Wolfgang Clement hatte die freiberufliche Übersetzerin häufiger gearbeitet.

Schröder wusste auch, dass er sich mit Radebrechen im Ausland einer seiner wichtigsten Waffen berauben würde: Noch stets hat er mit sprachlicher Raffinesse und Witz Gesprächspartner für sich einnehmen – oder auch abkanzeln – können. Im Englischen würde ihm dieses Herrschaftsmittel fehlen. Schröder fand, dass es weit sinnvoller ist, sich gut übersetzen zu lassen, als auf Englisch zu dilettieren.

Mittlerweile reichen seine Sprachkenntnisse aus, um zu wissen, dass Hassinger-Lees seine deutschen Reden im Englischen stets ein wenig veredelt. Unterlaufen ihm bei Stegreif-Reden kleine sprachliche Unebenheiten – Lena bügelt sie aus. Schröder weiß das: »Die hobelt meine Sprache glatt« – und freut sich.

Als er in Neu-Delhi auf einer Pressekonferenz vorschnell auf Deutsch eine Frage beantwortete, die – auf Englisch – eigentlich an den neben ihm stehenden indischen Premier Vajpayee gerichtet war, entschuldigte er sich hinterher: »Daran können Sie sehen, wie schlecht mein Englisch ist.« Hassinger-Lees übersetzte: »My english is a little wobbly« – was nicht nur wesentlich freundlicher, sondern auch witziger klingt: »Wobbly«, also wackelig, bewegen sich Kinder auf ihren Beinchen.

Die Inder schmunzelten.

## Paris

»Herr Bundeskanzler, ich möchte Ihnen noch ein paar Worte zu Ihren Gesprächspartnern sagen.« Brigitte Sauzay beugt sich aus ihrem Flugzeugsitz nach links über den Gang hinweg, um dem Ohr ihres Chefs näher zu sein. »Es sind ausgewählte Mitglieder der politischen Gesellschaft von Paris.« »Sie sind sicher, dass wir diesen Termin machen müssen?«, fragt Gerhard Schröder. »Ich mein', ich hätt' ja in Berlin auch noch die eine oder andere Sache zu erledigen.« »Aber ja. Die Gesprächspartner sind in Paris von Einfluss.«

Gerhard Schröder bleibt skeptisch. Lohnt sich der Aufwand? Fünfzig Prozent seiner Arbeitszeit nimmt die Außenpolitik in

Anspruch. Dabei werden Wahlen, das ist eine politische Binsenweisheit, nicht mit Außenpolitik gewonnen, selbst wenn sie erfolgreich ist. Nun gut, Frankreich. Der ehemalige Erbfeind der Deutschen ist auch diesem Regierungschef, der lieber in der Gegenwart als in der Vergangenheit lebt, immer eine besondere Anstrengung wert.

Geduldig hört er zu, als ihm seine Frankreich-Beraterin die Lebensläufe der sieben Franzosen näher bringt, mit denen er in knapp zwei Stunden in Paris zu Abend essen wird. Zum Umkehren ist es ohnehin zu spät: Der kleine zweistrahlige Challenger-Jet der Flugbereitschaft der Bundeswehr hat auf seinem Weg nach Westen bereits Magdeburg erreicht. Schröder kann Unpünktlichkeit nicht ausstehen. »Um sieben fängt's an, dann können wir ja um neun das Lokal verlassen. Dann sind wir kurz nach elf in Berlin. Morgen früh ist Kabinettssitzung.« Hinten im Flugzeug dösen vier Sicherheitsbeamte ihrem Einsatz in Paris entgegen.

Brigitte Sauzay war Schröders wohl überlegte Reverenz an Frankreich, als er 1998 das Kanzleramt eroberte. Sie ist die Dolmetscherin von François Mitterrand bei ungezählten Treffen des französischen Präsidenten mit Bundeskanzler Helmut Kohl gewesen. Mit Anmut verkörperte sie unübersehbar und gleichzeitig dezent den gehobenen Stil der politischen Klasse Frankreichs. Mit der Ernennung der prominenten Französin zur offiziellen Beraterin des Kanzlers für deutsch-französische Beziehungen wollte Schröder signalisieren, wie wichtig ihm ein gutes Einvernehmen mit Paris ist. Der heutige Termin war ihre Idee.

Ein Abendessen im kleinen Kreise, sieben Personen, darunter Jean-Marie Colombani, Herausgeber von »Le Monde«, ein bekennender Schröder-Fan mit einem seiner leitenden Redakteure. Dazu ein Unternehmensberater, der Vorsitzende des französischen Bio-Ethikrates und eine Gewerkschaftsführerin – ohne Presse, Fotografen und sonstigen Klimbim. Ein privilegiertes Hintergrundgespräch. »Na, Sie werden das schon wissen«, sagt Schröder und reicht seiner französischen Dame das Dossier zurück, in das er sich vertieft hatte.

Gerhard Schröder war kaum ein halbes Jahr im Amt, da prallte er zum ersten Mal auf den französischen Anspruch auf Dominanz in der EU. Beim Agenda-Gipfel in Berlin im März 1999 saß Schröder erstmals einer bedeutenden internationalen

Konferenz vor. Es ging um die Verteilung der EU-Gelder bis zum Jahr 2006. Die Franzosen wussten nicht, was sie von der rot-grünen Regierung halten sollten. Schröder hatte zu erkennen gegeben, dass er nicht daran denke, die Politik seines Vorgängers Helmut Kohl weiterzuführen. Der hatte Streit mit den Franzosen in aller Regel dadurch beendet, dass er nachgab und den Anteil deutscher EU-Zahlungen erhöhte.

Im Wahlkampf hatte Schröder gemeint, die Achse Paris–Bonn solle zu einem Dreieck Paris–Bonn–London erweitert werden. Das alles hörte sich für den französischen Staatspräsidenten Jacques Chirac nach einem Angriff auf traditionelle Vorstellungen von französischer Hegemonie in Europa an. In Berlin wollte Chirac dem neuen Kanzler zeigen, was er davon hält.

»Das war schon 'ne heiße Nacht«, erinnert sich Schröder. Der Morgen dämmerte bereits rund um das Inter-Conti-Hotel an der Budapester Straße in Berlin. Fast alle Punkte der Tagesordnung waren abgehakt, da legte Jacques Chirac noch fünf weitere Punkte als unverzichtbare Forderungen Frankreichs auf den Tisch, die den vorgesehenen Kostenrahmen sprengen würden. Darunter die Zahlung der so genannten Herodes-Prämie an französische Bauern. Schröder lernte, dass die EU Bauern Geld dafür gibt, dass sie Kälber produzieren, die gleich nach der Geburt wieder vernichtet werden. »So ein Wahnsinn!«, entfuhr es einem Mitglied der Delegation. Chiracs sozialistischer Ministerpräsident Lionel Jospin brachte Chirac dazu, wenigstens auf diesen Punkt zu verzichten. Doch Schröder machte alles in allem mehr Zugeständnisse, als er ursprünglich vorhatte.

Die politische Wucht des Franzosen blieb nicht ohne Wirkung auf den außenpolitischen Novizen Schröder. Er sei »in dieser Nacht zum Europäer geworden«, jubelte anschließend Joschka Fischer. Fischer, der sich auf seinem Weg vom linken Rand in die Mitte der Gesellschaft durch nahezu komplette Übernahme konservativ-bürgerlicher Normen – in Form wie Inhalt – gebahnt hat, konnte sich auch die deutsche Außenpolitik der rot-grünen Regierung nicht anders vorstellen denn als Fortsetzung der Politik von Kohl und Genscher. Skeptisch beäugte er Schröders Idee von einem neuen Selbstverständnis deutscher Außenpolitik. Nach dieser Nacht wähnte er Schröder auf dem gleichen Weg der kontur- und unterschiedslosen Anpassung, den er selbst bereits zurückgelegt hatte. Schröder und Chirac wussten, dass der Agenda-Gipfel von Berlin nur ein erstes Kräftemessen war.

Die Challenger hat mittlerweile den Rhein erreicht. Im Flug Richtung Westen verstreicht die Zeit mit Gesprächen über Preise für Opernkarten, Kulturförderung und Wein. Dieter Kastrup, Schröders neuer außenpolitischer Berater, der seinen Chef erstmals auf einer Auslandsreise begleitet, outet sich als Kenner deutschen Qualitätsweines. Über die Vorzüge von Rebsorten und allerbeste Lagen sind sich die Herren einig. Madame Sauzay zuckt leicht zusammen, als der Kanzler behauptet, »bei weißen Weinen können wir es mittlerweile mit jedem Franzosen aufnehmen«. Die Stewardess bringt dem Kanzler Mineralwasser.

Zehn Minuten vor der Zeit steht die deutsche Reisegruppe im Vier-Sterne-Restaurant »Paul Minchelli« am Boulevard La-Tour-Maubourg. Um diese Uhrzeit ist das Lokal noch leicht unterkühlt und menschenleer; gottlob ist Gastgeber Colombani überpünktlich. Gegen sieben erscheint ein weiterer Teilnehmer der Tafelrunde: Etienne Mougeotte, der Vizepräsident des privaten Fernsehsenders TF1. Man plaudert im Stehen vor der Theke des Lokals – über den Euro und den parallel stattfindenden Besuch Putins bei Chirac. Schröder nippt an »eau minérale gazeuse«. Er hat wieder mal einen Monat »Trockenzeit«, wie er seine regelmäßigen Abstinenzpausen nennt.

Der Stoff für den Smalltalk ist schneller verbraucht, als allen lieb ist. Die Zeit zieht sich. Um Viertel nach sieben, der Kanzler ist mittlerweile beim vierten Glas Wasser und steht immer noch im zugigen Niemandsland zwischen Eingang und Theke, beruhigt der deutsche Botschafter Fritjof von Nordenskjöld, der im Lokal auf den hohen Besuch gewartet hatte, seinen Regierungschef: »Um diese Uhrzeit sind die Straßen immer verstopft, da kann kaum einer pünktlich sein.« »Macht doch nichts, wirklich nicht«, sagt der Kanzler, »dann warten wir eben noch.« Der Kellner schenkt frisches Mineralwasser nach.

»Wissen Sie, Herr Bundeskanzler, sieben Uhr ist eine ungewöhnliche Zeit für ein Abendessen in Frankreich; oft beginnt man erst um halb zehn zu essen«, flüstert Madame Sauzay um fünf vor halb acht dem Kanzler ins Ohr. »Ist doch nicht schlimm, wirklich nicht«, sagt der Kanzler und nimmt einstweilen noch etwas Mineralwasser. Um halb acht betritt Marie Louise Antoni das Lokal, Direktorin beim Vorstandsvorsitzenden von Fiat France. Schröder, beeindruckt von der sympathischen Dame und erleichtert über den Fortgang der Dinge, erheitert die Runde mit spitzen Bemerkungen über Fiat-Automobile. Madame erweist sich als schlagfertig und humorvoll. Der Botschafter schaut nervös auf die Uhr.

Sieben Uhr vierzig: Nun kommt Bewegung in die Sache. Alain Minc erscheint, ein behender kleiner Herr mit wieselflinken Augen, der Unternehmensberater. Erleichtert regt Gastgeber Colombani an, nun zum gesetzten Diner in das Chambre Séparée zu gehen. Die zweite französische Dame des Abends, Nicole Notat, Vorsitzende der Gewerkschaft CFDT, schlüpft in das Speisezimmer, etwas gehetzt wirkend. Monsieur Colombani begrüßt »hoch erfreut und sehr geehrt« den deutschen Gast und stellt die erste Frage – natürlich zu den deutsch-französischen Beziehungen. Der Kanzler lehnt den Chablis ab. Weil das Essen noch auf sich warten lässt – man ist schließlich in Frankreich, und zum Savoir-vivre gehört trotz aller EU-Richtlinien offenbar immer noch der lässige Umgang mit der Zeit –, kann der Kanzler von sich und Frankreich erzählen.

In Frankreich kenne er sich aus wie in keinem zweiten europäischen Land: Zehn Jahre lang sei er mit seiner damaligen Frau Anne nach Frankreich in Urlaub gefahren: »Dabei habe ich das Land und einige seiner schönsten Campingplätze gut kennen gelernt.« Die Franzosen, gewiss alle Sympathisanten des reformfreudigen deutschen Sozialisten, schauen sich für einen Moment leicht verstört über ihre Tellerränder hinweg an: In Deutschland mag der Kanzler mit seinen Hinweisen auf das Gewöhnliche in seiner Biografie Zuspruch bekommen. Aber im eleganten Paris, wo der gesellschaftliche Dünkel bis hinauf in die linken Spitzen reicht, wirkt der Hinweis etwas schräg.

Mit der französischen Sprache sei das bei ihm leider »nicht so doll«, fährt der Kanzler fort. »Meine damalige Frau Anne war Französischlehrerin. Da hat die immer alles geregelt. Aber immerhin kann ich jede Speisekarte lesen.« Man lacht. Dolmetscher Zimmermann leistet gebärdenreich Verständnishilfe. Kurz nach acht Uhr. Die Vorspeise: Coquille St. Jacques, drei Stück für jeden. Mittlerweile war auch Professor Didier Sicard erschienen, der Vorsitzende des französischen Bio-Ethikrates. Leichte Verbeugung des Kanzlers im Sitzen Richtung Neuankömmling, während ein Kellner ihm Mineralwasser nachschenkt.

Das Lesen des Dossiers hat sich gelohnt: Schröder macht kenntnisreiche Bemerkungen über die Bedeutung des Professors in der französischen Debatte zu ethischen Standards in der Biotechnologie. Er nutzt die Gelegenheit, seine Zuhörer mit detaillierten Kenntnissen über embryonale Stammzellen und ihre adulten Verwandten zu verblüffen. Sein Standpunkt zur Präimplantationsdiagnostik sei klar: Er könne nicht einsehen, warum die Abtreibung im Mutterleib etwa bei der Spina-bifida-Erkrankung, offenem Rücken also, in Deutschland noch bis kurz vor der Geburt erlaubt sei, die befruchtete Eizelle jedoch nach ihrer In-vitro-Fertilisation nicht untersucht werden dürfte. Später wird sich der Kanzler wundern, warum niemand kritische Fragen gestellt hat. »Nein, dies war ein fast privates Abendessen, keine Pressekonferenz«, sagt Madame Sauzay dann, »da fragt man eher freundlich.« Schröder indes ahnt, dass er die Franzosen und ihren Stil womöglich immer noch zu wenig kennt, um Reaktionen seiner Gesprächspartner ausrechnen zu können.

Schröder sieht klar, dass sich in seiner Regierungszeit die deutsch-französischen Beziehungen bisher nicht gebessert haben. Die Gründe dafür findet er unter anderem in der Cohabitation, dem französischen Modell der kunstvoll ausbalancierten Doppelherrschaft von Konservativen und Sozialisten. Sie macht den Umgang mit französischen Regierungen für jeden zu einem Tanz auf schwankendem Seil. Zudem sind der saftige Konservative Chirac und sein staubtrockener sozialistischer Premier Jospin auch jeder für sich nicht einfach zu nehmen. Das war bei Kohl nicht anders.

Schröder packt seine Probleme mit der europäischen Politik Frankreichs gern in die vorsichtige Bemerkung, die politische Klasse Frankreichs erscheine für einen Deutschen hermetisch abgeriegelt. Deutsche Diplomaten sehen die Außenpolitik Frankreichs dominiert von Absolventen einiger Elite-Schulen, deren Stil – im Denken wie im Umgang – eine vernünftige Neubestimmung Europas zu blockieren scheint. Höchst intelligent, aber gleichzeitig borniert werde in Paris sorgsam darauf geachtet, dass Frankreichs leichte Dominanz in Europa – auch gegenüber Deutschland – keinen Schaden nimmt. Französische Unternehmer, die die Chancen eines erweiterten Europa unter anderen Vorzeichen längst begriffen hätten, seien da flexibler und aufgeschlossener, erzählt der Kanzler bei Gelegenheit – gleichsam als Ermunterung für die Pariser Politik.

Beim Gipfel von Nizza, Anfang Dezember 2000, waren Chirac und Schröder das zweite Mal aneinander gerasselt. Diesmal hatte Frankreich den Vorsitz der Konferenz inne. Diesmal ging es um die Geschäftsordnung der künftigen, erweiterten EU. Nach viertägigem Verhandlungsmarathon der Regierungschefs über die künftige Geschäftsordnung hatte die deutsche Delegation nur zwei Stunden Schlaf im legendären Hotel Negresco am Mittelmeer gefunden, bevor sie nach Berlin zurückflog. Im Regierungs-Airbus waren sie noch aufgewühlt von der letzten, entscheidenden Nachtrunde kurz zuvor, die sich in den Köpfen der Berliner Regierung als »Schock von Nizza« festgesetzt hat.

Chirac war in die Gruselkammer der Geschichte gestiegen, um den französischen Anspruch zu begründen: Frankreich hätte »nicht viel Blut auf Schlachtfeldern vergossen«, um nun den Deutschen bereitwillig eine Vormachtstellung in Europa zuzugestehen. Selbst das politische Gewicht der französischen Atombombe hatte im Laufe der Verhandlungen eine Rolle gespielt. »So geht das nicht, so kann das nicht weitergehen«, stöhnte ein noch sichtlich verstörtes Delegationsmitglied auf dem Rückflug im Regierungsflieger nach Berlin.

Die Deutschen hatten in Nizza dem Streit um Stimmengewichtung und Sitzverteilung in der künftigen EU-Spitze entspannt zugeschaut – als seien sie in der Verhandlungsrunde diejenigen mit dem lässigen mediterranen Gemüt. Ihnen ging es nicht vorrangig um Posten und Mehrheiten in Brüsseler Gremien. Ihnen war wichtig, dass sich die EU sinnvolle Regeln gibt, mit denen die vergrößerte EU in Zukunft effektiv arbeiten kann. Sie wussten, dass Deutschland von der EU-Erweiterung auch ohne Verbesserung seiner Position in Brüssel einen Vorteil haben würde: Mit ihrer Erweiterung nach Osten wird das Gewicht Berlins in der EU zwangsläufig zunehmen. Der deutschen Wirtschaft bieten sich beste Chancen.

Chirac stemmte sich gegen diese unwiderstehliche Tendenz – vergeblich. Am Ende standen die Deutschen wie Sieger da. Ihr faktisches Gewicht in den Gremien war größer, als sie selbst angepeilt hatten. Freilich musste Schröder erneut mehr Zugeständnisse machen, als ihm lieb war. Sein Außenminister Joschka Fischer hatte ihm dabei heftig zugeredet: »Wir sind die beiden letzten 68er. Wenn wir das Ding gegen die Wand fahren, dann ist es vorbei« – mit der Vorstellung von einem allseits in Europa akzeptierten Deutschland.

»Ich werde die ganze komplizierte Geschichte in meinen Memoiren niederschreiben«, verheißt Schröder seinen französischen Gastgebern im Restaurant »Paul Minchelli« und nimmt noch ein Glas Mineralwasser. »Übrigens«, fügt er hinzu, »das Gewicht der deutsch-französischen Achse wird bleiben, aber im Vergleich zu früher weniger bedeuten. Wenn die EU erst mal mehr als zwanzig Mitglieder hat, nimmt es automatisch ab. Das ist kein böser Wille, sondern es ist einfach so.«

Dolmetscher Zimmermann lässt den Kanzler mit ausladenden Gesten, wahlweise hochgezogenen Schultern oder Augenbrauen und einer höchst französischen Satzmelodie wie einen Deutschen mit französischem Gemüt erscheinen. Weil er dazu beide Hände und alle Finger braucht, werden unglücklicherweise seine Coquilles St. Jacques kalt. Der Kellner bietet Bordeaux zum Hauptgang, Schröder lehnt dankend ab.

Ob er denn von den Franzosen enttäuscht sei, will Gastgeber Colombani wissen. »Wissen Sie, in der Außenpolitik ist für Enttäuschung nicht viel Raum. Das hat keinen Sinn, würde auch zu viel Zeit kosten«, sagt Schröder. Als wolle er dem Vorwurf entgehen, er hätte sich mit seinem Bekenntnis zur »uneingeschränkten Solidarität« mit den USA nach dem 11. September zu weit von den traditionell amerikakritischen Franzosen entfernt, erläutert er: »Zwischen Frankreich und Deutschland wird es in Bezug auf Amerika wohl immer einen Unterschied geben« und wirbt um Verständnis: »Das hat historische Gründe. Ich kann mich noch gut daran erinnern, wie wir als Kinder von den amerikanischen Soldaten nach dem Krieg Kaugummi und Schokolade bekommen haben.« Fast hätte er »erbettelt« gesagt, ehrlich, wie er in Sachen Biografie zu sein pflegt. Doch ein Gespür für französische Etikette verbot ihm hier die ganze Wahrheit. »Da ist natürlich bei uns eine ganz andere Dankbarkeit nach den Naziverbrechen. Die müssen Sie nicht haben.«

Der Hauptgang: Gedünstete Brasse am Reisrand mit Fenchelgemüse. »Und übrigens: Die Franzosen können sich, na, ich sag mal, ihre Arroganz gegenüber den Amerikanern auch eher erlauben. Wissen Sie, warum? Wenn ein Brautpaar in den USA die Flitterwochen plant, dann denken die an Paris, nicht an Berlin.« Es ist zehn Minuten nach neun, nun trifft auch der letzte Gast der Tafelrunde ein, Edwy Plenel, leitender Redakteur bei »Le Monde«. Er setzt sich wortlos an den Tisch, der Kellner bringt ihm eine Brasse, die wohl noch übrig war. Plenel möchte nur Mineralwasser, der Kanzler lässt sich ebenfalls nachschenken.

Ein Getuschel zwischen dem deutschen Botschafter und einem Beamten seiner Botschaft, der sich in den kleinen Raum hineingestohlen hat, macht den Kanzler unruhig. »Wass'n da los?«, will er wissen, Unheil ahnend. »Herr Bundeskanzler, wir bekommen soeben die Nachricht, dass Ihr Flugzeug nicht starten kann.« »Wieso denn das?«, fragt der Kanzler. »Da gibt es ein Problem mit Kontrollinstrumenten, aber wir versuchen zu zaubern.« »Dann könnten Sie vielleicht in Paris übernachten«, schlägt »Le Monde«-Herausgeber Colombani vor. »Nee, nee, danke«, sagt der Kanzler, »ich habe morgen früh Kabinettssitzung«. »Vielleicht kann Ihnen der französische Staatspräsident eine Maschine zur Verfügung ...« »Nee, nee«, sagt der Kanzler, »die Leute da sollen mal zusehen, dass sie den Flieger schnell wieder flott kriegen.«

Zum Dessert – Schokoladeneis und Zitronensorbet – beichtet der Botschafts-Beamte mit roten Ohren: »Herr Bundeskanzler, es tut mir Leid, aber das Flugzeug ist kurzfristig nicht zu reparieren. Wir haben erfahren, dass ein Ersatzflugzeug aus Köln hier in zwei Stunden landen kann. Aber es läuft gut: Lande- und Startgenehmigung in Le Bourget haben wir schon.« Mittlerweile haben die französischen Gastgeber telefoniert und sind stolz, ihrem deutschen Gast den Gruß und das Angebot des französischen Staatspräsidenten unterbreiten zu können: Chirac stellt eines der französischen Regierungsflugzeuge zur Verfügung. Allerdings dauere es zweieinhalb Stunden, bis die Crew vollzählig versammelt und der Flieger startklar sei. Einvernehmlich wird beschlossen, auf die Maschine aus Köln-Bonn zu warten. »Aber wir heben die Tafel trotzdem auf«, sagt Schröder. »Bien sure«, sagt Gastgeber Colombani. Es ist knapp zehn Uhr, als die deutsche Equipe das Restaurant verlässt, das sich nun langsam mit Gästen füllt.

So wird der Salon der deutschen Botschaft an der Avenue Franklin D. Roosevelt, die nur ein paar Autominuten entfernt an der Seine liegt, für die nächsten zweieinhalb Stunden zum Wartesaal für den Kanzler und seine kleine Entourage.

»Du Schatz, ich komme später, der Flieger ist kaputt«, unterrichtet der Kanzler seine Ehefrau Doris über Mobiltelefon. »Das musst du dir mal vorstellen«, sagt der Kanzler, »da hat der Jacques uns tatsächlich einen seiner Regierungsflieger angeboten. Ist doch doll, oder?« Botschafter von Nordenskjöld hat mittlerweile den Diener der Botschaft aus seinem Feierabend getrommelt. Der erscheint in voller Montur – Stresemann und Cut – und serviert – Mineralwasser, mit und ohne Kohlensäure. »Das ist auch 'n Ding; einen ganzen Abend mit Essen in Paris und keinen Schluck Wein«, sagt Schröder. Dafür nimmt er eine Zigarre, Romeo y Julieta No. 2. »Auch nicht so gut«, sagt Schröder, »wenn ich keinen Wein trinke, rauche ich mehr. Das ist heute schon die dritte.« Der Botschafts-Beamte kommt mit schlechten Nachrichten: Das Flugzeug aus Köln-Bonn kann frühestens um null Uhr vierzig landen.

Schröder ist sich immer noch nicht sicher, ob sich der Aufwand gelohnt hat. »Doch, doch, ganz sicher«, sagt Madame Sauzay, »Sie haben großen Eindruck gemacht. Das wird sich in Paris schnell herumsprechen. So etwas ist manchmal wichtiger als eine Pressekonferenz.« Der Botschafter pflichtet bei und berichtet von der Mühsal seines Amtes. Hier in Paris würde »hart diniert«. Die Essen begönnen meist erst spät am Abend, »und dann ist das Essen oft schwer, wissen Sie, Herr Bundeskanzler. Wir spotten ja immer: Essen für Deutschland. Aber ich kann Ihnen sagen, das ist schon anstrengend, aber auch lohnend. In Paris gibt es diese völlig unverzichtbaren Essen, oft in kleiner Runde, in denen man maßgebliche Menschen trifft, die man sonst nie zu Gesicht bekommt.«

Neue Botschaft aus Le Bourget: Der Flughafenchef fragt an, ob sich der Kanzler vor dem Abflug in das Goldene Buch des Flughafens eintragen könne. »O.K., mach' ich«, sagt der Kanzler. Dann ist Mitternacht vorbei. Die Wagenkolonne rauscht los.

In Le Bourget schüttelt Schröder ein paar Hände, trägt sich in das Goldene Buch ein, dann besteigt der kleine Trupp den Ersatzflieger. Der Kanzler versucht, etwas Schlaf zu finden. Das ist nicht einfach: »Wenn man keinen Wein trinkt, steht man morgens leichter auf, aber man schläft schlechter ein«, sagt er und nickt dann doch für einige Minuten ein.

Am militärischen Teil des Flughafens in Tegel reißt der Fahrer die schwere Tür der gepanzerten Limousine auf. Zügig rauscht die Kanzler-Kolonne gegen drei Uhr morgens durch das nächtliche Berlin. »Nacht«, brummt Schröder knapp, als er der Limousine vor dem Entrée des Kanzleramtes entsteigt, in dem er auch privat logiert. Nachher im Kabinett wird er Rudolf Scharping erzählen, dass ihn der marode Regierungsflieger seiner Flugbereitschaft die halbe Nacht gekostet hat: »Eigentlich erbärmlich für ein Land wie Deutschland.«

## Rolle vorwärts

Wenn Freunde und langjährige Mitarbeiter Schröders abends beim Wein zusammensitzen, dann taucht irgendwann die Frage auf, ob er sich als Mensch verändert habe, seit er Kanzler ist. Erstaunlicherweise sind die Auffassungen nicht einheitlich – obwohl die Beobachtungen die gleichen sind. Manche sehen nichts Neues an ihm. Er habe auch im neuen Amt alte Charaktermerkmale und Eigenheiten gezeigt; einiges sei vielleicht stärker hervorgetreten: die rasche Auffassungsgabe etwa, Entscheidungsfreude, die Fantasie bei der Suche nach überraschenden Lösungen. Andere sehen durchaus neue Qualitäten: Gelassener sei er heute, toleranter, nachsichtiger. Einig jedoch sind sich alle in einem Punkt: Als Kanzler ist Gerhard Schröder ein wesentlich ernsterer Mensch geworden.

Das flinke Lachen – früher ein ständiger Begleiter – ist nun seltener zu hören; der »homo ludens« in ihm, das spielerische Element, das ihn zu Lässigkeiten verführte, gelegentlich sogar zu Fahrlässigkeiten – er zeigt sich weniger. Stattdessen vertreibt ihm oft der Gram die gute Laune. Kein Vergleich mehr mit dem »Luftikus aus Hannover«, als der er vielen galt: behende die Probleme mal anpackend, mal umkurvend; stets mit dem Schalk im Nacken und einem weiteren Ass im Ärmel. Hoppla, jetzt komm ich, der Gerd aus Hannover.

Auch im Ausland hat man Veränderungen an Gerhard Schröder festgestellt: »He has grown« – er sei gewachsen, heißt es in der Londoner Downing Street No. 10. Schröder sei heute mehr von seinen eigenen Auffassungen überzeugt und reagiere nicht nur auf das, was andere sagen, ist aus der Umgebung des britischen Premiers zu hören. »In the beginning, he fumbled«, erinnert man sich in London – noch zu Beginn seiner Amtszeit hätte Schröder sich vergleichsweise täppisch benommen.

Der neue Ernst des Gerhard Schröder – er hat wohl mehrere Ursachen. Natürlich drückt die Wucht der Verantwortung, die im Kanzleramt unvergleichlich massiver ist als in der hannoverschen Staatskanzlei, auf das Gemüt. Der Druck ist nicht nur stärker, er lässt auch niemals nach. Das war in Hannover anders, als er immer wieder Pausen einlegen konnte. Mit der Herausforderung des Amtes wuchs auch die Furcht vor dem Scheitern – auch das kann die Heiterkeit vertreiben, gewiss. Doch der große Ernst hat eine gravierendere Ursache. Er kam mit dem Krieg, gleich zu Beginn der Kanzlerschaft im Frühjahr 1999.

Mit dem Kosovo-Krieg hatte Politik erstmals in der politischen Karriere des Gerhard Schröder eine wirklich existenzielle Bedeutung bekommen, die weit über den sportlichen Wettstreit um Meinungshoheit und Macht hinausreichte, in dem er sich bis dahin weitgehend locker und routiniert bewegte. Hier ging es nicht einfach um Probleme, sondern um das Leben von Menschen. Er trug plötzlich Verantwortung für die deutschen Piloten, die über dem Balkan ihre Bomben abwarfen. Und es ging um die möglichen Opfer solcher Aktionen. Er habe damals nur wenig Schlaf gefunden, erinnert er sich. Gegen vier Uhr morgens waren seine Nächte damals häufig vorbei.

Außer der Sorge um Menschenleben trieb Schröder nun auch etwas um, worüber er sich bis dahin als Politiker in der Provinz keine besonderen Sorgen zu machen brauchte: Er trug nun auch Verantwortung für das Ansehen und die Rolle Deutschlands in der internationalen Politik. Zwar würde er niemals zu Formulierungen greifen wie »Aus Sorge um Deutschland« – die sind viel zu pathetisch für seinen Geschmack. Auch Gedanken über seine »Rolle in der Geschichte«, um die sich sein Amtsvorgänger Kohl unentwegt sorgte, würde er nicht als Grund für sein gesteigertes Verantwortungsgefühl benennen. Und doch – es war die neue Herausforderung der Außenpolitik, die ihn mehr verändert hat als jede andere Neuerung in seinem Leben als Kanzler der Bundesrepublik Deutschland.

Mindestens fünfzig Prozent seiner Arbeitszeit verbringe er heute mit Außenpolitik, schätzt Schröder. Vor seinem Amtsantritt hatte er sich nicht systematisch mit der internationalen Politik beschäftigt. Seine Auslandserfahrungen waren zuvor vergleichsweise gering. Als er im Oktober 1998 das Kanzleramt in Bonn bezog, hatte er nur ungefähre Vorstellungen: Der politische Zwerg Deutschland sollte eine Gestalt bekommen, die seiner Wirtschaftskraft und Bedeutung angemessen wäre. Deutschland solle zwar nicht aus seiner Geschichte heraustreten, aber doch mit einer neuen Selbstverständlichkeit versuchen, sein Gewicht und seine Möglichkeiten international zur Geltung zu bringen.

Bevor Schröder sich klar machen konnte, wie der Weg dahin aussehen könnte, musste er schon erste folgenschwere Entscheidungen treffen. Kaum hatte er sein Amt angetreten, hatte Deutschland schon im ersten Halbjahr 1999 die Ratspräsidentschaft der EU inne. Schröder tourte durch zehn EU-Länder. Beim Agenda-Gipfel in Berlin, auf dem die EU ihr Budget bis zum Jahr 2006 festlegte, testeten die europäischen Staats- und Regierungschefs die neue deutsche Riege. Schröder hatte den Eindruck, dass besonders Frankreichs Chirac und Spaniens Aznar das Treffen zum Kräftemessen mit dem Novizen nutzten. In Brüssel war die EU-Kommission nach Korruptionsvorwürfen zurückgetreten. Binnen weniger Tage musste Schröder einen neuen Kommissionspräsidenten finden, der von den anderen Regierungschefs akzeptiert würde. Er präsentierte Romano Prodi – und verbuchte die Personalie als Erfolg. Inmitten seiner eigenen Regierungskrise war er wenig später, im Juni 1999, Gastgeber in Köln beim G-8-Gipfel. Es ging um Fragen der internationalen Finanzarchitektur. Außerdem wollte er die Führer der wichtigsten Weltwirtschaftsnationen für den Balkan-Stabilitätspakt gewinnen. Er präsentierte ihnen seinen soeben geschassten Kanzleramts-Staatsminister Bodo Hombach als Koordinator des Balkan-Entwicklungsprojekts.

»Learning by doing« – Schröder machte wieder einmal praktische Erfahrungen, bevor er sich einen ausgefeilten Plan zurechtgelegt hatte. Insofern nichts Neues. Er »spielt von hinten«, wissen seine langjährigen Mitarbeiter. So nennt man beim Skat einen

Spieler, der erst mal schaut, welche Karten die Mitspieler auf den Tisch legen, um dann am Ende selbst zu trumpfen. Aber ist Außenpolitik wie Innenpolitik?

Schröder konnte bei den internationalen Konferenzen immerhin von Erfahrungen profitieren, die er als Ministerpräsident gesammelt hatte. Viele Jahre lang hatte er Konferenzen der deutschen Länder-Chefs miterlebt und ihnen turnusmäßig vorgesessen; die Moderation unterschiedlichster Interessen hatte er hier vielfach praktizieren können. In der Außenpolitik konnte er auch gut gebrauchen, was er zuvor in der Innenpolitik schon vielfach gezeigt hatte: robuste Nervenstärke.

Seine Mitarbeiter berichten durchgehend, dass er in entscheidenden Situationen stets kühl und konzentriert agiere. »Je schlimmer eine Situation ist, umso besser ist er«, sagt auch seine Frau Doris. »Wenn die Anspannung steigt, dann merkt man ihm das körperlich an. Der Körper richtet sich auf. Dann geht das ganze Adrenalin ins Hirn.«

So ein Moment war der frühe Nachmittag des 11. September 2001. Schröder saß über Akten in seinem Büro, später wollte er bei der Berliner Stiftung Wissenschaft und Politik auftreten. Da rief ihn seine Büroleiterin Krampitz an und riet: »Mach mal den Fernseher an.« Nach und nach versammelten sich seine engsten Mitarbeiter um seinen Fernseher. Schneller als die anderen begriff er, dass die Schockwellen der beiden zusammenkrachenden Türme des World Trade Centers in Manhattan auch die bisherige internationale Sicherheitsarchitektur ins Wanken bringen würden. Schröders äußere Reaktion war kühl: Wie ein Uhrwerk lief die Krisenmaschinerie an: Kontakt mit dem Außenminister, Sitzung des Bundessicherheitsrates, Unterrichtung der Partei- und Fraktionschefs, nachmittags um fünf Uhr gab Schröder bereits die erste Pressekonferenz im Kanzleramt. Er versprach den USA »Solidarität«.

Bereits an diesem Tag spielte Schröder mögliche Folgen des Terrors für Deutschland durch – national und international. Er erwog, Neuwahlen anzuberaumen, weil er fürchtete, dass die rot-grüne Koalition die nun zu erwartenden Belastungen nicht aushalten würde. Doch er verwarf die Idee einige Zeit später. Auf Anhieb war ihm klar, dass die Weltsupermacht USA nach dem Terroranschlag tief gekränkt sein würde. »Die sind weit wütender als nach Pearl Harbor«, war er sich sicher, nachdem er Bush in Washington besucht und den Terrorort »Ground Zero« in Manhattan mit eigenen Augen gesehen hatte. Klar war – nicht nur ihm –, dass der US-Präsident George W. Bush nun nach militärischer Genugtuung trachten würde. Schröders Linie stand von Beginn an fest, wenige Tage später hatte sie ihren Begriff: »uneingeschränkte Solidarität« mit den USA.

Schröder wusste, was nun folgen würde: Intellektuelle, Grüne und Linke bis tief hinein in seine Partei würden ihm vorwerfen, sich der militarisierten Denkungsart der amerikanischen Außenpolitik bedingungslos zu unterwerfen. »Die Bundesregierung nennt es Solidarität, auf dem halben Globus muss es ankommen wie Aftergehorsam«, schrieb empört Franziska Augstein in der »Süddeutschen Zeitung«. Eine Gruppe von Schriftstellern, angeführt von Günter Grass, wollte Schröder am 10. November 2001 von der vorbehaltlosen Unterstützung der USA abbringen. Schröder hörte sich die Bedenken seiner Sympathisanten an, doch er wies sie zurück. »Wenn ich darauf eingegangen wäre, wäre automatisch die alte Anti-Hitler-Koalition wiederbelebt worden«, sagte Schröder hinterher: Deutschland hätte wieder einmal nicht auf der Seite der Friedensmächte gestanden, als die sich die Allianz gegen den Terror verstand.

Als die Vorwürfe gegen die »uneingeschränkte Solidarität« nicht nachließen, spielten Schröder-Helfer eine Zeit lang mit dem Gedanken, stattdessen von »aktiver« oder »voller« Solidarität zu sprechen. Doch Schröder lehnte jede Korrektur klar ab: Jedes »Wackeln« würde in Washington wie eine Distanzierung von den USA verstanden werden. Es war just dieser Eindruck, den Schröder unbedingt vermeiden wollte. Zu dieser Auffassung brachte ihn ein Bündel von innen- und außenpolitische Erwägungen – aber auch von persönlichen Erfahrungen.

Wohl war Schröder klar, dass man dem internationalen Terror von islamistischen Fundamentalisten mit Gewalt und kriegerischen Aktionen allein nicht beikommen kann. Doch durch jede Form der Distanz zu den militärischen Plänen der USA – und sei es nur in Form von Hinweisen auf geeignete zivile Mittel zur Terrorbekämpfung – hätte Schröder bei den Unionsparteien sofort den Vorwurf provoziert, Schröder denke und handle antiamerikanisch – was hier zu Lande immer noch als Tabu gilt. Auch die Bush-Administration hätte es wohl so verstanden.

Zudem hatten deutsche Besucher in Washington den Eindruck gewonnen, dass die Bush-Truppe im Weißen Haus den Kampf gegen Bin Laden und den Terrorismus mit einem »heiligen Ernst« anging. Es schien kein Versehen, dass George W. Bush anfangs von einem »Kreuzzug« gegen den Terror sprach; einige Bush-Krieger wähnten sich offenbar in höherer Mission unterwegs und empfanden eine göttliche Berufung. Auch wenn sich die USA bei der Planung militärischer Aktionen gegen Afghanistan anschließend überraschend rational verhielten, schienen die tieferen Handlungsmotive für europäische Argumente nicht in jedem Fall erreichbar.

Zudem erwartete Schröder, dass die Amerikaner die militärische Auseinandersetzung gegen die Taliban und die Al Quaida-Truppen Bin Ladens sehr rasch zu ihren Gunsten entscheiden würden: »Mein Gefühl sagt mir, das geht schneller, als ihr alle denkt«, sagte er zu seinen Leuten. Eine realistische Einschätzung, wie sich herausstellte.

Schröder verband mit der scheinbar nahtlosen Anpassung an die USA auch die Hoffnung, dass die Bundesregierung – wenn überhaupt – nur so die Möglichkeit haben würde, bei zusätzlichen militärischen Einsätzen im Mittleren Osten mitsprechen zu können. Frei nach dem Motto gewiefter Machtpolitiker: »If you can't beat them, join them« – wenn man einen Konkurrenten nicht schlagen könne, schließe man sich ihm besser an. Mit dem stets nachgeschobenen Hinweis, die volle Solidarität erstrecke sich nicht auf »Abenteuer«, kündigte Schröder schon früh seine Skepsis gegen einen möglichen Feldzug gegen den Irak an. Auch kursierte in Brüssel bereits im Herbst 2001 das Gerücht von einem möglichen Einsatz von taktischen Atomwaffen.

Bei seinem Washington-Besuch im Februar 2002 ließ Schröder seine Vorbehalte gegen einen Einsatz im Irak vorsichtig anklingen. Es müsse bei derartigen Aktionen immer ein klarer Beweis für die Vorwürfe vorliegen, bedeutete er dem US-Präsidenten und dessen Leuten. Zudem sei der Zustand der Anti-Terror-Koalition nicht allzu stabil. Vor allem jedoch müsse man bei militärischen Aktionen sicher sein, dass man auch Erfolg haben könne. Mitte März 2002 erklärte Schröder öffentlich, Grundlage für eine Beteiligung Deutschlands an einem Einsatz im Irak müsse in jedem Fall eine UN-Sicherheitsrats-Resolution sein – der rechtsgültige Beschluss der Völkergemeinschaft. In dieser Auffassung spiegelte sich, sechs Monate nach dem Terroranschlag, vor allem Enttäuschung wider.

Schröder hatte offenbar mittlerweile die Hoffnung aufgegeben, die Amerikaner würden nach dem 11. September von ihrem Unilateralismus abgehen – von ihrer Neigung also, internationale Politik in eigener Machtvollkommenheit zu gestalten. Die Amerikaner hatten den Terroranschlag von New York zu einem Anschlag auf die gesamte freie Welt erklärt. In diesem Sinn war Schröders »uneingeschränkte Solidarität« auch als Hilfsangebot gemeint. Doch die USA zeigten auch fortan wenig Neigung, die Hinweise, Bedenken und Angebote von Partnern und Verbündeten anzunehmen.

»Wenn wir da nicht mitmachen, sind wir für Jahre aus dem Spiel«, hatte Schröder nach dem 11. September gesagt. »Nichts ist mehr, wie es war« – galt nach dem Terror-Tag von New York weltweit als ausgemachte Sache: Die internationalen Verhältnisse würden sich neu ordnen; eine neue globale Sicherheitsarchitektur könnte entstehen. Schröder begriff den 11. September natürlich auch als Chance, um Deutschlands Standpunkt in der internationalen Politik deutlich zu markieren. Er schlug vor, 3900 Bundeswehrsoldaten nach Afghanistan zu schicken. Für seinen Afghanistan-Einsatz riskierte er sogar das Ende der rot-grünen Koalition. Dennoch blieben die Deutschen bei der nachfolgenden Planung der Amerikaner für militärische Aktionen im Mittleren Osten ohne erkennbaren Einfluss. Enttäuscht war Schröder jedoch vor allem von der Reaktion Europas.

Unmittelbar nach dem Terroranschlag hatte Schröder den Anstoß zu einem Treffen der EU-Staats- und Regierungschefs gegeben. Er hoffte, dass die europäischen Mächte zu einer gemeinsamen Haltung kommen und Europa so zu einem starken außenpolitischen Akteur machen könnten. Doch Schröder kam mit seinem Vorschlag in Paris, London und auch in Brüssel nicht durch. Stattdessen beobachteten die Berliner Diplomaten in der Folgezeit einen »Beauty Contest«, wie das Wettrennen europäischer Mächte um Wohlgefallen in Washington im Berliner Kanzleramt spöttisch genannt wurde. Die Briten, Franzosen und Deutschen als maßgebliche Mächte hatten sich in der Anti-Terror-Koalition nicht auf eine gemeinsame Linie festlegen können. Die Außenpolitik Europas sei in einem »jämmerlichen Zustand«, klagte Schröder Mitte März 2002 beim EU-Gipfel in Barcelona. Er habe die Hoffnung, die europäische Politik gegenüber den USA mit Blair in London und Jospin in Frankreich abstimmen zu können,»einstweilen aufgegeben«, lautete sein resigniertes Fazit. Die Deutschen sah er weit bereitwilliger zur Integration in ein gemeinsames Europa als die Briten und Franzosen. Da sprach nicht nur ein frustrierter, sondern auch ein erfahrener deutscher Kanzler, der in der Außenpolitik unumstritten zu einem der maßgeblichen Politiker Europas geworden war.

Drei Jahre nach seinem Amtsantritt hatte Schröder mit seiner öffentlich gezeigten Enttäuschung gleichzeitig klar gemacht, zu welchen außenpolitischen Überzeugungen er mittlerweile gelangt war. Für Deutschland sieht er eine neue, selbstverständlichere, aktivere Rolle in einem Europa, das sich mit seinem Angebot an politischer Zivilisation und Wirtschaftskraft friedlich in den globalen Wettbewerb begibt – auch mit den USA.

»Die Nachkriegspolitik der Bundesrepublik Deutschland ist beendet«, hatte er in einer Rede zu den Terrorfolgen am 2. Oktober 2001 im Berliner Reichstag erklärt – und niemand widersprach. Jetzt hielt Schröder den Zeitpunkt für gekommen, die deutsche Außenpolitik aus dem Dämmerzustand zu holen, in dem sie bis dahin geschlummert hatte.

In tiefem Einverständnis mit dem Kanzler hatte Außenminister Joschka Fischer sich bis dahin weitgehend damit beschäftigt, dem Ausland zu versichern, dass auf die rot-grüne Regierung Verlass ist. Stets betonte er die »Kontinuität deutscher Außenpolitik«. Schröder war das recht:»Wir haben ja nicht nur innenpolitisch, wir haben ja auch außenpolitisch viel Druck zu spüren bekommen.« Der ehemalige linksradikale Frankfurter Sponti sammelte als berechenbarer, unproblematischer deutscher Chefdiplomat in der internationalen Arena durch Intelligenz und Kenntnisreichtum viele Sympathiepunkte – für Deutschland und für sich.

Doch es entstand auch der Eindruck, dass sich der grüne Außenminister darin verlor und gelegentlich seine Anpassungsfähigkeit übertrieb – beispielsweise gegenüber den USA.»Fischer hat bei Madeleine Albright ein paar Verbeugungen zu viel gemacht«, findet Peter Glotz. In seiner eigenen Fraktion und auch bei der SPD fand er für seine Eilfertigkeit gegenüber den Zumutungen amerikanischer Politik nur wenig Verständnis. Um zu einer neuen Auffassung von der Rolle Deutschlands in der internationalen Politik zu kommen, ist Fischer wohl zu sehr der Vergangenheit verhaftet – seiner eigenen wie auch der deutschen.

Beim Blick nach vorn schaute er zumeist zurück – Richtung Auschwitz. Es konnte der Eindruck entstehen, er verstünde seine Außenpolitik wie eine staatlich lizensierte Form von Aktion Sühnezeichen. Vor lauter Angst, Deutschland könne mit eigenen außenpolitischen Vorstellungen die Angst vor dem »Risiko Deutschland« (so der Titel seines Buches) wecken, sah der ehemalige Linksradikale die Bundesrepublik am liebsten »eingewoben in Kontinuität und Berechenbarkeit, zumal nach der Wiedervereinigung«. Mit stets zerfurchter Stirn und gequälter Stimme, als habe er unter Deutschland zu leiden, wollte er die deutsche Außenpolitik »einbinden, mehr als bei jedem anderen Land. Da bin ich dickschädeliger Traditionalist.« Fischers Befangenheit, sein mangelnder Mut und Gestaltungswille haben offenbar tiefer liegende biografische Ursachen.

Schröder hingegen neigt der Auffassung zu, dass die deutsche Vergangenheit nicht länger als Begründung für einen deutschen Sonderstatus gelten darf. Er hatte im europäischen Ausland mitbekommen, dass die deutsche Übermoralisierung der Außenpolitik für andere nur schwer zumutbar war. Bei der Friedenssicherung hatte sie darauf hinausgeführt, dass Deutschland anderen die militärischen Aufgaben überließ und lieber zahlte. Als »Anmaßung« werde im Ausland die Formel empfunden, Deutschland genieße wegen seiner Nazi-Vergangenheit einen Sonderstatus, meint der Berliner Historiker Heinrich August Winkler, mit dem Schröder sich gelegentlich im Kanzleramt trifft. »Die Vergangenheit steht uns nicht länger als Entschuldigung zur Verfügung«, sagt Schröder.

Es gehört zu den größeren Leistungen der rot-grünen Regierung, dass die Auffassungsunterschiede und die Unterschiede im politischen Temperament zwischen Gerhard Schröder und seinem Außenminister Fischer faktisch keine Rolle gespielt haben. Nur einmal – als Schröder deutsche Panzer an die Türkei verkaufen wollte – wurde ein Dissens zwischen den beiden starken Männern der rot-grünen Regierung offenbar. Doch der Streit war bald beigelegt.

Schröder und Fischer sind gleichermaßen Profis der Macht. Die Vernunft und der absolute Machtwille gebieten diesen beiden Alpha-Tieren den Zusammenhalt – über jeden politischen oder persönlichen Dissens hinweg. Beide haben gelernt, sich zu respektieren – auch eine partielle Überlegenheit des jeweils anderen. Persönlich hatten die beiden, obwohl sie sich lange kennen, vor der Bildung der rot-grünen Regierung kaum etwas miteinander zu tun. Und daran wird sich auch kaum etwas ändern, wenn die beiden nicht mehr zusammen in einer Regierung sitzen.

Doch im Regierungsalltag klappt die Zusammenarbeit zwischen den beiden Häuptlingen hervorragend. Telefonate brauchen nicht länger zu sein als dreißig Sekunden – das Verständnis ist nahezu blind. Das Vertrauen ist es auch.

Schröder hat – weit mehr als Fischer, der davon wenig versteht – bei Außenpolitik auch immer an die Interessen der deutschen Wirtschaft gedacht. Schon zu Beginn seiner Kanzlerschaft hat er Außenpolitik als »eine Funktion der ökonomischen Stärke« der Bundesrepublik gesehen.

Stolz und zufrieden blickte Schröder Mitte März 2002 auf seinen Besucher aus Afghanistan. Hamid Karsai, der Ministerpräsident der Übergangsregierung von Kabul, dankte dem Kanzler vor der Presse überschwänglich für die Unterstützung der deutschen »Freunde«. Sie seien »mit Afghanistan durch dick und dünn gegangen«. Karsai hätte die Deutschen gern als Führungsnation der UN-Schutztruppe gesehen. Hier wurde sichtbar, dass es für Deutschland in Zukunft eine neue Rolle geben könne und wie sie aussehen könnte.

Schröder hörte auch gern, als Karsai sagte: »Wir warten ungeduldig auf die deutsche Wirtschaft in Kabul.«

Persönliche Beziehungen zu anderen führenden Politikern, sagt Gerhard Schröder, seien »hilfreich, aber nicht die Voraussetzung für eine erfolgreiche Politik« mit dem Ausland. In Europa spielten sie »so gut wie keine Rolle. Man sieht sich doch so häufig. EU-Politik ist halb Innen-, halb Außenpolitik. International kann das anders sein. Gute Beziehungen erleichtern das Reden, aber auch das kann nicht für Weichenstellungen sorgen. Persönliche Beziehungen können nicht wichtiger sein als die Interessen, um die es geht. Das dominiert.«

Zu Russlands Präsident Putin hat er ein besonderes Verhältnis aufbauen können. Außenpolitik über »Saunafreundschaft«, wie sie sein Vorgänger gepflegt hatte, ist nicht Schröders Stil. Doch mit Putin saß er immerhin gemeinsam mit Damen in einem Schlitten und ließ sich ohne Begleitung von Diplomaten durch den russischen Winter kutschieren – und ohne Dolmetscher: Mit Putin kann sich Schröder umstandslos auf Deutsch unterhalten. Das Gespräch mit dem chinesischen Premier Zhu Rongji läuft immer über einen Übersetzer; trotzdem kamen sich die beiden pragmatisch gesonnenen Staatsführer sehr nahe. Auch mit dem Briten Tony Blair versteht sich Schröder gut – doch das gute Einvernehmen verhindert nicht, dass es zwischen London und Berlin zum Teil erhebliche Differenzen gibt.

Nicht warm werden konnte Schröder mit dem ehemaligen US-Präsidenten Bill Clinton, obwohl er sich sehr um ihn bemühte. Clintons Ausstrahlung beeindruckte auch Schröder. Das politische Kraftpaket Clinton war erkennbar eine Klasse für sich. Mit Staunen erlebte der Kanzler, wie fesselnd und detailreich Clinton aus dem Stegreif komplexe politische Probleme abhandeln konnte, etwa die politischen Folgen der Aids-Katastrophe. Doch bei seinen Treffen in Deutschland wirkte der Amerikaner unterkühlt. Auch Schröders Angebot zum Du machte keinen sonderlichen Eindruck auf den Polit-Star aus Washington. Schröders Laudatio auf Clinton zur Verleihung des Karlspreises in Aachen war für Schröders Verhältnisse hymnisch. Doch Clinton blieb reserviert.

Mittlerweile gehört Schröder zu den älteren Hasen im internationalen Geschäft. Die außenpolitische Erfahrung hat ihm auch an unverhoffter Stelle geholfen: »Im Ausland lernt man, seine heimischen Probleme etwas leichter zu nehmen. Wenn man in Asien unterwegs ist und man hat die Diskussionen über den Atom-Konsens im Kopf – das relativiert sich. Oder der Nahe Osten – was für Probleme im Vergleich zu unseren!«

Als Regierungschef einer der wirtschaftstärksten Nationen der Welt ist er längst akzeptiert, an Erfahrungen übertrifft er viele seiner Kollegen aus dem Ausland. Doch noch gibt es keine Überschrift, die seine Rolle in der internationalen Politik knapp zusammenfaßte.

Willy Brandt galt als Deutscher Patriot. Oskar Lafontaine als postnationaler Westdeutscher. Und Schröder?

Es scheint, dass Gerhard Schröder der Kanzler des Übergangs ist. Deutschland hat seinen neuen Platz in der Welt noch nicht gefunden. Gerhard Schröder sucht nach dieser Rolle. Eines steht für ihn fest: Es soll eine Rolle vorwärts sein.

# Dank

Dieses Buch wäre ohne die Unterstützung von Menschen nicht möglich gewesen, die mir auf ganz unterschiedliche Weise geholfen haben. Unnachgiebig scharfsinnig und mit bewundernswerter Geduld hat meine Frau Astrid Frohloff das Entstehen des Textes aktiv begleitet. Mein Lektor Thomas Sparr gab mir von Beginn an das Gefühl, dass ich mich im Siedler Verlag heimisch fühlen kann. Für Ermutigung und Zuspruch danke ich Karin Graf und Arnulf Conradi.

Für dieses Buch habe ich rund fünfzig Menschen – manche mehrmals – interviewt, die Gerhard Schröder seit langem kennen oder auch erst seit kurzem. Die meisten Gesprächspartner möchten oder müssen ungenannt bleiben – aus ganz unterschiedlichen Gründen. Ihr Wunsch sei respektiert – mein Dank an sie bleibt persönlich.

Für ihr Vertrauen, ihre Hilfsbereitschaft und Geduld danke ich ganz besonders Uwe-Karsten Heye, Bernd Pfaffenbach, Frank-Walter Steinmeier, Alfred Tacke, Brigitte Zypries, Michael Steiner, Sigrid Krampitz, Thomas Steg, Reinhard Hesse und Guido Schmitz. Erhard Eppler, Peter Glotz und Wolfgang Schäuble konnten als langjährige Beobachter ebenso Wertvolles beitragen wie Klaus-Uwe Benneter, Manfred Güllner und Michael Naumann. Dank auch an Mathias Machnig und Rainer Sontowski. In Hannover geht mein Dank an Sigmar Gabriel, Götz und Tina von Fromberg, Michael Kronacher, Oskar Negt, Hela und Werner Rischmüller, Doris und Reinhard Scheibe, Heinz Thörmer und Heino Wiese.

Für ihr Verständnis, ihr Vertrauen und für die Zeit, die sie für mich hatten, danke ich in ganz besonderer Weise Doris Schröder-Köpf und Gerhard Schröder.

# Zeittafel

**1944** 7. April: Gerhard Fritz Kurt Schröder wird in Mossenberg/Lippe-Westfalen geboren

**1951–1958** Besuch der Volksschule in Talle

**1958–1961** Lehre zum Einzelhandelskaufmann in Lemgo

**1962–1964** Neben der Arbeit in einer Eisenwarenhandlung in Göttingen Besuch der Abendschule am Institut für Erziehung und Unterricht. 1964 Mittlere Reife

**1963** Eintritt in die Sozialdemokratische Partei Deutschlands

**1964–1966** Besuch des Siegerland-Kollegs in Weidenau und ab 1965 des Westfalen-Kollegs in Bielefeld. 1966 Abitur

**1966–1971** Studium der Rechtswissenschaften an der Georg-August-Universität Göttingen. 1971 Erstes juristisches Staatsexamen

**1968** Heirat mit Eva Schubach

**1969/70** Vorsitzender der Jungsozialisten (Jusos) in Göttingen

**1972-1976** Referendar am Landgericht Hannover

**1972** Scheidung von Ehefrau Eva. Heirat mit Anne Taschenmacher

**1976** Nach dem Zweiten juristischen Staatsexamen Zulassung als Rechtsanwalt in Hannover

**1978–1980** Bundesvorsitzender der Jusos

**1978–1990** Tätigkeit als selbstständiger Rechtsanwalt in Hannover

**seit 1979** Mitglied des SPD-Parteirates

**1980–1986** Mitglied des Deutschen Bundestags

**1983–1993** Vorsitzender des SPD-Bezirks Hannover

**1984** Scheidung von Ehefrau Anne. Heirat mit Hiltrud Hampel

**1986** Mitglied des niedersächsischen Landtages und Vorsitzender der SPD-Landtagsfraktion. Niederlegung des Bundestagsmandats

**seit 1986** Angehöriger des SPD-Parteivorstandes

**seit 1989** Mitglied des SPD-Präsidiums

**1990** 23. Juni: Wahl zum Ministerpräsidenten von Niedersachsen. Koalition aus SPD und Grünen

**1994** Erneute Wahl zum Ministerpräsidenten von Niedersachsen. SPD-Alleinregierung. Landesvorsitzender der SPD in Niedersachsen

**1997** Scheidung von Ehefrau Hiltrud. Heirat mit der Journalistin Doris Köpf

**1998** 1. März: Erneute Wahl zum niedersächsischen Ministerpräsidenten

17. April: Nominierung zum Kanzlerkandidaten auf dem Bundesparteitag in Leipzig

27. September: Wahlsieg der SPD mit 40,9 Prozent bei den Wahlen zum 14. Deutschen Bundestag. Die SPD wird stärkste Fraktion

27. Oktober: Wahl zum siebten deutschen Bundeskanzler

**1999** 12. April: Wahl zum neuen SPD-Bundesvorsitzenden als Nachfolger des am 11. März zurückgetretenen Oskar Lafontaine

# Namenverzeichnis

© 2002 by Siedler Verlag, Berlin
einem Unternehmen der Verlagsgruppe
Random House GmbH

Alle Rechte vorbehalten,
auch das der fotomechanischen Wiedergabe.
Register: Sibylle Wenzel und Inga Kühl, Berlin
Schutzumschlag: Rothfos & Gabler, Hamburg
Satz und Reproduktionen: Bongé+Partner, Berlin
Druck und Buchbinder: GGP Media, Pößneck
Printed in Germany 2002
ISBN 3-88680-757-6
Erste Auflage